天国からのサインを
どう見極め受け取るか

チャネリング・センス

識別能力編

Heaven Called My Name

テレサ・チャン［著］
斉藤宗美［訳］

ヒカルランド

火がなければロウソクが燃えないように、
人生にスピリチュアルな側面がなければ、私たちは生きてはいけない。

仏陀

死とは、私たちを時間から永遠へと変える
ただの分岐点にすぎない。

ウィリアム・ペン

目次

カバーデザイン　吉原遠藤（デザイン軒）
校正　斎藤友美
本文仮名書体　文麗仮名（キャップス）

序章　究極の愛の力「スピリット」への目覚め

――恐怖や否定は、見えざるサポートと共に超越できる

他に満足できるものが何もないという思いに気づいたら、
最もわかりやすい説明は、
私たちは別の世界に生きるために存在するということ。

C.S.ルイス

私は天国を信じています。心の底では、私たちは死ぬことなどないとわかっています。そして、愛する人たちはそこから地上の私たちのことを見守り、無数の奇跡的な方法によって語りかけているのです。もちろん、臨死体験は天国の「証明」になるのに最も近いものですが、同時に、天国はさまざまな形で私たちに呼びかけていると私は強く信じています。それは、鮮明な夢、やさしいタッチ、心温まる笑顔、すてきな歌、不思議な香り、ふ

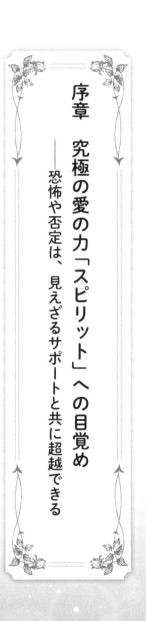

とよぎるひらめき、輝く虹、白い羽根、通り過ぎていく雲、鳥のさえずり、ふっと流れる風、一筋の日差し、親切な言葉や行為、驚くような偶然、あるいは、この人生においてほんの一瞬、私たちのスピリットをこの世のものとは思えない体験に連れ出してくれる人や出来事といったものです。

もしあなたが思いがけず愛や奇跡や癒しや喜びの感情を経験したことがあるなら、それは、天国があなたの名前を呼んでいるのだと思います。

確かに、私はいつでもそれがはっきりとわかったというわけでありません。私は霊能者やスピリチュアリストの一家に生まれ、目に見えない世界に関心がなかったことなど一度もなく、私たちの周りに存在する永遠のスピリットの世界を聞き、見て、感じたいとずっと切望していました。しかし、私が経験したのは沈黙だけでした。このような経験をしたのは私だけではないと思います。ひょっとしたら、あなたは天国が自分に話しかけてきたことなどないと思うかもしれません。もしかすると、あなたは天国の存在を信じたいと思いながらも、疑いの気持ちの方が勝ってしまうのかもしれません。あるいは、そのときは何か魔法のようだと感じたのに、後になってみると何もかもが違うような気がして、本当のところはよくわからないという経験をしたことがあるかもしれません。

世の中には、臨死体験や、本格的な来世と遭遇して死後の世界があると確認し、天国が現実に存在することを疑わない人々がいます（私はその中の一人ではありません）。それでは、他の人たちはどうでしょうか？　どうしたら私たちは天国について確信を持ったり納得したりすることができるのでしょうか？　天国からの声を聴いているのかどうか、どうやってわかるのでしょうか？

本書は「すごい！」と呼べる瞬間を単に集めただけのものではありません。また、この世のものとは思えない経験ばかりで、天国が大声ではっきりと話しかけていることに疑いの余地はないと主張するものでもありません。天国は、自分は理解されないとか、愛されていないとか、孤独だと感じるときに、あまり目立たない方法でささやきかけてくれることがあります。読者の皆さんが本書を読むことによって、スピリットに心を開き、天国はどんなときも目に見えない形であなたがたに呼びかけていることを認識するためのお手伝いができればと考えています。これらの言葉を読んでいるあなたに、今、天国は呼びかけているのです。

まずは、あなたのマインドを開いてみてください

もちろん、私はあなたに絶対的な証拠を提示することはできません。しかし、天国は存在します。そこで、死後の世界があるという非常に現実的な可能性について、あなたのマインドを開いていただきたいと思っています。どうかマインドを開いてみてください。あなたの人生が奇跡的に変化していくことに気づくはずです。

私は長年にわたり、スピリチュアルな人生について書くという機会に恵まれてきました。その間、あらゆる年齢、経歴、宗教、職業の人々による死後の世界や臨死体験に関して書

かれた何千もの話を読んできました。また、来世や精神世界における世界有数の専門家、講師、科学者、そして、超心理学者に数多くのインタビューも行ってきました。こうした経験から、私は死後の世界は現実だと確信するようになりました。そして、どんな人も、どのような生まれでも、人は自分だけの特別な方法で天国とコミュニケーションを図ることができるのだと理解するようになったのです。

個人の事情や状況によって、天国がその心安らぐ存在を表現する媒体は大きく異なりますが、すべての話を聞いてみると、実際に見ることができるというのはあまり重要ではないと気づきました。実は、私たちは目に見えないものに対して、その意味を探る必要があるのです。すべての力を持ち合わせているのは目に見えないものです。それに気づくかどうかは別として、目に見えないものこそ、いつも私たちを導き、究極の現実を見せてくれるものなのです。

自分の人生を振り返ってみると、「目に見えないものが導いてくれる」というテーマはいつも私の中にあったと思います。ただ、若いときはそれに気づいていなかったのです。

神聖なインスピレーションに気づけば、精神的基盤が築かれる

私はずっと自分はよそ者という感じがしていました。周りに合わせて格好よくやろうと、できることは何でもやってみました。周りの人々に受け入れて欲しかったのです。頑張って真剣に取り組みましたが、まったくうまくいきませんでした。自分のことを「普通」と

感じたことは一度もなく、自分の居場所を見つけることもできませんでした。また、どうして私はこの地球に存在するのか、その目的さえわかりませんでした。

貧困ラインすれすれの生活を送っていた霊能者やスピリチュアリストの一家で育ったことも、あまり助けにはなりませんでした。母と父が校門の前で私を車から降ろすたびに、同級生たちがひそひそと話していたことを思い出します。母はオランダ系インドネシア人で、ひどくなまった英語を話していました。一九六〇年代のイギリスでは、どちらかといえば外国人として扱われていました。父はイギリス人でしたが、障害があり、軽度の自閉症だったので、一般のイギリス人からは孤立していたと思います。私はよく悪口を言われたり、笑われたりしたので、もう消えてしまいたいと思っていました。

当然、学校は苦痛以外の何物でもありませんでした。そのころはまだ、教師たちはスポーツチームのメンバーを子どもたち同士で決めさせていました。最後まで選ばれずに残っていたのは誰だかもうおわかりですね。私は本当に反射神経が鈍く、それに加えて、よくぼーっとしていました。そんな状況だったので、スポーツでも他のことでも、私はチームのお荷物となっていました。

私の孤立した人生はケンブリッジ大学に入学してからも続きました。貧しくて移民の親がいる家庭で育ったという現実がありました。そのため、自己表現することが苦手で、お金もなく、周囲に溶け込む自信もありませんでした。当時のケンブリッジ大学は男性優位で、女性であるということも不利でした。特に、私が通ったキングズ・カレッジには多くのイートン校（訳者注：英国名門男子校）の卒業生がいました。立派なダイニングホールで昼食を取ることも恥ずかしくて、私は自分の部屋にこもって、図書室の本を片手にポテトチップスをかじっていました。セミナーや講義のグループでは、なるべく背景に溶け込むように努めました。雄弁な同級生たちに圧倒されてしまったからです。生まれつきダンスの才能はあったので、大学祭ではほんの少し自信を持って参加することができました。

今考えてみても、独特な家庭の事情や教育環境からすれば、あれほどの名門大学から入学許可をもらったなんていまだに信じられません。ケンブリッジ大学での四年間は夢のようでした。天国が私を送り込んでくれたに違いありません。願書を出したその他の大学は全部不合格だったのです。思い切って私を合格させてくれたのはケンブリッジ大学だけで、そこで勉強するという貴重な機会を与えてもらったことにずっと感謝の気持ちを持ち続けています。

しかしながら、悲しいことに、ケンブリッジ大学に入学しても自分に自信が持てず、成人期を迎えてもその気持ちはずっと続きました。大学卒業後も、人間関係や仕事で自分を見失う日々が続き、単純に自分には合わない気がして、ますます自己肯定感が低くなっていきました（これ以上低くなることが可能なのかと思うくらい）。皆さんも、大体どういうことかお分かりでしょう。私は風に吹かれるもろい葦《アシ》のようだったのです。

今になって考えてみれば、周囲に溶け込めないという気持ちが長く続いていたのは、実はスピリチュアルな意味や自分自身について真に理解したいと切望していたからなのだとわかります。幸せや生きる意味や自分の居場所を探し求めていましたが、どれについても間違った場所にいたのです。内面の本当の自分についてまったくわからず、どんな人になればいいのか、どんなことをするべきなのかもわかりませんでした。もちろん、このとき、私はここにいないような感じがしていました。まるで、どこにも居場所がないかのようでした。

さらに悪いことに、私の考え方や感情は、いつも周りの人たちとはひどく違っているように思われました。また、とても感情的で、ちょっとしたことですぐに泣いてしまいました。自分自身のためにあまり神経質に考えない方がよいと、周りの人たちから何度言われたかわかりません。それでも、明るい照明や人込みや騒音に圧倒されてしまいました。私は鮮明で強く訴えかけるような夢を見るようになりました。生きるために食料や水が欠かせないように、私には一人になってじっくりと考える時間が必要になりました。ジェイン・オースティンの小説に出てくる主人公のように、その日の出来事を振り返るために、毎日十分な時間を一人で過ごすことができないと、私はストレスを感じていらいらしてしまいました。世界は非常に高圧的で怖いところのように思われました。そのストレスから逃れるために、定期的にどこかへ逃げ込んで精神的な力を取り戻す時間が必要だったのです。

また、周りの人たちは日々の生活を中心に忙しく活動し、それに満足しているようでしたが、私自身はただぼんやりいろいろなことを考えていました。

「これでいいの？　生まれて、学校に行って、仕事をして、結婚して、子どもを持って、あるいはキャリアを積んで、それから年を取って死んでいくの？　生きるってそれだけのことなのかしら？」

私が必死に溶け込もうとしていた世界は、お金、恋愛、外見、成功が大事でした。しかし、スピリチュアルな環境で育ったことで、人生には平凡な生き方や日々の生活だけではない、何かもっと別のものがあると教えられてきました。問題はその「何かもっと別のもの」を見つけることができなかったことです。そして、私のことを温かく受け入れてほしいと願っていた世界は、物事の目に見えない側面について評価することはなく、気に留めることもありませんでした。そんなこともあって、私の心とマインド（訳者注：mind―思考や意思や理性などの働きをする心という意味。本書では場合によっては、ハート〈heart〉、感情や情緒を意味する心と区別します）の葛藤は延々と続いたのです。あれほどみんなの中に溶け込みたいと願っていたのに、実際には、その世界に共感することができませんでした。

それまでの人生では、目に見えない世界については、ほんのつかの間の出会いしか経験していなかったので、それは何の助けにもなりませんでした。今でも記憶に残っているスピリットとの最初の出会いは、私が十六歳のころでした。そのころ、私は拒食症に苦しんでいて、身体、食事、他人の目、世界、人生、宇宙、そのすべてに対して恐怖を覚え、少しずつ生きる気力を失っていました。ある朝、あまりにも朝日が眩しかったので、私はカーテンを閉めるためにベッドからやっとの思いで起き上がりました。すると、一筋の太陽の光が私を照らし、その場に釘づけになりました。その瞬間、喜び、愛、そして、不思議な温かさがあふれ出し、あっという間に私を包み込んでくれたのです。自分は生きたいのだと思いました。何かもっと別の方法があるはずだと理解したのです。それは、恐怖や自己嫌悪に代わる光と愛の道でした。数か月後には、食べることへの不安がなくなりました。入院や食事療法士の助けを必要とすることなく、私の内側から沸き起こる愛と光の感情にインスピレーションを受け、少しずつ回復していったのです。それでも多少は疎外感を覚えたり、生きることに複雑な思いもあったりしましたが、ほんの少し感じた温かさとその安心感が私の支えとなり、確かに別の生き方もあるという希望を持つことができるようになったのです。

当時は、家族以外にそのような経験について話すことはありませんでした。誰も信じてくれないとわかっていたからです。私の人生のスピリチュアルな側面については心の中にしまい、社会の中でうまくやることだけに集中して、恐怖や競争や日々の暮らしに追われる人々の中に埋もれていったのです。できるだけ普通でいれば、疎外感から救われると思っていました。しかし、状況はさらに悪くなり、人間関係はますますうまくいかなくなりました。運動中毒になったり、他にも不健康で不幸な依存症を抱えたりして、自分を傷つけてしまう深刻な状況に陥っていきました。

母が亡くなると、私の人生はさらに悲惨なものになっていきました。二十代後半で起きた人生最大の危機です。亡くなった母が天国から何らかのサインを送ってくれないかと切望していましたが、まったく何も感じませんでした。どんなスピリチュアルなコンタクトも感じることができず、死後の世界の存在が信じられなくなり、極度のうつ病に陥ってしまいました。

幸い、このような状況でも、スピリチュアルな意味を見いだそうという思いは完全に消えることはなく、最悪の状態に陥る一歩手前で、どうにかそこから抜け出すことができていました。夢や偶然やふとひらめく直観を通して、上の方からやさしく引き寄せられる感覚が私を導き、あるいは守ってくれました。ただそのときは、それが神聖なインスピレーションだったということに気がつかなかったのです。しかしながら、三十代になってすべてが一変し、天国が一つのサインを送ってきたのです。それは完全に説明することも、無視することもできないものでした。疑いの気持ちが完全に消えたわけではありませんでしたが、そのサインによって私の精神的基盤が築かれ、それまで私に欠けていた目的意識というものが芽生えたのです。第一章では、人生が一変した死後の世界との出会いについてお話ししたいと思います。そうすれば、読書の皆さんには、どうして私が死後の世界は本当に存在するということを広く伝えていきたいと思っているのかご理解いただけるはずです。しかし、この序章で最も大切なことに集中したいと思います。つまり、読者の皆さんです。

本書は、あなたとスピリット／天国を結びつける橋渡し役

あなたがこれまで、臨死体験、死後の世界からのコンタクト、天国からの緊急を要する警告などを経験したことがあるかどうかは関係ありません。あなたがスピリチュアルな事柄に興味を持ち、本書を読んでいるということが、私があなたについて知る必要があるすべてを物語っていると思います。

本書は、スピリットたちがあなたに呼びかけ、あなたと心の中の天国のかけらを、あるいはあなたとあなたのそばにいる神聖な存在とを結びつけてくれるものだと考えてください。あなたはそのような結びつきを切望しているはずです。もしかすると、私のように、あなたもこれまでずっと少しの疎外感を感じてきたのかもしれません。あなたは愛する人を失って深く悲しんでいるのかもしれません。あるいは、心に傷を負うような破局や失業を経験しているのかもしれません。ひょっとすると、ストレス、中毒、うつ病、自尊心の低下、身体の悩みを抱えているのかもしれません。反対にどのような問題や葛藤も抱えているわけではないという方もいるでしょう。ただ物事のもっと深い意味を見つけたいと願っているのかもしれません。

あなたが今いる状況というのはどれもごく普通のことです。人は生きていく中で、何度も愛からはぐれてしまうものだからです。私たちは通常、人との関わり、人の優しさ、そして、説明できない幸福感などを通して何か美しいものを感じるとき、ほんの一瞬その意味について何かを感じ取ります。しかし、そのような感情が本物なのか、信用することができなくて見失ってしまうのです。どういうわけか、人間は愛よりも恐怖の方を信用してしまうところがあります。しかし、私たちの内面には、いつもある声が語りかけ、もっとよい何かがあることを気づかせようとしています。つまり、恐怖より愛の方が強いのです。その声によってあなたはこの本に引き寄せられました。その声こそ、あなたと天国をもう一度結びつけようと切望している存在です。

これまでの人生で、私は何度も愛より恐怖の方を選んでしまい、その過程で天国や自分自身を信じることができなくなってしまいました。しかしながら、年を重ねるごとに、そして、特に五十代に突入した今、私は天国や亡くなった大切な人々の存在をさらに深く感じるようになりました。そのおかげで、特に一番苦しかったときに、私は励まされ、力を得ることができたのです。自分の個人的な経験に加えて、私はすべての、いわゆる「決定的な証拠」を与えてくれるような話を数え切れないほど読みましたが、死後の世界を体験したことや数十年に及ぶ死後の世界の研究が、天国を信じる本当の動機ではありません。天国の存在を信じているのは、死後の世界と私を結びつける、自分の心にある究極の力を、私がついに信用することができるようになったからです。私の心とそこに宿る愛の力によって、今天国は私に呼びかけているのです。

憎しみや暗闇よりも、光や永遠の命の方が強いことを確信するとき

天国の伝統的なイメージは、白い雲、ハープ、愛する人のそばを離れたスピリットたち、そして、翼と光の輪を持つ天使たちですが、このようにはっきりと天国を垣間見ることは、

非常に稀《まれ》です。私の経験や研究から、地球上で天国が取る姿は非常にさまざまで、それぞれの人が独自の方法で経験します。また、目に見えることもありますが、見えないこともあります。永遠の愛や善というものがこの世に顕在化する可能性は果てしなくあり、本書でもいくつか紹介しています。読者の皆さんはそうした話の中には論理的で心理学的な説明がつくものがあると感じる人もいるでしょう。しかし、それらを実際に経験した人たちはどんなに理性的、あるいは懐疑的に説明しても、天国が、あるいは、亡くなった愛しい人たちが彼らに語りかけたという個人的な信念の力には及びません。結局のところ、信念、あるいは信頼の定義とは、確証を必要としないということなのです。

これまで私に送られてきた大量の信頼できる目撃者の証言から導き出した、たった一つ説得力のある結論は、天国は本物で、それは私たちの周りや私たちの中に存在するということです。私たちの中にはスピリット（意識）が存在し、目に見えないスピリチュアルな領域が私たちを包み込み、物質的な世界と融合しています。このように、天国とはある場所というより、心理状態や永遠の意識というものなのです。人々は信心深いから、または信じているから、あるいは切望したり見たいからという理由で天国を経験するのではなく、スピリチュアルに目覚めるときが来たから経験するのです。

死後の世界に出会うためには、宗教や信念や精霊と会って話がしたいと心から願うことが必要不可欠だというのは間違っています。私は幼いころから天国を信じるように教えられ、向こう側の存在と会話してみたいとひどく切望し、神の応援があったらきっと何とかやっていけるのにと何度も思いました。しかし、何も起こらず、天国は黙ったままでした。いろいろと努力をして、さまざまな宗教や信仰を試してみましたが、何の進展もありませんでした。霊能者一家で育ち、その才能を受け継ぐことができなかった私がどれほど落胆したか、皆さんにも想像できると思います。

現在は精神的にかなり成長しましたが、私が大きな変化を遂げるまでには四十年以上かかりました。それでも、自分が霊能者だとは言えません。私は、何か特別なものを垣間見ただけの普通の人間です。しかし、完璧な死後の世界との遭遇を経験したことがないとか、霊媒師や霊能者としてはっきりと天国を見たり聞いたりしたことがない、というようなことは、それほど重要ではないとだんだん思うようになりました。年齢や人生の経験を重ねて、天国は私に唯一無二な方法で、とても個人的に語りかけてくれることがわかってきました。そして、こうしたわずかなヒントが、他の方法と比べて神秘的ではないというわけではありません。

このように段階的に自分なりのペースで「スピリットに目覚めた」という経験をした人は私だけではないようです。長年にわたって寄せられた死後の世界との遭遇に関する話を読むと、ますます多くの人々が恐怖や疑念を克服して、天国に向けて心を開いている様子がわかります。今日、スピリットたちはこれまで以上にその姿を現しているような気がするのです。スピリチュアルな事柄に関する数多くの書籍、ウェブサイト、雑誌、ブログが存在し、映画やドキュメンタリーの制作も過熱しています。最先端の科学者や医療関係者による研究については言うまでもありません。このようなことから、人が死んだ後でもその意識は生きているということを暫定的に確認することができるのではないでしょうか。

私は正直者です。壮大な「なぜ」という問いに対する答えを知っているなどと決して主張することはありません。しかし、これまで以上に天国と来世に対する信念への高まりが必要だということは、私なりに理解しているつもりです。宗教の違いや不公平な富の分配によってますます対立する世界において、私たちの周りや私たちの内面に存在する愛や善の力を信じることは、かつてないほど重要になっています。憎しみや暗闇や死による強制力よりも、思いやりや光や永遠の命の方がどんなときも強いのだと信じることは、これまで以上にとても大切なことです。天国の現実に焦点を当てたこのような本を出版するのに、これほど絶妙なタイミングは他にありません。

天国が私たちに呼びかける幾つもの方法を公開

ページを読み進めていくと、私自身のスピリチュアルな経験やそこから得た洞察に混じって、読者から送られたすばらしい死後の世界の話も紹介されています。まずは私のバックグラウンドについて理解してもらいたいので、第一章では、天国からの声を聴くようになるまでの私の探求の物語と、スピリットたちの声がどのようにして私の人生を救ってくれたのか、そして、そのことによって、世界中から死後の世界に関する研究を集めるようになり、どのようにしてスピリチュアル作家として活動するきっかけとなったのかについて紹介します。第二章から第五章までは、私が確認した、天国が私たちに呼びかけることができる四つの最も一般的な方法について検証しています。第六章では、世界中から集めたとても衝撃的な臨死の経験について詳しく述べています。第七章では、読者がそれぞれどのようにスピリットの世界と直接的なコミュニケーションを確立すればよいかという助言を、第八章では、死後の世界のサイン、または兆候についてじっくりと説明しています。最終章では、天からの心温まるメッセージで終わります。また、本書で紹介する内容を補足するための付記が巻末にあります。

さまざまな人から送られてきた物語のほとんどはそのまま掲載していますが、名前だけは変えているものもあります。また、場合によっては、身元がわからないようにいくつかの詳細について変更もしています。私に連絡を取ってくださった人たちの正直な経験にはとても感動しました。そして、それを疑うことなどありません。中には、誰かに初めて自分の経験を打ち明けたという人たちもいました。また、天国から接触があるまではそれほどスピリチュアルではなかったとか、死後の世界という考え方を笑っていたという人たちもいました。信心深い人もいましたが、ほとんどがそうではありませんでした。今日、多くの人がそうであるように、彼らは何かを信じていましたが、天国が呼びかけ人生を意味のあるもので満たしてくれるまで、それが何なのか確かではなかったようです。

私が自分のことを霊能者や霊媒師だと思わないように、ここで紹介する話をしてくれた人たちは普通の生活を送る普通の人たちで、さまざまな職業や社会的地位、バックグラウンド、そして文化を持ち合わせています。彼らの物語によって、亡くなった大切な人たちがいろいろな方法で生き生きと鮮明に蘇る描写を知ることで、あなた自身のスピリチュアルな道を見つけるための刺激になったり、あるいは、すでに歩んでいるその道を新たな情熱とともに進むための力になることを願っています。

また、私はいつもそうなのですが、読者の皆さんも彼らの物語に刺激され、感動してくれたらいいなと思っています。そして、あなた自身のスピリチュアルな経験、物語、洞察などを共有していただけるなら、お便りをお待ちしています（詳細は373ページ）。私たちがもっと天国の話をして、お互いの経験を分かち合っていけば、天国はもっと近い存在になっていきます。

さあ、スピリットの世界の偉大なメッセージに心を開きましょう

今日も、天国は私の名前を呼んでいます。そして、私の話や他の人々の卓越した物語を分かち合うことができるのは、光栄で名誉なことです。本書を書きながら、多くの涙や笑みがこぼれ、私自身のスピリチュアルな呼びかけに私は心を解放しました。そして、人生においてずっと抱えていた疑問に対する答えが、少しずつ見えてきたのです。しかしながら、読者の皆さんが本書を読むにあたってどうか心に留めていただきたいのですが、人生と同じように、どんな本においても、偉大なメッセージというものはあなたの心とスピリットに関するもので、そのため目には見えないということになります。その見えないメッ

セージを隠喩や深い真理と捉えることもできますが、それはそれほど重要なことではありません。しかしながら、もし注意深く読み、自分の心の声にじっと耳を傾ければ、あなたは自分自身について学ぶことがたくさんあることに気づくはずです。特に、行間に隠れた真意を読み解く方法がわかっているならなおさらです。

最後に、この本を読み、人生においてスピリットの声を聞き、亡くなった大切な人たちとつながりたいと願う世界中の人々を勇気づけてくださる皆さんに、感謝の意を表します。この本によって、皆さんが本当の自分や、この人生や来世にとって本当に大切なものを見つめ直す機会になればと願っています。スピリットの世界について多くのことを学ぶ機会になれば幸いです。そうすれば、次に上から呼びかけられたり、心の中の扉を優しく叩かれたりしたら、あなたは天国が呼んでいることにすぐに気づくはずです。それは、これまで以上に愛情深く、もっと深遠に、そして、さらに強くなってほしいとあなたにメッセージを送っているのです。

私は、ある日あなたが目を覚まし、深呼吸して、じっと動かず、そして、天国があなたの名前を呼ぶ声を聞くときが来ることを願っています。

けさは天国が呼んでいます。しーっ、聞いて。
あなたには聞こえますか？　その呼びかけにあなたは答えますか？

作者不詳

第一章　天国はどのように私の名前を呼んだか
――見えない世界とつながった著者の体験ドキュメント

スピリチュアルな旅というものは個人的で、非常に私的なものだ。
計画したり調整したりすることはできない。
誰もが同じ道を進むべきだなんてありえない。
あなた自身の真実に耳を傾けなさい。

ラム・ダス

すでに述べましたが、私は霊能者やスピリチュアリストの一家で育ち、天国の声を聞くことを切望していました。映画『シックス・センス』に登場する少年のようになって、「死んだ人々」と会ってみたかったのです。しかし、私は彼のようにはなれませんでした。繊細で物事を深く考える人間で、心の底から天国を信じていましたが、向こう側と直接コミュニケーションを取ることはできませんでした。単純に天国を見ることも、聞くことも、感じることもできなかったのです。

十代の後半になると、天国との親密な会話を切望する気持ちが強すぎて、観想的生活に惹かれるようになりました。自分の可能性について考えるために、女子修道院で数週間を過ごすことを決めました。天国の声が実際どのように私に話しかけてくれるのか確かめるために、そのようなスピリチュアルな旅をしてみる必要があったのです。

修道院シスターフッドの秘密

修道院での滞在中、やさしい祈りのリズムや、シスターたちとの穏やかで楽しい交流は、心が浄化されていくようでした。アリストテレスによると、「最高の感覚における幸福は観想的生活」であり、その当時、私はスピリチュアルなことを達成するためには観想が不可欠だという彼の健全な理論に深く影響を受けていました。私と同名のアビラの聖テレサ(一五一五年~一五八二年)の著作、特に、継続的な神との親密な対話について書かれた『霊魂の城』は、私を観想的生活へと導いているのではないかと思いました。私の考え方に多大な影響を与えたもう一つの作品は、トマス・マートン(一九一五年~一九六八年)のもので、彼はニューヨークの多忙な生活から離れ、修道生活に入りました。マートンのスピリチュアルな探求は目覚めを見つけることで、それは物事の本質を理解するということでした。彼は天国の声が語りかけてくれるためには、単純さと沈黙が必要だと感じていました。私にもそれが必要だと思ったのです。

男子修道院や女子修道院における生活環境については、その大部分が神秘に包まれています。確かに短い期間ではありましたが、私の個人的な経験から言うと、神秘というより質素と寛容性がキーワードだと思いました。そうは言っても、修道女の生活は一見秩序があり穏やかですが、内面的には非常に複雑で、ときにはもがき苦しむ人もいます。そして、私の場合はそれだったのです。特に、そのような生活は自分が求めているものではなく、このような方法では天国が私に話しかけてくれることはないということが極めて明白になると、内面の葛藤が増していきました。それでも、いくつかの深いスピリチュアルな真実を学んだので、勝手ながら読者の皆さんとその経験を分かち合うために、ここで少し脱線しようと思います。なぜなら、修道女の方々から学んだことを通して、ある意味、天国は私に語りかけていたからです。今になってみれば、スピリチュアルに生きるためのレシピを与えられていたのだということがわかります。

私は、内面の美しさによってのみ、誰かの人柄や容姿を判断するべきだということを学びました。これは特に、私たちが生きる外見重視の時代には重要なメッセージだと思います。もちろん、私たちはみな、人によく見られたいと思っていますが、本当の意味で輝きを放ったり、光り輝いて見えるために、化粧をしたりデザイナーブランドの服を揃えたりするというのとは違います。内面的な幸せを達成して、手に入れるものなのです。心の中から幸せを感じている人は、何かとてもすてきな光を放っていて、それは、着飾ったからといってできることではありません。私はついにソーシャルメディア嫌いを克服して、なんとか勇気を振り絞ってビデオブログを始めた自分に驚いているのですが、そのときに化粧したり画像を加工したりすることがないのはそのためです。私の読者は本当の私の姿を見ることができますし、私自身も自由な気持ちで、本音で話すことができるのです。

もう一つ私が学んだことは、沈黙の大切さでした。パソコンや携帯電話とずっとつながっている状態である私たちには、ますます重要になっていると感じています。こうした技術革新がまだ存在していなかった一九八〇年代の初め、現在のようなレベルのストレスや生活の妨げがあったわけではありませんが、何日もの間ずっと話さなくてもよいというのは、私にとってこの上ない喜びだったことを覚えています。その当時から、一時的に生活からテクノロジーを排除して静かな時間を持つことでしか、自分が何者で、天国は私に何を言おうとしているのかについて集中することはできないと思っていたのです。そのときからずっと、定期的に静かな内省の時間を持つことが私には必要なものとなりました。

おそらく、私が学んだ最も力強いレッスンは本能的にすでに知っていたものですが、それを思い出す必要がありました（そして、それは定期的に思い出すように仕向ける必要があります）。それは、本当の幸せは物質的なものによってもたらされることはないということです。私は、黙想にふける人生を歩み、貧しい人々の世話をするために、持っているものをすべて手放した修道女たちと一緒に時間を過ごしました。修道院で生活し、働き、そして、天国が彼女たちの名前を呼ぶ声を聞くとき、その顔には喜びが満ちあふれていました。

私もそのような喜びを感じ、私に話しかける声を聞いてみたいと願っていましたが、それは叶いませんでした。黙想にふける人生に身を捧げるためにすべてを犠牲にすることができる人々には尊敬の念しかありませんが、それは私にはどうしてもできないことだと悟りました。世間から離れて暮らしたり修道会に所属したりしないで、天国の声を聞くための別の方法を見つける必要がありました。そこで、天国の言葉を聞く方法を見つけることができるのではないかという希望を胸に、神学を専攻するためにケンブリッジ大学に入学したのです。

永遠の生徒であること――信心深さとスピリチュアルは違うことに気づく

ある日、ケンブリッジ大学の古い図書館で、世界の宗教について勉強していたとき、(神聖なひらめきにおいて）信心深いこととスピリチュアルであることには違いがあると気づきました。すべての宗教は神の存在に近づくための道で、一つの宗教だけが独占的にその方法を持っているわけではないということがはっきりとわかりました。別の言い方をすれば、天国の言葉を聞くためには信心深くなくてはならないということではなかったのです。

特定の宗教を支持しなくてはならないという考えから解放されると、私は直観的に学ぼうと思いました。精神世界の専門家になるつもりでした。すべての密教の奥義を勉強し、超能力、あるいは巫女の手法を学び、天国を見ることや天国と話すことができるように自分自身を訓練しようと考えました。そのための手段があるに違いないと思いました。それを見つけるつもりだったのです。

私は精力的にむきになって、死後の世界との直接的な経験を持つという探求を続けましたが、その結果はぱっとせず、しばしば見当違いで、ときに滑稽でした。例えば、超能力の授業で、実際にはそうでないのに、スピリットが見えるとかその声が聞こえるふりをしたのです。私はそれほど自分の能力を証明したいと思っていたのです。また、夏至祭りに参加したとき、ガイドによる単調な瞑想が行われましたが、グループのリーダーが眠ってしまったのを見ていると、私も眠気に襲われて目を開けているのがやっとでした。その当時は気づかなかったのですが、キリスト教を信仰する代わりに、私はただ「ニューエイジ」の思想に飛びついて、自分にとって正しいものを見つけるのではなく、グルや超能力者の真似をしていただけなのです。天職を見つけると言いながら、心からそう願ったのではなく、私の意地となっていました。自分の心に耳を傾けその声を聞くまで、天国が私に語りかけてくれることはなかったのです。

スタート地点として、何かを真似ることは決して悪いことではありません。しかし、あなたの中の存在（スピリット）が認識を必要とするときが必ずやってきます。他の人々の期待や信念体系によって定義されたものではなく、あなたが本当の意味で何者なのかということを知る必要があるのです。自分自身を信じて、本当の自分になるために、どこかに属したり、他の人々にとって有効な方法を真似する段階から、次に進まなければならないときがやってきます。もちろん、すでに考えや計画がまとまっている他人の有効な方法を真似する方が、本当の自分でいることより簡単です。私たちの多くが本当の自分でいることがとても困難に感じているので、そこから逃げてしまおうとするのです。しかし、簡単な道を選んでしまうと、真のスピリチュアルな実現には決してたどり着くことができません。ユダヤ教の指導者《ラビ》ズシュヤのすばらしい引用文は非常によく総括していると思います。

「次の世界では、どうして私はモーゼではなかったのかと彼らが尋ねることはないだろう。あなたはなぜズシュヤではなかったのかと彼らは尋ねるだろう」

あのころは、天国と話すための助けとなるような儀式や手法や技法を見つけるために必死になっていましたが、私は自分を信じることも、天国と話すために自分なりの方法を見つけることもできませんでした。私を支えるための精神的土台がそのように弱いのですから、二十代後半になって突然母が亡くなったときに、私の心と人生がぼろぼろに崩れてしまっても不思議なことではありませんでした。

母が亡くなった暗闇の中で見つけた光とは

母が亡くなった後、うつ病というブラックホールに迷い込み、私は人生の二年間を失ってしまいました。経験したことがない人たちにとって説明しておきますが、うつ病とは恐ろしいものです。その精神的な痛みは、痣《あざ》となったところを何度も何度も叩くハンマーのようだとしか言いようがありません。心の中で私に話しかける母の声が聞きたいと切望しましたが、彼女は黙ったままでした。それほど辛いことはないと思っていましたが、私の絶望感はさらに深まっていきました。母に向こう側からサインを送ってほしいと懇願し、そうしてほしいとずっと願っていましたが、何も起こりませんでした。私は孤独を感じ、進む方向を見失ってしまいました。特に、スピリチュアルな事柄を理解したいという飽くことのない意欲は、母によって生まれたものだったので、私が感じていた幻滅はあまりにも深く深刻だったのです。母はいつも、天国は本当に存在すると言っていました。それならば、私にサインを送ってくれるはずだと思ったのです。どうして私に手を差し伸べてはくれないのか？　天国を信じることができなくなってしまいました。

幸い、何とかうつの時期を乗り越え、最終的に時間の経過によって私はブラックホールから抜け出すことができました。数週間が過ぎ、数か月が経ち、やがて何年かが経過していくうちに、私の生活にも少しずつ色が戻ってきました。そして、母の夢を見るようになりました。その夢はどれも鮮明で現実感がありました。母は私の部屋を片付けたり、お茶を入れたり、普段の生活のごくありふれたことをやっているのです。夢の中で、母は私に話しかけることはありませんでした。私はただ母の姿を眺めています。こうした夢はとてもリアルだったので、母はまだ生きているのではないかと感じながら目覚めることがよくありましたが、すぐに母は亡くなったのだという現実に打ちのめされました。目覚めたときに感じる落胆は辛いものでした。しかしながら、振り返ってみると、母の夢を見るたびに、私はその後の数日を穏やかな気持ちで過ごすことができ、少しずつ前に進むことができるようになっていったのだということがわかります。髪を切るとか、散歩に出かけるとか、単純なことでしたが、前向きになれることを何かしようという思いに駆られるようになりました。こうした小さな一歩を重ねていくことで、大きな変化が現れるようになったのです。

その当時、それらの夢はごくありふれたもので、母が何か特別なことをしていたわけでもなく、私に直接何か重要なことを伝えようとしているようには思えなかったので、それが死後の世界のサインだとは思っていませんでした。しかし、今思えば、それらはサインだったのだとわかります。サインというものは、もっとドラマチックで目を見張るようなものだと期待していたので、単純に、それだとは認識しなかったのです。三十代前半に母親になり、私の視点や優先事項はとうとう暗闇ではなく、喜びへと変化しました。そして、私の日々は少しずつ、涙ではなく微笑みあふれるものになっていきました。うつの症状がだんだんと落ち着いていき、死後の世界と直接コミュニケーションを取りたいという切望は少しずつ薄れていきました。人生におけるスピリチュアルな意味の模索はその時点でも重要でしたが、亡くなった人々とコミュニケーションを図る才能は自分にはなく、これからもおそらくそのような経験をすることはないだろうと、やっと受け入れることができたのです。自分で経験するのではなく、その現象について研究することに情熱を傾けることにしました。そして、どうしても手に入れたいと思っていたものを諦めたときによくあることなのですが、私はそうなって初めて、これまでの人生で最もドラマチックで人生が変わってしまうような死後の世界を経験したのです。

死後の世界からのサインはこうして受け取ることに

そのときの記憶はきわめて明瞭です。車を運転しながら、左に曲がろうと、私は混雑する交差点に向かって進んでいました。大きなワゴン車が私の車の前を長いこと走っていて前が見えなかったので、私は少しいらいらしていました。そのせいで、ワゴン車のナンバープレートの番号を覚えてしまいました。それからちょうど交差点に差しかかったとき、「右へ曲がりなさい」という亡くなった母の声を聞きました。

姿は見えないその母の声は、頭の中からというより、外から聞こえてきました。そして、よく知っているその声には説得力があり、私は疑うことなく母の言うとおりにしました。反対の方向に行けば目的地まではかなり遠回りになってしまうため、予約の時間に間に合わなくなってしまいます。そのときは、そんな行動を取る意味がわかりませんでした。私は自分にあきれてしまい、どうして間違った方向に行ってしまったのか理解できませんでした。そして、結局予約には間に合わず、朝のドライブは無駄になってしまったのです。

その後、ニュースを観たとき、あの交差点と、長いこと私の前を走っていたワゴン車が目に留まり、すべてのつじつまが合いました。ワゴン車はそのまま交差点を左に曲がりましたが、そこで何台もの自動車が玉突き衝突し、重大な事故を起こしていたのです。その日、三名の死者が出ましたが、もし母の声が忠告してくれていなかったら、私がその中の一人になっていたかもしれません。

ローカルニュースで事故のことを知りショックを受けましたが、私は自分が聞いた声について考えてみました。天国の声を聞いたとは、まだそのときも思いませんでした。私が子どものころ、母はいつでも正しい道を進みなさいと幾度となく言っていました。つまり、いつも正しいことをしてほしいと願っていたのです。そこで、その経験は、潜在的な記憶がふと頭の中で蘇っただけだと思うことしたのです。自動車事故が起こる直前にそのような記憶が蘇るという偶然は注目すべきことで、事実、私はその忠告にやみくもに従ったのですが、それが実際に死後の世界からのサインだったとは、どうしても信じることができませんでした。

それどころか、自分だったかもしれないのにと、亡くなった人たちのことを考えると心は乱れ、後ろめたさで精神的に消耗してしまいました。その時点まで、自分自身の死について本当のところ、真剣に考えたことはありませんでした。他の若い人たちと同じように、自分は不死身だと思っていましたが、間一髪で事故を免れたことに心底震えていました。私は初めて、自分の命は一瞬にして終わっていたかもしれないし、そうなれば、二度と息子に会うことはできなかったということを悟ったのです。そう考えると恐ろしくて仕方がありませんでした。それはたまたまで、特に意味があるわけでないと考えるようにしました。しかし、死んだ人がいるというのに、なぜ私は生きているのでしょう？　なぜその三人の命が不合理に奪われたのでしょう？　なぜ善人が酷い目に遭うのでしょう？

　頭がずきずきと痛み始めたので、私はベッドに横になりました。以前はよく頭痛に悩まされていましたが、今でも、人生の重大な「なぜ」という疑問について思いを巡らせると決まって頭が痛くなります。しかし、そのときはなかなか寝つけず、眠りも断続的なものでした。明け方に目が覚めると、掛け布団とシーツが床に放り出されていました。私は布団にくるまり温かくして眠るのが好きでしたし、寒い夜だったので、そんなことになっているのは実に妙な感じがしました。寒かったので私は布団に手を伸ばしました。すると、事故のことを思い出しました。自分が助かったという感謝の思いと、罪悪感や不安な気持ち、さらに、亡くなった人たちは今どこにいるのか、彼らの心は安らかなのかと、さまざまな思いが頭の中をぐるぐると巡りました。

　女性の声を聞いたのはそのときでした。それは私の声ではなく、また、母のものでも、誰か知っている人の声でもありませんでした。ただ、怖くはありませんでした。その声がどこから来るのか知りたいという好奇心だけでした。そこで私は起き上がり、周りを見渡しましたが、誰もいませんでした。外に誰かいるのかもしれないと、窓からのぞいてみようと立ち上がったときに、私は再びその声を聞きました。今度はもっと大きく、もっとはっきりとしていました。正確な言葉を思い出すことはできませんが、その声は私に、怖がらなくてもよいし、私の母は大丈夫だと教えてくれたのです。最後に話してくれた言葉は一言一句覚えています。

「私たち三人は大丈夫です。そして、あなたもきっと大丈夫でしょう」

そこで声は消えてしまいました。ほんの一瞬天国を体験しただけですが、私の人生は永遠に変わってしまいました。私の中に深い認識と平穏が広がりました。それは、それまで、そして、それ以降一度も、決して感じたことのない感情でした。なんとかして例えるとしたら、寒い冬の日に、温かくて柔らかいブランケットに包まれているような感覚です。天国が私に語りかけてくれたのです。

ベッドから飛び起きると、私は自分をつねってみました。私は確かに起きていたし、その声を聞きました。夢を見ていたわけではありません。部屋の電気をつけてベッドの端に座ると、込み上げてくる平和な気持ちをかみしめていました。すべてを理解し、「きっと大丈夫だ」と知ることの心地よさを感じていたのです。あの日、どうして私の命が助かったのかは今でもわかりませんが、それからずっと、私の母と、あの日亡くなった三人が、私を誇りに思ってくれるように私の人生を懸けて生きてきました。

その先の道へ──普通でありながら特別でもある方法で天国は姿を現す

そんな出来事があってからも、実際にスピリットの声を聞いたのかどうか自信がなくなることもありました。特に、何か精神的なダメージを受けたりすると、しばらく疑念や恐怖を拭い去ることができなくて悩んだものでした。それでも、確かにあの声を聞いた日から、私にとってすべてはまったく違ったものになりました。それはまるで、天国がそのほんの一部を私に注いでくれたような感覚でした。言葉を超えた理解というものを与えられたのです。内心では、死後の世界が存在することはわかっていました。そして、たとえそれが苦しみや喪失だとしても、私たちに起こるすべての事柄には、どうしてなのかという理由があるということも理解していました。私たちはただ、この人生において、その「どうしてなのか」がわからないというだけなのです。

天国の存在を証明する出来事を経験した後も、世の中の不正や苦しみに耐えられないと感じてきたことは事実です。理解不能な残酷さや喪失や苦痛を目撃するとき、私は天国というものが本当にあるのか疑問を持つことがよくあります。しかしながら、この世の中で、善人に悪いことが起きたり、お別れの言葉も言えないうちに大切な人たちが亡くなったりするとき、私はその理由がわからないというのも重要なことなのではないかと考えるようになりました。考えてみてください。お産のときに、どうして女性が叫ぶのか、その理由を私たちは知っています。そして、彼女の痛みはやがて新しい命の奇跡になることを知っているので、私たちはあまり心配しません。この世界のすべての苦しみには理由があるということを知っていたらどうなのか、ちょっと想像してみてください。私たちは単純に、それは自然で普通のことだと受け入れます。すると、思いやりや同情をかけなくなったり、苦しんでいる人々を助けるために尽力したりすることもなくなります。そんな世界に私は住みたいとは思いません。従って、もしかすると私たちは完全に理解しないほうがよいのかもしれません。「どうして善人に悪いことが起こるのか」という問いの答えが出ないほうがベストなこともあるということです。

私は現在、タペストリーの比喩を使って、苦しい問題について考えたり、向き合ったりしています。この人生はいわばタペストリーの裏面で、糸がごちゃごちゃしたり絡まったりしていますが、天国ではそれを表に返して、すべてがつじつまの合う全体像が見えてきます。『ナルニア国物語』の著者C・S・ルイスは苦しみについて、彫刻を彫るときにハンマーで叩くことと比較しました。叩けば痛いですが、完璧なものを作り出すには必要な作業です。こうした比喩は苦しい問題や悲しみの痛みに対して、完全に納得のいく答えではありませんが、いくらか心の安らぎを与えてくれるものかもしれません。

スピリットとの出会いは、痛みや苦しみについて理解するために私を助けてくれただけでなく、進むべき明確な方向を指し示してくれました。そのとき、死後の世界は現実にあり存在し、天国の声を聞くことができることを人々に伝えていくのは、自分の使命だと思いました。しかし、その声をどのように聞くかは、人それぞれのユニークな経験であり、必ずしも誰もが期待するような形ではないかもしれません。あの経験をきっかけに、私はなるべく多くの人たちとコンタクトを図り、死後の世界に関する彼らの話を集めていこうと決心しました。そうすれば、私の書籍を通じて、彼らの経験をもっと広く、多くの読者と分かち合うことができます。そしていつか私たちの物語は、世界が耳を傾けるべきメッセージとなるはずです。共に、天国が本当に存在することを伝えていくことができますし、普通でありながら特別でもある人々が一つとなって、天国が実際に存在することを伝えていけば、普通でありながら特別でもある方法によって、天国はその姿を現すと思うのです。

本書を通じて、スピリチュアルな癒し、導き、光を届けられると確信

私は長年にわたり、読者と共に何千もの驚くべき死後の世界の話を集め、研究してきました。その中のいくつかを本書で紹介していきたいと思っていますが、私は少しずつ、最も個人的な、力強くて人生を変えてしまうような告白を明らかにしてきました。自分の経験やその洞察について手紙やメールを送ってくれた人々の大多数が、私と似た性格の持ち主でした。

その中の多くの人たちが、亡くなってしまった大切な人や死後の世界とつながることを切望していました。また、彼らは極めて感情豊かで、他人の気持ちを深く思いやり、そして、たびたび「もっと強くならなければいけない」と言われていました。どのようにして知っているのかはわかりませんでしたが、彼らはよく物事について「ただ知って」いました。例えば、ある部屋に入れば即座に、その部屋のムードや雰囲気について理解できるのです。明るい照明、大きな物音、人込み、混雑した通り、強い香り、そして、日々のストレスは彼らをひどく不安にさせました。暴力的なことには強い拒否反応を示し、逆に、自然や動物や芸術や美しさには最も心が安らぐのです。中には、他の人々が苦しむ姿に大きく感情移入してしまうので、ネットや新聞やテレビなどで残酷な話について観たり読んだりすると、深く影響を受けてしまうと話す人たちもいました。多くの人が、人々を助けた

り、他人に親切にしたり、そして、何とかしてこの世界を癒していくために行動することが求められていると感じていましたが、救いたいと願うその気持ちをどうやって実践していけばよいのかわからなかったのです。

読者の手紙やメールの行間を読んでいると、彼らの話でありながら、それは同時に自分自身のスピリチュアルな旅について読んでいるのだと思うようになりました。まるで私自身の心の中をのぞくような感じなのです。人生が変わってしまうような経験をしたり、何となく自分は世界からも自分自身からも離れてしまっていると感じたり、生きるということにはもっと別の意味があるはずだと感じたりしているのは、私だけではなかったのです。私は生まれて初めて、誰かに理解してもらい、何かの一部になれたような気がしました。自分の家に帰ってきたような感じです。彼らの話は、私自身や私の人生に対する新鮮な視点を与えてくれました。だからこそ、死後の世界の経験について話してくれるために私にコンタクトを取ってくれたすべての人たちを、私の名前を呼ぶ天使だと思っているのです。

ひょっとすると、あなたはこの話に共感できるのではありませんか？　もしかすると、あなたもよくこの世界から取り残されたように感じているのではありませんか？　もしそうなら、あなたもハイリー・センシティブ・パーソンかもしれません（この性格については付記三を参照してください）。しかし、自分はそうではない、特に敏感というわけではないと思う人にも、本書はぴったりな本だと思います。最近ますます多くの人がそうであるように、あなたは宗教やニューエイジに失望したり、不満を持っているけれど、それでもまだ何か崇高なものを信じていて、しかも、その「崇高なもの」が何なのか、またどうやってそれを見つけるのかわからないという状況にいるかもしれません。本書で紹介する話や洞察を通して、あなたが切望しているスピリチュアルな癒し、導き、そして、光をお届けすることができるのではないかと私は確信しています。

スピリットが愛の恵みをもたらす――あとは自分の心に従えばいい

長年、死後の世界に関する話を集めてきて、私は自分の仕事に大きな喜びや安らぎを感じるようになりました。スピリットに囲まれた生活を送っている今は、天国の声を聞くための探求をスタートさせた何十年も前とは、まったく違う意味を持っています。死後の世界とコミュニケーションを取ることはゴールではなく、受け取ること自体が贈り物なのだと理解するようになりました。今、天国が私の名前を呼ぶとき、それは誰かに従うとか、真似をするとか、あるいは、自分ではない誰かになるとか、私に何かを強制する「外側から」の声ではありません。私として生まれてきた人になりなさいと、私の内面の声が呼びかけるのです。そして、その人というのはテレサです。天国が私の名前を呼ぶとき、それは決してまばゆい光や天使が現れるような光景ではありません。スピリチュアルで永遠の意味が込められた、ごくありふれたものを通してその声は響きます。

恐怖と疑念から愛や生きる意味へと変わっていった私のスピリチュアルな旅は、ドラマチックに見えるかもしれませんが、それはただこうして、本という形で皆さんとその経験を分かち合う特別な機会をいただいているからなのです。私の話は、実はそんなに特別なものではありません。そして、あなたの話の方が、おそらくもっと感動的でしょう。私がこれまで流してきた涙について話したのは、迷い、悲しみ、苦しみ、不安、そして、その必要性から、天国に対して私の生きる目的とは何なのか訴えかけるきっかけになったことをお伝えしたかったからです。そして、天国はその愛から、私の内面や周りに存在する永遠の愛を見いだす手助けをし、その光を見せてくれたのです。

私に与えられた愛の恵みとは「スピリット」という一言に尽きます。それは魔法の言葉で、私の人生の中心となりました。それは天国が私たちに発見してほしい言葉なのです。なぜなら、あなたが本当のスピリットを見つけたとき、この地球で命というものを経験しているスピリチュアルな存在だと心の奥深くで知ることになるからです。あなたは天国が現実だということや、大切な人は死ぬことはないということを知ります。そして、これからもずっと深遠で永遠の意味のある人生を生きるために、あなたはこの世界にいることを知るのです。

言い換えると、あなたはどこかへ静養に行ったり、修道院や女子修道院に入ったり、教祖やスピリチュアルの師を信奉したり、何時間も瞑想したり、霊能者や霊媒師を尋ねたり、終わりのない訓練や儀式をしたり、あるいは、天国があなたに話しかける言葉を聞くためにドラマチックな死後の世界の光景を見たりしなくてもよいのです。あなたはただ、自分の心が正しいと思うことに従えばよいのです。そして、あなたにとってぴったりのタイミングで、天国はあなたとコミュニケーションを取るはずだと信じることです。

天国とつながる方法がいくつあるか数えてみましょう

天国はさまざまな方法でコミュニケーションを取ろうとしていることを理解することが、神とのつながりを築く最初のステップです。数十年にわたって死後の世界を研究し、それに関する無数の話を聞いてきて、ほとんどの人が以下のチャネリングによってスピリットと接触してきたことを突き止めました。それは聴覚、思考、視覚、そして、フィーリングです。次の第二章から第五章では、それぞれの方法について焦点を当てていきたいと思います。

どの方法があなたにとってふさわしいのかを見つけるためには、これから自分のことをよく観察するようにしてください。あなたは聞き上手な人ですか？　それとも、自分の直観に頼る方ですか？　絵、それとも言葉で考える方ですか？　または、直観的にわかる、それとも深く感じる方ですか？　ある程度すべてが当てはまるとか、これまでこれらすべての方法で天国の声を聞こうと苦労してきたという人も、今の時点で自分がどのタイプなのかわからなくても構いません。

本書を読み終わるころには、あなたはもっと自分を見つめるようになると思います。そして、これまでわからなかったことが明らかになり、自然とすべてがうまくいくようになるはずです。そして、あなたが天国とコミュニケーションを取るために、最もふさわしい方法もわかるようになってきます。

しかし、最も大切なことは無理をしないことです。信じてください。死後の世界と無理矢理コミュニケーションを図ろうとしても、ストレスや競争心や落胆を招いて大失敗に終わり、天国へのドアも閉ざされてしまいます。私もこれまで人生で何度も同じような失敗を繰り返してきました。本物のスピリチュアルな経験とはどんなものかを実際に認識するまでに、四十年近くもかかってしまったのはそれが理由です。

精神的な成長のための最良の心理状態は、冷静さ、信頼、そして、畏怖の念です。驚きや畏怖の念を持って、自分自身やあなたを取り囲む世界とつながっていけばいくほど、あなたはますます天国が話す言葉を聞くようになります。

これから時間をかけて本書を読み、大いに楽しんでいただきたいと思っています。意識的に、そして無意識的に、あるいは目に見えないレベルで、じっくりと理解していってください。一人ひとりの死後の世界の経験はそれぞれユニークなものだということを念頭に入れておいてください。

スピリットの声を聞いたり、見たり、感じたりする方法に、正しいとか間違っているということはありません。本書を読むことで、この世を去った愛する人たちとつながり、その存在をいつも感じ、天国と話ができるように、気持ちがやすらぐ魔法の方法を見つけていただきたいと願っています。

私たちは、天国はとても遠いところにあるという話をします。
そこに属する人たちにとっては、話ができる距離にあります。
ドワイト・ムーディー

第二章　透聴力

――内面深くに語りかける言葉、音の響きを聞き取る

声にして歌うのはすてきだが、心で奏でる歌は天国の純粋な声である。

ハリール・ジブラーン

幼いころ、天国から実際に声が聞こえてくるという話を聞いたとき、そんなことあるわけないと思ったこともありました。しかしながら、今となれば、天国の声は私たちが本当に聞くことができる当たり前のものと確信しています。それはまったくおかしいことではなく、すべては神のインスピレーションによるものなのです。

神の声を聞くことは、透聴力、あるいは、はっきりと聞こえる聴力と呼ばれています。それは音を通してスピリットに心を合わせ、あなたの頭の中、あるいは、まるで誰かがすぐそばに立っているように、あなたの頭のすぐ横で声や言葉を聞くための能力です。そん

な話は初めて聞いたという方は、一体何のことかと戸惑っているかもしれませんが、私はまず、死後の世界の経験とはどんなものか、そして、この類まれな現象がどのようにして頻繁に起こるようになるかについて説明したいと思います。次に挙げる項目を読んでみてください。そこに書かれているいくつかの状況はわりと一般的なもので、すでにあなたに起こったことがあるかもしれません。しかし、それが本当は何を意味するのかを認識することがなかったので、あなたはあまり重要ではないと気に留めていなかった可能性があります。しかし、それこそがスピリットの声だったのです。

✦何か深遠なこと、あるいは、あなたの人生が変わってしまうことを言う、肉体のない声を聞きます。その声はまた、進むべき方向や、失くしたものをどこで見つけることができるか教えてくれます。概して、その声は亡くなった家族や愛する人のものなので、聞き覚えのあるものです。ときにその声はあなたのもので、ときに聞きなれた声ではありませんが、ただ明確で疑う余地のないものです。

✦朝目覚めたとき、目を開ける前に誰かがあなたの名前を呼んでいたけれど、実際には誰もそんなことはしていませんでした。あなたは人込みの中や通りを歩いているときに同じように名前を呼ばれたような気がしますが、聞こえてきた方向へ振り返ったり、辺りを見回したりしても、誰もいません。

✦テレビ、ラジオ、あるいはインターネットをつけると、あなたがちょうど聞く必要が

✦あったことを耳にします。同じように、他の人たちが会話しているのをふと耳にし、その話があなたの心やスピリットに真っすぐ語りかけます。

✦ある歌や音楽が頭から離れません。そして、ラジオやテレビやインターネットをつけると、同じものが流れてきます。

✦音が出るようなものがないのに、これまで聞いたことのない美しい音楽がふと聞こえてきます。

✦時折、鳥のさえずり、打ち寄せる波、吹きつける風、あるいは、やさしいそよ風の中に、亡くなった大切な人のささやきや天国の声を聞くことができます。

✦玄関の呼び鈴や電話が鳴っても、出てみると誰もいません。あなたはきっと心の中の愛する人が自分を呼んだのだと思います。また、説明のできないメールや電話を受け取るかもしれません。

✦ポケットの中でじゃらじゃらする硬貨の音や床をコツコツと歩くハイヒールの音など、この世を去った大切な人たちに関連する音を聞くかもしれません。

✦数秒間、強く甲高い音が耳の中に鳴り響きます。耳鳴りのように長いこと続く不快な雑音ではありません。熟練の霊能者の中には、この穏やかな共鳴音は、まるであなたの魂に情報をダウンロードするように、あの世から送られてくると信じている人もいます。もしこのような経験をしたら、神の知恵をしっかりと受け止める時間を設け、無意識のレベルでその魔法が作用することを受け入れてください。

もうすでに述べたように、およそ二十年前、あの混雑した交差点に差しかかったとき、左へ曲がろうとしていた私は、右へ行くように促すスピリットとなった母の声を聞いたと信じています。そして、その声に従って、私の命は助かりました。あの当時、私は母が昔よく言っていたことを思い出しただけ、あるいは、想像しただけだと思っていたので、その経験について誰にも話しませんでした。しかしながら、その後、同じような話が本当に多く寄せられたので、そのような経験をしたのは私一人ではないと勇気づけられ、今ではあのような特異な出来事は本当に起こったのだと信じているのです。私に送られてきた一つひとつの話を読んでみると、すべての希望を失い、困難や、苦しみや、危機や、混乱を経験しているとき、神の声というのは、どれほどの支え、愛、ぬくもり、ひらめき、そして、喜びをもたらしてくれるのかがわかります。

なんてすばらしい偶然でしょうか。本章を書いているとき、こうした信じられない話の一つがトップ記事になりました。読者の皆さんのために要約したものを以下に紹介します。

天使の声？

二〇一五年三月某日の夜十時、ジェニファー・グロスバックが乗っていたダッジの赤いハッチバックが、アメリカユタ州北部の道路からそれて横転し、氷のように冷たいスパニッシュフォーク川に突っ込んだ。その衝撃は相当なもので、フロントガラスは粉々に割れ、車の屋根はつぶれてしまった。釣り人が事故車に気づき、壊れた窓から腕が出ているのを目撃するまで、車は川の中で十四時間浸かったままだった。

四人の警察官が現場に到着した。彼らの動揺した様子は、一人の警官が身につけていたボディーカメラに収められたが、この映像はオンラインで観ることできる。事故車の中に閉じ込められている人を助け出すために、冷たい水の中へと走っていく彼らの様子を確認することができる（この後、警官と消防士併せて七名が低体温症の治療を受けた）。ボディーカメラが回り始めてからおよそ二分後に、助けを求めて叫ぶ大人の声のようなものが聞こえる。その声ははっきりとは聞き取れない。映像では音がこもっているが、ワーナー警官が「私たちが助けます。すぐ行きますよ」と答えているのがはっきりと聞こえる。さらに映像が進むと、救助隊員たちが横転した車を起こし、亡くなっている女性のドライバーを助け出す様子を観ることができる。そこで初めて衝撃的な事実がわかる。ジェニファーの十八か月になる赤ちゃんのリリーが後部席にいたのだ。リリーは逆さまの状態だったが、チャイルドシートに固定されていたので水に浸からないで済んだ。リリーは気を失っていて、低体温症にかかっていたものの、病院に搬送されてその後回復している。

絶望的な状況でリリーが助かった奇跡は、世界中のニュースのヘッドラインを飾った。そして、警察官たちがリリーの救助について振り返ったのは、しばらく経ってからだった。四人の警察官は、間違いなく車の中から聞こえてくる女性の声を聞いたと記憶していた。そのときのことを本の形で出版したベッドス警官は、赤ん坊の命を救ったのは天国の守護者であり、警官たちが現場に到着したときに助けを求める声を上げたのだと信じている。もしその声を聞いていなかったら、彼ら全員が恐らくあれほど急いで車をひっくり返そうとはしなかっただろうと語った。

この不思議な出来事は、ヘッドラインになった最初の話ではありません。長年、多くの似たような話が報告されています。おそらく、最も有名なのは、ニューヨークの同時多発テロで世界貿易センターが攻撃されたときに遡ります。投資家のロン・ディフランチェスコは、二機目のハイジャック機がツインタワー南棟の八十一階に突入したとき、八十四階にいました。他の人たちが非常階段から下に逃れようと慌てて向かう中、強い口調で「起き上がって安全なところに移動しなさい」という男性の声を聞くまで、ロンはパニックに陥り、床に横たわっていました。彼はまた、目には見えない物理的な存在を近くに感じ、彼の手をつかんでいるような気がしました。ロンは、タワーが崩壊する前に脱出した最後の一人で、天使によって救われたと確信しています。さらに遡って一九八三年、科学者のジェイムズ・セヴィニーはカナダのロッキー山脈で六百メートルほどの高さから滑落し、背骨を折ってしまいました。凍死することになるだろうと雪の上に丸まって横たわっていましたが、やがて起き上がるように促す女性の声が聞こえ、キャンプ場まで戻るために必要なアドバイスをもらいました。この経験はとても強烈で圧倒されるものだったので、それについて勇気を出して他の人たちに話すまで、二年を要しました。

このような話はよくメディアに取り上げられていますが、年月を重ねるにつれて、似たような話が私のところにも送られてくるようになりました。自分たちが目撃したり経験したりしたことを、彼らはメディアに語ることはありませんでしたが、彼らの話も同様にすばらしいものです。メディアではなく私に送ってくれたことに大変恐縮するとともに、光栄に思っています。レナの経験は、その中でもとても参考になると思います。

粉々に割れた

去年の夏、信じられないような危機一髪の経験をしました。私は友人の家のソファに座り、五歳になる娘が四歳のお友だちとサンルームで遊んでいる様子を見つめていました。前方にガラスの窓があり、太陽が照りつけていましたが、焼けるように暑いわけではなく、心地よい陽気でした。娘とお友だちは窓ガラスに鼻を押しつけながら、芝生で蝶々を追いかけて飛び跳ねるネコを眺めながらくすくす笑っていました。そのとき、私は長いこと話していなかった母に電話でもしようかと思い、ハンドバックに手を伸ばしたことを覚えています。すると、高音が耳の中で響きました。それはほんの一瞬のことで、キーンという音はすぐに鳴りやみました。それから、声が聞こえたのです。「今すぐ子どもたちをサンルームから連れ出しなさい」という声です。

その声を聞いたとき、その深刻で説得力のあるトーンに、私は従わなければならないとわかりました。携帯電話を置き、私は子どもたちに牛乳とビスケットを食べましょうと言って、キッチンに連れて行きました。キッチンに行くとすぐに、何かが激しく粉々に砕ける音がしました。急いで外に行き、サンルームに入ると、ガラスの破片があちこちに飛び散っていました。初めは、一体何が起こったのかはっきりしませんでしたが、後になって、石が投げ込まれ、窓ガラスがすべて割れて飛び散ったことがわかりました。娘たちが窓に鼻を押しつけたままだったら、どんなに恐ろしいことになっていたのか想像もつきません。

あの声があれほど緊急性を帯びていなかったら、「声を聞くというのは幻聴の最初のサインではないか？」と、私はその声や自分自身を疑っていたでしょう。テレサ、その声が狂っているなんてとんでもありません。それは完全に正気で、私たちを大けがから救ってくれたのです。それは叫ぶような声ではなく、まるで誰かが私の隣に立っているかのようで、静かで落ち着いていました。しかし、家には他に誰もいませんでした。頭がおかしいと思われても仕方ありません。ですから、この話をするときは、誰にするか注意しています。私はおかしくなんかありません。その声を聞いたことに本当に感謝しているのです。

レナの話は意味深いものです。彼女は高い音がやさしく耳に響き、その後声が聞こえたと言いました。私は彼女に返事を書き、それが誰の声だったかわかるか尋ねてみました。

彼女は、すべては一瞬の出来事だったのであまり言いたくはないけれど、六か月前に肺がんで亡くなった親友のレイチェルの声だったのではないかと話してくれました。二人は五歳のころからの仲で、小中高から大学までずっと一緒で、毎日のように話をしていたので喪失感はとても深いものでした。レナに警告してくれたのはレイチェルだったかもしれないと考えると、とても感情的になってしまうと言っていました。そして、さらに意味深い話を教えてくれました。その日、レナの娘が一緒に遊んでいたのはレイチェルの娘だったそうです。私は彼女にもう一度返事を書き、警告してくれたのはスピリットとなった親友であり、これは悲しみで泣くようなことではないと伝えました。レイチェルの死によって二人の愛の絆が絶たれたわけではないことを証明しているので、むしろお祝いする出来事だったのです。

左記に紹介するミッシェルの話もまた、子どもを守るために、一人のお母さんに送られた警告の声でした。

落下

私は天使の声を聞き、大切な息子の命を救ってもらいました。決して忘れることはありません。息子はまだ生まれて数か月でした。私は毎日やっているように、その日も屋根に洗濯物を干さなければなりませんでした。そのためには、一部手すりのない階段を登らなくてはなりません。まず、バニスター（乳児用の椅子）に乗せた息子を物干し場まで連れて行き、その後で、洗濯物を上まで持っていったのです。その日、ふと声がして、バニスターに乗せて息子を連れていくことはよしなさいと言われました。実はその声を無視しようと思ったのですが、説得力のある声でもう一度同じことを言われたので、従わないわけにはいきませんでした。私は息子を置いて、二階へと上がっていきました。階段の上まで来ると、物干し場に通じるドアのハンドルをつかもうとしましたが、それが取れてしまい、その反動で私は後ろに押され、そのまま一階の庭に落ちてしまいました。私はプラチック性のテーブルの上に落ちました。テーブルは壊れてしまいましたが、そのおかげで落下の衝撃を受け止めてくれたのです。

私は数秒間気を失っていましたが、目が覚めて何が起こったのか理解すると、すぐに息子のところに走りました。ほっとすると同時に、バニスターに乗せて息子を運んでいたらどうなっていたのかと、震えが止まりませんでした。上の方から届くこのような声に対して、私は日々天国に感謝しています。

私はこれまで多くの母親たちから、子どもを確かめるように促す不思議で説明のつかない呼びかけを感じたり、声が聞こえたりして、危険な状況から子どもを救うことができたという話を手紙やメールで受け取っています。これはよく母親の直観と呼ばれるものです。私自身にも覚えがあります。息子が五歳のとき、頭の中ではっきりとした大きな声が、かなり強く学校に電話するようにと言いました。学校に電話すると、息子は間違いなく大丈夫だと言われましたが、その五分後に学校から電話がかかってきて、お友だちが投げた石が息子の頭にぶつかったと連絡がありました。たいしたことはないとは思うが念のために病院へ連れて行くので、病院で待ち合わせしましょうと言われました。幸いにも、大事には至らず、息子はかすり傷程度で済みました。

警告や助言の声を聞くのは母親たちだけではありません。人と人との愛の絆が深く力強いときにはこうした現象が起こるということを示す、多くの話を知っています。キャシーの話は心打たれるもので、大切な人を守るのではなく、彼女自身を守る警告だったという意味で特別です。

今こそ立ち上がるとき

私は彼氏と二年ほど付き合っていました。その間、彼は私を支配し、巧みに操るためにあらゆることをしていました。そのせいで、私は完全に自信を失ってしまいました。そんな人生から抜け出す転機は、ある晩やってきました。彼は、私は価値のない人間で、彼といることができる私はラッキーなんだと繰り返し言い続けました。これまで何度もそうしてきたように、私はソファに丸まって涙を流していました。しかし、このときは信じられないことが起きたのです。頭がおかしいなんて思わないでください。でも、違うんです。私はその声を聞いたのです。それは優しい声でしたが、きっぱりと言いました。「キャシー、あなたは今すぐ立ち上がるべきよ」。他に誰か部屋にいるのかと思い、起き上がりましたが、彼がいるだけでした。再び声がしました。「キャシー、あなたは本当に今すぐ立ち上がる必要があるわ」。

恐る恐る私は立ち上がりました。彼はすぐさま立ち上がって、私の前に立ちはだかりました。しかし、私の何かが違うと思ったみたいです。彼が初めてどうすればよいかわからないように見えました。私は彼の脇を通り抜けてまっすぐ歩き、彼のアパートと彼の人生に永遠の別れを告げました。どこからそんな勇気が湧いたのかわかりませんが、その声は私の人生を変えるきっかけとなりました。

あの夜から、私の人生はまったく変わってしまいました。それまでは、悪いことが起きるに違いないと思って生きていましたが、今はまったく違う世界を生きています。良いことが起こると信じています。

キャシーは明らかに大変な恋愛を経験したようですが、詳しい状況についてはわからないので、私はそのことについてコメントはしません。しかしながら、スピリチュアル系の作家として、私はよく、他人に痛みや苦しみをもたらした人たちは、死んだときどうなるのか尋ねられることがあります。彼らは天国に行くのでしょうか？　私の答えはどちらでもありません。臨死体験の話によると、この人生で他の人にひどいことをした人々にも死後の世界があるということです。そして、彼らは来世で、自分が他者にもたらした同じ苦しみを経験するそうです。それは罰を受けるというものではなく、スピリチュアルな存在として理解し成長することを助けるための唯一の方法だというのです。地上において、彼らは完全に思いやりが欠如していましたが、天国では自分たちが他人に与えた影響について、身をもって感じる以外に選択肢はないのです。だとすると、私たち一人ひとりが死んだ後に経験する天国は、この地上の私たちの思考、感情、そして行動と同じようなものだと私は思います。つまり、あなたが今考え、感じ、行っていることが、あなたが経験する天国を創造しているということです。なんてすばらしく、人生を変えてしまうような考え方でしょう！

次の話も「困難なとき」をテーマにしていますが、以前、死後の体験についてお便りしてくれたジョセフィンの場合は、接触の力によってはっきりとした声を聞くという力強い経験をしました。彼女の話には、私が交差点で聞いた母のはっきりとした声によって、生前母がよく私に言っていた言葉を思い出したという点で、いくつかの共通点があります。

隣の部屋に

私の祖母はトルコ石が好きで、よくトルコ石の宝石類を身につけていました。そして、妙なことですが、私もトルコ石が好きなのです。そんな理由から、トルコ石に触れたり身につけたりすると、祖母が近くにいるような気がしていました。

さて、最近私はひどく体調を崩し、非常に困難なときを過ごしていました。日常生活もままならない状況で、どうやって外に出て、用事を済ませばよいのかわかりませんでした。ある金曜日のこと、私は突然、宝石箱の中のトルコ石に強く引き込まれるような気がしました。そして、すぐにでもその石を持たなければいけないと思ったのです。この話を聞いても、あなたは驚かないかもしれませんが、トルコ石を手にした途端、「できないと思っていても、あなたにはできるわよ。私は隣の部屋にいますよ」という祖母の声が聞こえました。それは生前祖母が言っていた言葉なのです。その言葉を聞いて、私はどうにかその日をやり過ごせると確信し、実際にそうなりました。体調はひどいものでしたが、しなければならなかった用事をすべて済ませ、夕方には病状さえほんの少し良くなっていたのです。

地に足がついた性格だった祖母は、めったに助言をするような人ではありませんでしたが、そんなときはとても率直で的を射た助言をしてくれたものでした。あの日、トルコ石を握ったときに聞いた声、その言葉は間違いなく祖母のものでした。私が一番必要だった言葉を祖母の声を通して聞くことで、私は何とかその日を乗り切ることができました。ええ、彼女の声を聞いたとき涙があふれました。けれど、祖母の率直で実用的だけれど、優しく励ましてくれる言葉こそ、その日私が必要としていたものなのです。

祖母の声を聞いたのはそれが初めてではありません。これまでも必要なときに、ときどき祖母の存在を感じていました。そのたびに、祖母は本当にいなくなったわけではないと思います。今でも、私のために隣の部屋にいてくれるのです。

ジョセフィンはすぐに声の主がわかりましたが、マルチナの話では、その声の持ち主はまったくわかりませんでした。

じっと考え込んで

数か月前、私は友人の家に向かって車を運転していました。私生活で辛いことがあって、私はじっと考え込んでいたのです。そのとき主要道路を進んでいましたが、その道路から出るためには危険なラウンドアバウトを利用しなければなりません。反対側がまったく見えないので、安全のためにはスピードを落とすのではなく、一時停止する必要があります。その日、私はすっかり考え事にふけっていて、ブレーキをかけることなくラウンドアバウトに入っていこうとしていることに気づきませんでした。わかってもらえるかもしれませんが、見ていたけれど、見えていなかったのです。しかし、私は叫ぶ声を聞きました。私の声ではなく、知っている誰かの声でもありません。「ブレーキを踏んで！　止まって！」と。それは、よく言われる「頭の中の声」というものではありませんでした。この耳と心で聞いたので、間違いありません。怖くなって、私はすぐにブレーキを踏み、前の車に衝突するのを回避することができました。天国の声が私の命を助けてくれたのでしょうか？

私の考えでは、マルチナは天国の声を聞いたのだと思います。ディメルザの話は、マルチナとは少し違い、彼女が聞いた声は外からではなく、自分の心の中に響いたように思われたそうです。

私の命を救った声

最初の経験は、会社から解雇されるところで、二歳の子どもを抱えていた二〇一一年のことでした。私は仕事に行くために駅のホームで電車を待ちながら、「ああ、どうしたらいいの？」と考えていました。すると、自分のものではない声が心の中で言いました。「あなたは大丈夫です」。その声を聞くと、少し前まで絶望的だったのに、すべてはうまくいくという幸せな気持ちになり、安心しました。私はただただ、自分は大丈夫だと思いました。そして、実際にそうなったのです。

二度目はそれから数年後、朝、バスを待っているときに起こりました。バスがなかなか来なかったので仕事に遅れると思い、私は歩くことにしました。しかし、以前に聞いた声と同じでしたが、もっときっぱりとした口調で、「バスに乗りなさい」と言ったのです。私はちょっとびっくりしましたが、そのまま歩いていこうとしました。しかし、声は同じ言葉を繰り返し、今度はもっと緊急性を帯びていました。私はその声に従わなければならないと思いました。バスが到着すると、後ろから来た救急車とパトカーが追い抜いていきました。バスから外を見ると、私が歩いていたかもしれない歩道に、横転した車が見えました。間違いなく、その声は私の命を救ってくれました。

これらの話では、天国の声がどこからともなく降りてきたようで、当事者たちはどのように、あるいは、どうしてそんなことがあったのか説明することはできません。命を救ってもらったり、人生が変わったりしたので、彼女たちはただその声を聞いたことに深く感謝しています。

アナは声によって命が救われたというわけではありませんが、その経験によって彼女はすっかり心が軽くなりました。彼女自身の言葉で、アナの話を紹介します。

おまえにはわかるよ

父は夕食を取っている最中、椅子に座ったまま心臓病で亡くなりました。そのとき母はキッチンで洗い物をしていました。私たちは大きなショックを受けました。私は精神的に打ちのめされました。父は私のヒーローでした。彼は長年にわたってスピリチュアルな経験をしていたので、私とよく死後の世界について話していました。自分の番が来たら、まだ自分がそばにいることを伝えるために何かするよ、といつも言っていたのです。「パパ、突然現れたりしないでよ。私、びっくりしてしまうわ」と私は言ったものです。父は笑いながら、「おまえを怖がらせるようなことはしないさ。

それは覚えておいて。おまえが一人ではないときに、何かしてみるよ。おまえにはわかるはずだ。きっと私だとわかって〝あれはパパだった〟って言うに違いないよ」と言いました。

その日、私は夫と姪の一人とキッチンの椅子に座っていました。母の納税申告用紙の記入を手伝っていたのです。それは父が亡くなって四、五日後のことで、私は葬儀場から戻ってきたばかりでした。実は約束していたサインを送ってほしいと手紙に書き、それを父の棺の中に入れました。母はお隣さんと一緒に居間にいて、ドアを閉めて話をしていました。

突然、ささやき声が聞こえました。ささやき声と書きましたが、それは誰かがつぶやいているようだったからです。しかし、私たち三人にはっきりと聞こえる声でした。それは…アナ、と言ったのです。私はふと書くのをやめて、「パパの声みたいだだけど、え、本当にそう聞こえた?」と思いました。すると、夫が「アナ、今、君の名前が聞こえなかった?」と尋ねました。姪もびっくりして、「ああ、びっくりした。私もその声を聞いたよ」と言いました。自分たちがたった今何を聞いたのか気づくまでにちょっと間がありました。「声はどこから来たのかしら?」と私は言いました。夫は階段の上の手すりの方から聞こえたようだと、そこまで確認に行きました。「違うみたいだ。ここには私たちとお母さんたちだけだけど、居間のドアはしっかりと閉まっているよ」と、夫は言いました。姪と私には、私たちがいたすぐそばから聞こえたような気がしました。私はそれから数分、そこに座ったまま考えていましたが、「あれはパパだった」と言いました。父は約束を守ってくれたのです。私は天にも昇るような気持ちでした。

サラも同じように天国の声を聞きましたが、外側からではありませんでした。彼女が聞いた声は深く内面から語りかけたのです。

ささやいた天使

数か月前、私が暗闇でもがいていたとき、あなたに手紙を書きました。それは本当に暗い場所でした。あなたの本を読んで、閉ざしていた心を開くようになりました。そして、すでに知っていたけれど、忘れてしまっていたことを思い出したのです。私はあなたの本を貪《むさぼ》るように数時間で読み終えました。そして、私の人生のすべてについてとても真剣に考えてみたのです。

当時、私はうつ病、不安神経症、そして、不眠症に苦しんでいました。日々の生活の中で、私は幽霊のように生きていました。自分が操り人形のような気がしていました。私を愛してくれているはずの人たちによって、絶えず紐を引っ張られ操られていたのです。やがて、私は自分のために生きているわけではなく、私以外のすべてのために生きているのだと気づきました。私は何か本当のものを切望していました。心から、とても切望してたのです。

そして、それをあなたがくれたんです。まさしくその言葉どおり。私は、死後の世界は本当にあると信じています。疑う余地はありません。あなたがそれを思い出させてくれたんです。そのことに対して私はあなたに永遠に感謝するでしょう。それから、今までで最もすばらしいことが起こりました。それは金色の光とか羽ばたく翼といったものではありません。また、丸い光の環でさえありません。それは、私の心に深くはっきりと話しかける声だったのです。

ここ何日か毎晩のように、眠りに落ちると、人影が私に向かって歩いてくる夢を見ていました。すべては暗く静まり返っていて、その静けさがいつも私の中に浸透するのです。それは、とても、とても穏やかでした。そして、私の心臓がゆっくりと鼓動し始め、それから大きな音を出す太鼓のようにどんどんと早くなっていきました。非常に大きな太鼓のように、心臓が速く鼓動し始めるのが聞こえ、突然心臓が燃えるのを感じます。痛みを感じるわけでありませんが、ジュージュー焼けてパチパチと炎が上がるのです。胸の真上には赤い炎が浮かんでいます。胸の上で燃えているのを感じ、その炎を見ているときに夢から覚めるので、そのことを覚えているのです。その小さな炎はとてつもないパワーと命を秘めています。炎は二分くらいで消えてしまうので、私はそのあと目を閉じてしばらくじっとしています。

私の頭の中で、「ささやく人」と言う子どもの声がこだまします。

その声はいつまで経っても消えないような気がします。初めてその声を聞いたときから、見るもの、触れるもの、すべてに神を見いださずにはいられません。ずっと探していたものがとうとう見つかりました。こうしたいと思う情熱と原動力が見つかったのです。私はそれを世界の人々と分かち合っていきます。この人生を通して成長し、見るもの、触れるもの、味わうもの、香るもの、そして、聞くものをすべて愛していきたいと思っています。迷ったときには目を閉じて世界の歌を聞き、あの子どものささやきに包まれる自分を創造します。ささやく人とは、インスピレーションと希望を与えてくれる私の中の、そして、私を包み込む神聖な火花だということを思い出します。

サラの話を読むと、誰もが天国の声を聞くことができるということを気づかせてくれます。そして、その声はしばしば、私たちの中の純粋で子どものような、そして善を信じて疑わない部分、つまり内なる子どもに語りかけるのです。

次に紹介するデイビットのスピリットの声についての話は、十年ほど前に送られて来たものです。しかし、その話はいまでも頭から離れないので、本書に含めたいと思います。

後部座席の運転手

妻が亡くなったとき、私たちは結婚してまだ一年しか経っていませんでした。午前中は元気だったのですが、午後になると妻は頭痛がすると愚痴をこぼしていました。そのとき私はあまり気に留めていませんでした。医者という立場だと（二人とも医者でした）、目の下のクマと同じで、頭痛はこの仕事につきものだったからです。彼女はいつものように仕事に行きました。そして、妻が脳出血で亡くなったという電話をもらったのです。医者として、私はこれまで何度も同じような事実を患者の家族に伝えてきました。しかし、それが自分の身に起きたとき、話はまったく違ってきます。それからの数日間、私はまさに無感覚でした。泣くことすらできませんでした。何も考えられませんでした。私は葬式の手配に没頭しました。しばらく仕事を休むように助言されましたが、それこそ私が最も避けたいことでした。何かに没頭して気を紛らわす必要があったのです。それで、妻の死から数週間後、私は仕事に復帰しました。

ある朝、二十時間のシフトを終え、カーラジオを聞きながら車で家に向かっていました。だんだんまぶたが重くなってくるのを感じていました。目を開けているのがやっとだという感覚に慣れていたので、あまり気にしていませんでした。それに、これまで何回も家と病院を往復していたので、無意識のうちに運転していたと思います。それから、角を曲がると、何かカタカタという音が聞こえてきたのです。後続の車がいるのかと、バックミラー越しにのぞくと、なんと後部座席に妻が座っていたのです。彼女は微笑むと何回かまばたきをしました。そして、聞きなれた愛しい声で、「目を開けて」と言ったのです。私は信じられずに思わず目を閉じました。再び目を開けると、彼女はいなくなっていました。

すっかり目が覚めて、減速するためにブレーキを踏むと、対向車線の車がそばを勢いよく駆け抜けていきました。「目を開けて」という妻の警告がなければ、私はおそらく道路からそれてしまったか、対向車と衝突していたでしょう。居眠り運転していた私をサラ（妻の名前）が起こしてくれて、命を救ってくれたのです。

とうとう現実との接点を失ったかと思われるかもしれなかったので、あの夜、高速道路で何が起こったのかは誰にも話していません。現に家族は私のことをとても心配していました。しかし、それは多くの点において、私の命を救う出来事でした。私はいまでもサラのことがとても恋しいですが、彼女が今も私を見守り導いてくれていること、そして、あの日、彼女の警告の言葉が私の命を救ったことは間違いありません。

明らかに、サラは私にまだまだやるべきことがあり、人生をフルに生きてほしいと考えているのです。それからというもの、パートナーや家族に、愛する人の死について話すことは、以前ほど苦しいことではなくなりました。なぜなら、死とは終わりを意味するものではないと、今ならわかるからです。私はそれを証明することができますし、できるかぎり人々に思いやりや癒しを与えられるように努めていきたいと思いま。


死後の世界との遭遇に関する話には、決まってこの世から旅立った人のスピリットや、地上にいる私たちを見守っている天国というテーマがあることに読者の皆さんは気づくはずです。この概念は物理的なものではなく、エネルギーという意味での話なので、どうか不安にならないでください。これまでの臨死体験の研究から、スピリットや天国というものは、私たちの肉体ではなく、スピリチュアルな肉体、あるいは、私たちの思考や感情によって生まれるエネルギーを通して見ていると考えることができます。

これまで紹介した話はどれも奇跡の物語で、それぞれユニークですばらしいものですが、これから紹介するベサンの場合のように、ドラマチックでなく、生死に関わる問題でもないとしても、同じように特別で唯一無二の経験です。

振り向いたら

大学二年生のとき、僕は困難な状況に陥っていました。ひどい孤独を感じ、詳しく説明したくないのですが、いろいろな理由から、そのとき住んでいたところで非常に苦労していました。

ある朝、僕はその日をキャンパスで過ごすために、大学に向かって通りを歩いていました。これ以上学生寮で暮らすことはできないと決心したとき、どこからかはっきりと口笛が聞こえてきました。周囲には誰もいませんでしたが、口笛は私の耳元ではっきりと力強く聞こえました。私はスーパーマーケットへと向かいました。正面のドアに手をかけたとき、誰かが後ろから私の名前をはっきりと呼ぶ声が聞こえました。

ありふれた名前ではないので、他の名前と聞き間違えることはありません。振り向いてみましたが、知っている人は誰もいませんでした。また、あれほどはっきりと声に出して、私の名前を呼びそうな人もいませんでした。向き直るともう一度声が聞こえました。もう一度振り返ってみましたが、誰も見当たりませんでした。

口笛や私の名前を呼ぶ声について説明することはできませんが、勇気で満たされるような気持ちになりました。僕はきっと大丈夫だとわかったのです。そして、その瞬間から、ずっと何とかやってこれました。今も、大丈夫なのです。

人々が共有してくれた話は、何か深くて力強いものがあります。それが「本当に」起こったことなのか、偶然だったのか、それともただの気のせいだったのか、彼らはまったく気にしていません。彼らにとって大切なのは、この世のものとは思えない経験をして、困難な時期や大切な人を失った後に、人生におけるスピリチュアルな目的、方向性、意味、そして癒しを与えられたということです。こうした人たちにとって、真実は大きな関心事ではありません。なぜなら、自分たちの経験は本物だったと感じることができ、彼らにとっての真実だからです。彼らは、天国が自分たちの名前を呼ぶ声を聞きました。そして、その瞬間から、彼らの人生は二度と同じものではないのです。

まったく自然なことなのに

この世のものとは思えない経験をしたり、ある声が話しかけるのを聞いたりしたとき、私に手紙をくれた多くの人たちがそうであるように、批判や嘲笑を恐れて、あなたは自分の経験を他の人たちに話そうとはしないかもしれません。すべて作り話だと思われないかと心配するかもしれません。私はよく、どうして世の中には、誰かが経験したことを正直に話したことについて、疑ったりおかしいと判断したりするのかと疑問に思います。自分たちが知らないことに対する恐怖心なのでしょうか？

今日、尊敬される科学者たち（第六章の239ページと付記一の375ページを参照）でさえ、死後の世界との遭遇における現実をようやく認識し、その有効性を見極めるために最初の臨床試験に着手し始めてもなお、人生の中で起こった重要な瞬間について話すことをためらっている（そして、恐れている）ことに、私は戸惑いを感じます。なぜ彼らは気が進まないのでしょうか？　なぜ私たちはもっと自由に、死後の世界や天国からのメッセージやサインについて語り合うことができないのでしょうか？　本書によって、死後の世界がもっと普通に多くの人たちから受け入れられて、話すことができるようになればと願っています。

天国の音の響きについて

次に紹介するいくつかの話もまた音を媒体としていますが、今回、天国の声はやんわりとオブラートに包まれています。その声を聞いた人たちにとっては同じように重要だったので、それがかすかなメッセージだったとしても惑わされないでください。まずは、タラの話を紹介します。

無視することはできない

母は二〇〇八年に亡くなりました。私たちはとても仲がよかったので、今でも母のことがひどく恋しいです。特に悲しいと感じるのは、母が二人の孫娘の姿を見ることができなかったことです。数か月前、土曜日の朝に手術を終え、私は家に帰るために車を運転していました。ラジオからある歌が流れてきて、母が亡くなった直後のことが鮮明に蘇りました。そのとき、助手席に母が座っているに違いないと強く感じたのです。それは一分くらいのことでしたが、その感情は非常に強いもので、何もなかったと無視することはできません。

音楽というものは天国のテレフォンカードなので（第八章でもっと詳しく説明しています）、明らかにタラの気持ちを何もなかったと無視することはできません。次に紹介するアナは、天国が歌を歌うのを別の方法で聞きました。

鳥のように自由

母は年がいってから私を生みましたが、幸運なことに、百歳になる数か月前まで長生きしてくれました。母は一人暮らしをしていて、最後の二年は体調を崩してしまいましたが、それまでは一人で何でもこなしていました。私は定期的に母を訪問し、二人でよくおしゃべりしたものでした。母はユーモアのある人だったので、私たちはいつもくすくすと笑っていました。あるとき、母に選べるなら何になりたいか尋ねました。躊躇《ちゅうちょ》することなく母は、「鳥になりたいわね」と答えました。それは期待していた答えではなかったので、「どうして鳥なの？」と私は尋ねました。母は笑ってこう言ったのです。「だって、あちこち好きなところを飛べるでしょう！」そのときの会話を忘れることはありませんでしたが、それが重要なことだったとは、そのときには気づきませんでした。

その数年後、母は亡くなりました。クリスマスまであと三週間というときで、お祝いのムードが逆効果になってしまいました。気分がとても沈んでいたところに、友人が夫と私を新年のパーティーに招待してくれたのです。母が亡くなったばかりだというのにパーティーに誘うなんて、彼女は無神経だと思いました。しかし、夫のためにも努めて明るく振る舞わないといけないと思ったのです。いやいやでしたがパーティーに行き、私は平静を装っていました。家に戻ったのは夜中の二時でした。霜の降りるとても寒い夜でした。夫と私が車から降りようとしたとき、車庫に一羽の小さな鳥が止まり、心を込めて歌っていました。本当に快活にさえずっていたのです。こんな真夜中にさえずるなんて、この鳥は何をしているのかしら？　と思ったものです。私たちが車から降りても気にすることなく、同じ場所に止まっていました。

翌朝、私が先に目覚めました。まだ5時ごろでした。どちらにしても、そのころはあまりよく眠れずに、早起きするのが私の日課となっていました。また鳥が歌っているのが聞こえましたが、他には何も聞こえません。ベッドからそっと抜け出して、カーテンを開けてみました。すると、霜に覆われたフェンスにあの小さな鳥が座っていたのです。私はそのままの姿勢で、その歌声を聞きました。またしても、鳥は飛び去ったりしませんでした。ベッドに戻ると、どうやら私の悲しい気分はどこかに行ってしまったようでした。母が鳥になりたいと話していたことを思い返していました。鳥がメッセージを運んできてくれたと感じたのです。母は人生の最期にとても苦しみましたが、私に伝えようとしているのだとわかりました。最も美しい方法で、母は今も幸せで、自由で、鳥のように歌っていることを教えてくれたのです。

リンとベアから届いた二つの話は、歌や声が聞こえるわけではありませんが、それでも天国が話しかけたに違いないと確信しています。

チクタク

父が亡くなってから間もなくして、母が私たち兄弟に向かって、チクタクと音が聞こえるけれど、それはお父さんがすぐそばにいるということだと言いました。その後、同じことが何度もあったので、私たちはすっかり母の言葉に慣れてしまいました。しかし、母にその音が聞こえているとは信じることができませんでした。父はいつもポケットウオッチを身につけていたので、私たちは母が、父がすぐそばにいると信じたいのだろうと思っていました。生前、父が近づくと、時計の音がカチカチと鳴ったので、父がやって来るとわかったものでした。

その年の夏、私は住んでいるハローゲイトのケアンホテルで友人と一緒に働くことにしました。私たちは毎日働き、早めにスタートするために、朝五時にはホテルに到着しなければなりませんでした。二人で十五から二十のトイレと、それぞれ一フロア分の床を掃除しました。それほど早い朝の時間だと、いつも静まり返っていました。ある朝、床に膝をついてトイレの床を掃除していたときに起きたことを、私は今でもはっきりと思い出すことができます。チクタクと鳴る音がはっきりと聞こえ、それがどんどん大きくなっていくようだったのです。

それまでそんな音を聞いたことはなく、トイレには壁時計も置時計もありませんでした。一体どうしたことかと思い、私は立ち上がりました。どこからその音が聞こえるのか確かめようと決め、近くの客室やトイレにこっそり入ってみました。私に聞こえるような音を出していそうな時計や腕時計なども見つかりませんでした。私は掃除していたトイレに戻り、床の掃除を続けました。その間もカチカチとすぐそばから大きな音がしていました。その音は今でもはっきりと耳に残っているのです。まったく奇妙で、どんな説明もつきませんでした。

数日後、家にいると、一緒にいた母が突然「お父さんがいるわ。チクタク聞こえる！」と言ったのです。そのとき初めて、母に聞こえている音が私にも聞こえていると気づいたのです。そこで、私は母にホテルでの出来事について話しました。すると、母が話してくれたことに衝撃を受けました。ずっと昔、父は鉄道の仕事に就く前に、そのホテルの給仕長をしていて、その仕事をとても気に入っていたそうなのです。そんな話はそれまで一度も聞いたことがありませんでした。

不可能なこと

十六年半介護をしてきた母が亡くなった後に経験したことを、あなたなら聞いてくれると思い、お便りします。母は九十二歳になっていて、椅子から立ち上がるようなことでも介護が必要になってきていました。そこで、亡くなる数か月前に呼び鈴を買ったのです。私が庭や家の奥の方にいても、母が私を呼ぶことができるようにしたのです。母の歩行器に呼び鈴の押しボタンを取りつけ、「ピンポン」と聞こえたら、私は応えるようにしていました。

私と母はとても仲良しでした。一日の中で一番好きだった時間は、寝る準備をするために、バスルームでいろいろなことを話したり、変な歌を歌ったり、特に理由もなくおかしくて笑いが止まらないといった具合に、一緒に時間を過ごしたときでした。母の死の二週間ほど前に、冗談ぽく「私を訪ねるためにこの世に戻ってきたら、呼び鈴を鳴らしてよ。お母さんがいるってわかるでしょう」と言いました。

悲しいことに、母はほどなくして亡くなりました。昨年の二月下旬のことでした。重度の心臓発作でしたが、母はもうすぐ天国に行くのだと、心穏やかに自分の運命を受け入れていました。その後、十月に同じ村のもっと小さい家に引っ越しました。いろいろと丁寧に手を加えてリフォームを行う必要がありましたが、その家を一目見て気に入ってしまったのです。ある日、母が使っていた呼び鈴が出てきました。私は本来の役割を果たしてもらおうと決め、玄関のドアに取りつけることにしました。ガラスのドアで直接応接間につながるようにしました。

十月二十二日に母は九十三回目の誕生日を迎えるはずでしたが、心配していたほど私は辛く感じませんでした。翌日、近くに住んでいたすぐ上の姉から電話がかかってきて、最終的に「口論」になってしまいました。受話器を置いた後、玄関のそばのソファにもたれかかって「どうしよう！」と声に出して言いました。ほとんど間髪を入れずに、呼び鈴が鳴りました。しかし、いつもの「ピンポン」という音ではなかったのです。それはウェストミンスター寺院の鐘の音だったのです。そんな音が出るとは知りませんでした。ガラスのドアからは外が見えましたが、そこには誰もいませんでした。

初めはびっくりしましたが、数分後には、あれは母が呼び鈴を押したに違いないと思いました。私に頼まれていたように、自分はここにいると知らせるためにベルを鳴らしてくれたのだと思いました。そう考えると心がとても和みました。

八日後、ハロウィンの夕方近くに、また呼び鈴が鳴りました。私は母に話しかけました。「あら、お母さん、何をやっているの？　ハロウィンは好きではなかったのに！」。私はすぐに姉に電話して、同じことがあったことを伝えました（あのことで、仲直りをしたのです）。そして、そのまま姉と通話していましたが、何人かの子どもたちがトリックオアトリートのために玄関までやってきて呼び鈴を押しました。しかし、そのときはいつもの「ピンポン」という音でした。ウェストミンスター寺院の鐘の音は、本当に人が来ると、「ピンポン」という音に代わりながら、最後となった十一月十九日までの数週間で七回鳴りました。

最近になって、呼び鈴と一緒に入っていた説明書を見つけました。そして、ウェストミンスター寺院の鐘の音にするには、ワイヤーの位置を変えるために、ベルの後ろ側を外して、つながっている二つのピンを取り外して、別のピンをつける必要があることがわかりました。電気技師の友だちに、ピンを変えずにどうしてウェストミンスター寺院の鐘の音が出たのか筋の通った説明を求めてみましたが、「いや、そんなことは不可能だよ」と彼は言いました。

このような話を聞くと、天国の手、あるいは、天国の声と言うべきですが、そのようなものが関係していると思わずにはいられません。アーサーも同じように感じているようです。

大丈夫？

私は亡くなった母が、壊れていたオルゴールをどうにか動くようにしたと信じています。母の遺品を整理して、彼女が住んでいたアパートからそのオルゴールを持ってきました。午前一時ごろ、ベッドで本を読んでいると、オルゴールが音を奏ではじめたのです。（壁に掛かっている）オルゴールを見ると、メロディーを奏でていました。私は手を振って言いました。「お母さん、大丈夫？ 元気にしているの？」と。何かやさしくて心地よいオーラを感じました。それは、母が大丈夫よと言っているようでした。私はその部屋で穏やかな気持ちになりました。

サラから送られてきた次の話は、とても感動的で力を与えてくれます。涙なしには読むことができないほどです。

かわいい笑い声

私は二歳だった小さな娘を失いました。本当に天使のような赤ちゃんで、あの子のことを思わない日はありません。あなたの本を読み、娘のかわいい笑い声がどうやって聞こえるのかお話ししたいと思いました。おかしいと思う人もいるかもしれませんが、私はときどき風が吹いているときに、あの子の笑い声を聞きます。公園の近くに住んでおり、ゴミ出しや猫を出すために夜、外に出かけると、公園に立って星を眺め、心の中で娘に話しかけます。そうするとときどき、娘の笑い声が風の中に聞こえるのです。それはほんの一瞬のことですが、私はその声に心を奪われてしまいます。私は天国の娘と一緒にいるのです。

サラの話を読んでからというもの、私は天使の耳を持って、風の音に耳を澄ましています。そのような方法で天国は私たちに話しかけると、私は心から信じています。

向こう側から様々な方法で送られてくるメッセージ

最も珍しいケースの一つですが、死後の世界との遭遇において、ますますいろいろなところで書かれるようなったものがオンラインの世界のものです。それは、亡くなった人からファックスやメールやメッセージや電話を受けるというものです。イーサンの話を紹介します。

メールして

親友のスティーブが爆音のおんぼろ車（まったくガラクタの山みたいな車です）に乗って走り去っていったとき、最後に僕に言った言葉が「メールするよ」でした。僕たちは大学に入学して知り合い、ちょうど一年生を終えたところで、十月まで会う予定はありませんでした。スティーブとは最初からとても馬が合いました。同じ学部で、同じフットボールのチームを応援していました。初めて家を離れて大学に通うので、あまり乗り気ではなかったのですが、スティーブと知り合ってからはとても楽しい大学生活になりました。一年はあっという間に過ぎました。

夏のアルバイトが見つかり、自分の車を買うためにお金を貯め始めたところでした。数週間して、スティーブにメールしようかと思ったのですが、向こうからすると言っていたことを思い出しました。それで、私からは連絡しなかったのです。そして、気がつくと新学期の準備に追われていました。大学に戻る前日、とうとうスティーブからメールが来ました。「全然メールしなくて、すまない。また会おう」と書いてありました。

大学に戻ると、僕はスティーブを探しましたが、どこにも見当たりませんでした。そして、衝撃的なニュースを聞いたのです。彼は亡くなっていました。おんぼろ車に乗ったスティーブを見送ってから二週間後、彼は死んでしまったのです。だとすれば、二か月以上前のことでした。それならなぜ、新学期が始まる前日にメールを受け取ったのでしょう？　僕は彼の両親に連絡しましたが、スティーブの携帯電話は事故によって壊れてしまったと聞きました。不思議です。あなたがこの不思議な出来事を解決してくれるとよいのですが。

この現象について科学的に深く掘り下げた人物が、受賞歴のある超心理学者で、ノーサンプトン大学のキャラム・クーパーです。著書に『死者からの電話（仮題）』があります。クーパーによると、このような電話のほとんどは、その人が亡くなった翌日にかかってくるそうですが、中には数週間後、数年後、あるいは、亡くなったその時間にかかってくるという報告もあるそうです。ほとんどの場合、その電話はお別れを言うため、警告するため、または、役に立つ情報を知らせるためということです。もちろん、それらが本当に死者からかかってきた電話なのか証明することは不可能ですが、電話機が正常に作動しなかったり、無作為ではありますが、非常に重要なメッセージを送ってきたりすることに、いまのところ満足のいく説明は見つかっていません。

文書でしっかりと残されたケースとしては、二〇〇八年九月十二日にアメリカのサンフェルナンドバレーで起こった列車の衝突事故があります。二十五人の死者の中に、四十九歳のチャールズ・ペックがいました。彼は即死でしたが、大破した列車で捜索が行われ、彼の遺体が見つかるまでの十一時間に、彼の携帯電話から恋人へ三十五回発信がありました。

また、ごく最近報告され、デイリーテレグラフにも紹介された、女優のモーリーン・リップマンと、二〇〇四年に亡くなった彼女の夫で脚本家だったジャック・ローゼンタールのケースがあります。彼女は亡くなった夫が、彼女の携帯電話にメールを送って叱ってくれたと信じています。ある日モーリーンは、息子のアダムが書いた小説の草稿に登場するエンクという人物について批判しました。すると、同じ日に、ジャックからメッセージを受け取ったのです。そこには「やつはよくやったよ。いいじゃないか、エンク」と書かれていました。彼女は自分の目を疑いました。ジャックからメッセージが来たなんて、一体どういうことなのか理解できませんでした。もちろん、それは過去に一度送られたメールで、どういうわけかもう一度送られてきた可能性もありますが、エンクという名前が入っていたのです。モーリーンは、彼女の夫がもっと息子を褒めてあげなさいと言ってくれたような気がしました。

よくよく考えてみると、私たちの人間的な感覚を切り離すという意味で、電話というものは非常に不思議なものです。そして、私たちが電話で話している相手は、亡くなった人と同じように、そこにいて、また、そこにはいないのです。次に紹介するフィオナは、向こう側から電話を受け取ったと信じています。

姉妹

テレサ、私自身もどうにか信じようとしているところなので、この話をしてあなたが信じてくれるかわかりません。この出来事は弟にしか話していなくて、彼も頭の中が真っ白という感じなのです。とにかく、一年くらい前に、私は双子の妹と仲違いをしてしまいました。お互いにひどいことを言い合い、頭を冷やすために週末は出かけることにしたのです。

帰りの電車では気持ちの整理もできて、落ち着きを取り戻しました。そこで、妹に電話をかけることにしました。彼女のことは心から愛していたので、仲直りするためにお互い歩み寄る方法を見つけたかったのです。妹は電話に出ませんでしたが、五分後に折り返し電話がかかってきて、私たちは心を割って話すことができました。妹は、これからはつまらないことで口論などしたくないと言いました。これまでずっと私を愛し尊敬してきたし、あなたは自慢の姉よ、と言ってくれました。その言葉がうれしくて涙があふれてきました。私は家に着いたら一緒に夕飯を食べに行きたいと提案しました。妹は本当に行きたいけれど、いくつかやることがあるのでその日は都合が悪いと答えました。しかし、なるべく早く会いに行くと約束してくれました。

電話を切った後、美しい音楽が頭の中に聞こえてきて、いつの間にか眠ってしまいましたが、電話が鳴っているのに気づいて目を覚ましました。それは弟からでした。私はとても穏やかな気持ちで、また、疲れていたので、弟からの電話には出ず、サイレントモードにしました。それから、駅に着くまでぐっすりと眠ってしまいました。

家に戻ると、十数個の留守電メッセージが入っていることに気づきました。折り返しかけると、恐ろしいことに数時間前に妹が亡くなったというのです。彼女はランニングに出かけ、躓《つまづ》いて転んで石板に頭を打ちつけてしまったのです。即死でした。私は胸が張り裂けそうになってむせび泣きました。たった一つ心の支えとなったのは、妹と電話で話すことができたことでした。胸の痛みを和らげるために妹の電話番号を受信記録から探しましたが、何とそこになかったのです。

後になって知ったことですが、妹が転んで亡くなった時間は、私の乗った電車がちょうど駅から出発したときでした。彼女はまた、ジョギングに出かけたとき、携帯電話を持っていきませんでした。よく双子には驚くような絆が存在すると言われますが、実、私たちは一卵性ではなく、それほど言動がシンクロすることもありませんでした。事実、私たちはお互い正反対のものを選ぶ傾向がありました。でも、私は本当にあの電話を受け取ったのです。私の車両に誰か他に乗っている人がいたら、どれほどよかっただろうと思います。もしそうだったなら、地元の新聞に、私が電話で話していた様子を覚えている人がいないか尋ねる広告を出すことができたからです。しかし、妹から電話があったと証明することはできません。私にできるのは、あなたに手紙を書いて、胸に手を当てて、これは作り話ではないと誓うことだけです。あの日、何かが私たちのスピリットを一つにしてくれたのです。そして、それは姉妹の愛だったと信じています。

確かに、私に送られてくる話の中で、電話や電子メールやオンライン通信によるものが増えているという印象を持っています。一度、天国がごく普通の、それでいて特別な方法であなたに語りかけるということを受け入れると、スピリットは絶えず音を通して、言葉やささやきやサインを送っていることがわかるようになってきます。恐らく、今の時代、私たちのほとんどが電話やパソコンをつないでいるので、天国はそのような媒体に適応しているのでしょう。あなたはただ周囲の騒がしい環境をシャットアウトして、じっくりと耳を傾ければよいのです。

天国に耳を傾ける／透聴能力を高める実践法

音の世界に敏感になることで、あなたのスピリチュアルな成長は豊かなものになります。長年にわたる死後の世界の研究や執筆によって、私はそのためのヒントを集めてきました。これらは、あなた自身やあなたの周りに存在する神の振動と、もっとうまく波長を合わせるために役に立つと思います。

聞くこと：かなり明らかなことを言っていますが、音の世界（霊能的でも霊能的でないものも）に対する超自然的な感受性を高めるには、時間があるとき、ときどきあなたの周りで起こっている音に細心の注意を払うことです。実際に、今やってみたいという人もいるかもしれません。本書を脇に置き、どこかに腰をかけて聞いてみてください。最初に、周囲の明らかな音に耳を傾けてください。人々が話していたり、音楽が演奏されていたり、犬が吠えていたり、車が走り過ぎていく音が聞こえるかもしれません。では次に、例えば、あなたの呼吸、心臓の鼓動、あるいは、パソコンのマウスをクリックする音など、もっとかすかで、聞き逃してしまうような音に耳を傾けてください。その作業を通して、アラームが鳴るような生きている音ではないものと、人々が笑っているような生きている音に注目してみてください。生きている音があなたに思い起こさせる思考、感情、ひらめきなどについて、より多くの注意を払ってみてください。なぜなら、これらが超自然的な世界の音だからです。生きている音であなたの内面を満たしていきましょう。

話は控えめに：向上した聞く力を、あなたの人生で出会う人々にも使ってみてください。いつも答えを考えるのではなく、人々が実際にあなたに話していることをじっくりと聞いてみるのです。ただ話をさせてあげるのです。すると、本当の意味で話を聞いてくれたあなたに対してどれほど感謝してくれるか、あなたは驚くはずです。もちろん、あなたも会話に参加しなければなりませんが、話すことより聞くことに集中するのです。この人生で他の人たちの話を聞く訓練をすれば、来世とのコミュニケーションの道が広がり、他人の気持ちや感情を理解する力が育ちます。

独り言：独り言をつぶやいている自分について注意を払うようにしてください。天国は前向きな気持ちや愛や喜びにより多く反応するので、肯定的なものより否定的なものが多ければ変えていってください。恐怖、罪悪感、そして、自己能力の卑下は、あなたと向こう側とのコミュニケーションの手段を汚染します。従って、これからは人を傷つけたり、自分を卑下したりするようなことを言ったら、バランスを取るために何か前向きなことを発言してください。天国の純粋な声を遮っていることが理解できれば、恐らく否定的な独り言はいつか過去のものになるはずです。

夜明けの鳥のさえずり：鳥たちと天国との間には、とても強い絆が存在します。鳥のさえずりを聞くことは（早起きの人なら明け方でも、夕暮れでも、いつでもできる時間で構いません）、あなたの人生にスピリチュアルな音を取り入れることができるすばらしい方法です。可能なときは、鳥の鳴き声のメロディーを聞くようにしてください。単純にその声を聞いて楽しんでください。音楽（あなたの魂を高揚させるようなすばらしい音楽）を聴くことは、天国が語りかける言葉を聞くもう一つの方法です。従って、お気に入りの曲をもっと聴く時間を作るようにしてください。

水：水面下には深く、神秘的で、力強い世界が存在します。従って、水路、川、湖、そして、海のそばに行くようにしてください。耳を澄まし、水が言葉ではなく音によってあなたに話しかけてくるか待ってみてください。そして、その音によって満たされたときに感じることや考えることに注意を向けてみてください。

耳を守ってください：音に対する感受性を高めると、恐らく以前は気にならなかった、大きな音や騒いでいる人たちから、耳を守る必要があると感じるようになるかもしれません。携帯電話の大きな着信音でさえあなたをいらいらさせたり、もっと穏やかで静かな場所を探そうとしたり、あなた自身が声のトーンを下げたり和らげたりするかもしれません。これは自分の聴覚を守っているだけではなく、自分の中に、そして自分の周りに存在する天国の声にも集中しようとしているので、とてもよいことです。そして、耳だけというのではなく、あなたの感情や思考と共に、スピリットの声を「聞こう」としているということになります。

最高の美徳——ごく当たり前のものの中に特別なものを見つけること

サリーから届いた心温まる言葉と共に本章を締めくくりたいと思います。

テレサ、私が経験したことを読んでくれて、話を聞いてくれてありがとうございます。私の愛する天国のジョンについて、すべてをあなたにお話ししました。そして、彼がちょっとしたことを通して、私に話しかけてくれていると信じています。私が一番辛いときに、彼は意味深い歌、やさしい声、思い、そして気持ちを送ってきてくれるのです。私にとってはそれがすべてなのです。ジョンが語りかけてくるようになって、私の人生は変わりました。

いろいろな意味において、サリーの言葉は本書を要約してくれています。つまり、本書はごく当たり前のものの中に特別なものを見つける作業について書いているということです。あるいは、一粒の砂の中に天国を見つける作業と言ってもよいかもしれません。もちろん、天国が存在するという決定的な証拠は……まだありません。懐疑的な人たちは、死後の世界が存在することを示す具体的な証拠がないと指摘しますが、同様に天国が存在しないという決定的な証拠もまたありません。ある見解が正しくて、別の見解が間違っているというやり方です。科学が具体的な証拠を示して死後の世界を完全に否定するまで、この問題は個人の経験と信念に委ねられます。本書によって信憑性や可能性を証明したり、否定したりするつもりはありません。私はただ本書を読んでいただければ、自ずと答えが見えてくると思っています。私個人の意見としては、目に見えない世界から送られてくる何かが、私に話をしてくれた人たちにとって大きな救いとなり、すべての愛や生きる意味を失った彼らの支えとなっていると思います。その何かとは、彼らに語りかける天国なのです。

何にもまして、本書を読むことで少なくとも皆さんが視野を広げ、さらには死後の世界があるかもしれないという考えに心を開いてくれたらと願っています。懐疑論者は心を閉ざしてしまいます。彼らはきっと空がオレンジ色に変わっても、下を向いたまま、空はまだ青いと言い張るでしょう。いくら逆のことを示す証拠や意見を述べても、自分たちが常に正しいと思っている人たちと議論することはできません。私の考えでは、心を開くというのは最高の美徳です。開かれた心というのは新しい視点につながります。そして、新しい視点によって変化し成長する可能性が生まれるのです。開かれた心はまた、この世界と、時間が存在せず死によって命が終わることのないスピリットの世界を隔てるヴェールを引き上げてくれるのです。

次章では、地球において天国を本当に見ることができる魔法の可能性について、あなたの目と頭と心を開く作業を紹介します。

カレン・スンデ

愛するとは天国を垣間見ることです。

第三章　透視力

――夢、ナイト・ヴィイジョン等で視覚イメージを受け取る

目をしっかりと開ければ、あなたは天国を体験できる。

ロン・ラスブン

透視能力（千里眼）は「はっきりと見る」ことで、あまり一般的ではありませんが、亡くなった人や天使の姿を見ることは可能です。そして、もちろん、圧倒されるような姿や形を目撃することは臨死体験を決定づける特徴です。しかしながら、さらにもっとすごいことは、以下に挙げるような経験です。皆さんの中には既に経験している人もいるかもしれませんが、あまりにも普通のことのように見えるので、そのときはそれがどれほど深い意味を持っていたのか気がつかなかったこともあると思います。

✦ 洞察は、往々にして光、シンボル、色などを通して、内在する視覚によって思い浮かぶ傾向があります。時には、まるで頭の中に映画のスクリーンがあって、イメージが次々と浮かぶように感じることもあるでしょう。時として、頭の中で何かが起こっている様子を見ますが、後になってそれが実際に起こることもあります。

✦ ときどき、ある風景、絵画、写真、あるいは、視覚映像に完全に心を奪われることがあります。

✦ ときどき、誰か、あるいは、何かがちらっと通り過ぎるのを横目で見るけれど、実は何もないことがあります。

✦ 雲の中に姿や形が見えたり、雲を眺めたりしていると、とてもリラックスすることができます。

✦ 自分が見た夢に心を奪われ、目覚めたあとから、一日中頭から離れないほどはっきりとした鮮明な夢を見ることが多くあります。また、あなたは空想に耽《ふけ》ることもよくあります。

✦ あなたにとって重要で、深い意味のある羽根、鳥、蝶々、異常に長い期間咲いている花、硬貨、数字、またはその他のサインを見ると、安心したり、心地よさを感じたり、亡くなった大切な人のそばにいるような気がします。失くして見つかったもの、ちらちらと瞬く光、時間の止まった時計、切れた電球、そして、その他の珍しい視覚的な経験は、往々にしてあなたに考える間を与え、自分の目に映っている以上の何かがそこにあるのかと思いを巡らせるチャンスを与えてくれます。

✦時には、ある本や雑誌を手に取って、何気なく開くことがあります。そこで読む言葉が、あなたが抱えている問題に対して貴重な洞察を与えてくれたり、励ましや希望になることがあります。同じように、あなたにとって重要なポスターやシールや数字（典型的なのは十一）、あるいは、似たような他のサインに気づき、あなたに語りかけているように感じることがあります。

✦人生の中で、かなりの数の偶然を目にして、そのような偶然が起こるといつも深い感謝の気持ちを感じます。

✦中には、誰かの近くを、あるいは離れたところで、天体、奇妙な光の球、色のある霧、火の粉、火の玉などが空中に浮かんでいるのを見る人もいます。彼らはそうした経験は、稲妻や球体が浮かんで消えるのを見るのに似ていると表現します。通常よく報告されているのは、写真に光の球が見えることですが、技術的になぜそれが映っているのか説明することはできず、小さなゴミでもありません。そうした写真の中には、球の中に人の顔が見えることもあります。

✦あなたは臨死体験や幽体離脱を経験したことがあります。これらは蘇生術の向上により、ますます一般的になってきています。また、こうした体験をしたことがある人々は、より鮮明な天国の様子を見たと報告されています。また、自分たちは天国を目撃したという確固たる確信を胸に、彼らはその体験から現世に戻ってきています。

彼らにはほんの少しの疑いの念もありません。天国だとわかっているのです。臨死体験や幽体離脱といった類まれな経験は大変重要なので、このあと一つの章の全部を割いて説明しています（第六章を参照）。

天使との遭遇体験について

まず、天使を目撃したという本当の話から始めたいと思います。厳密に言えば、天使とは亡くなった大切な人のスピリットと同じではありませんが（天使とは地上に生まれ変わったことのない純粋な天上界の存在です）、私たちは永遠にスピリチュアルな存在なのだと思わせてくれるような経験は、天国からの呼びかけだと私は強く信じるようになりました。それゆえに、私にとって天使を目撃することと亡くなった大切な人の姿を見ることは同じレベルの体験であり、地上における天国の証拠なのです。

ローラは確かに、彼女に語りかけた天使との本格的な遭遇を経験しました。

セカンドチャンス

私は二〇〇六年に神経衰弱に陥って、医師たちからしばらく入院するように勧められました。その診断にもかかわらず、病状を緩和する投薬治療は行われませんでした。病院から身動きできず、逃れることのできないブラックホールにはまったようでした。私に襲いかかる「悪魔たち」とどんなに戦うとしても、いつも彼らが勝つようでした。恐ろしい夢をずっと見ているようでしたが、ある夜一変したのです。それは二〇〇六年三月二十七日の午前三時ごろのことでした。すっかり目がさえていた私は、病室のベッドに座り、幻聴や幻影を遮断しようと戦っていましたが、突然、温かさや愛に包まれるような感情が込み上げてきたのです。ベッドの反対側にあった鏡に映っていたのは、声なき美しい天使の姿以外に私が表現できる言葉はありません。その存在の輝きは温かく、青や白の美しいオーラは地球上のどんな色とも違っていましたが、彼女の周りで跳ね返っていました。彼女の髪はしなやかにたなびき、その完璧なブロンドはほとんど金色でした。

それから最も驚くべきことが起こりました。その光の存在が、物理的な意味ではなく感情のレベルで、私に話しかけたのです。天使は唇を動かして（実際に声は出ていませんでしたが）こう言ったのです。「すべてはうまくいきますよ！」と。そして、彼女は少しずつ消えていきました。彼女が行ってしまうのは少し悲しかったのですが、私の人生はこれから好転していくと確信した瞬間でした。すべては三十分くらいの出来事でした。

翌朝の回診で、大きな改善が見られると判断されたので、退院する許可が出ました。そして、少しずつですが、私の人生も確実によくなっていきました。実は天使の「訪問」があった夜の日中、私は何となく病院のチャペルに行き、メッセージを送ってほしいと天国にお願いしていたのです。私の祈りに対して天国が本当にしっかりと答えてくれたと言ってもよいのかもしれません。私は本当に天使の存在を信じていますし、日々その存在を感じています。天使が私のところに来てくれたことに心から感謝しています。天使は私を救い、セカンドチャンスを与えてくれたのだと思います。

時折、天国は天使の姿をして私たちに語りかけることがあります。もしかすると、それが文化的、あるいは宗教的な天国に対する理解だとすると、翼と光の輪を持った完璧な姿の天使を見ることもあるかもしれません。しかし、皆さんにお伝えしたいのは、天国が私たちに呼びかける方法は無数にあるということです。天国は、あなたに直接話しかける方法を見つけ、あなたの注意を引くために宗教的、あるいは天使のイメージを使ってあなたの心に真っすぐ届けるのです。

メディアの注目を浴びた天使の目撃情報は二〇〇八年に起こりました。この話はグーグルで簡単に見つけることができますが、簡潔に説明すると、肺炎に苦しんでいた十四歳のチェルシー・バントンが関係しています。医師たちはチェルシーの母親に、チェルシーにしてあげることができる最良の方法は、生命維持装置を切ることだと告げました。そのとき、バントンさんは病室のカメラにちらりと目を向けました。そして、翼のある天使を見たと確信したのです。天使の姿に励まされ、彼女は医師たちの提案を拒否して生命維持装置をそのままにしました。その決断から一時間後、チェルシーは回復の兆しを見せ、医師たちはどうしてそのようなことが可能だったのか説明することができませんでした。チェルシーの母親は神の介入だったと信じています。同じように、天使の姿によって命を救われたという話が、私の元にはたくさん届いていますので、私はチェルシーの母親に賛同したいと思います。次にティアの話を紹介します。

涙があふれる

私の母が子どものころ、住んでいたアパートがひどい火事に遭いました。当時、母は叔父（母の弟）と十三階にいて、窓以外に脱出できるドアはすべてブロックされており、パニック状態に陥っていました。切羽詰まって、死ぬかもしれないとわかっていましたが、窓から飛び降りる覚悟をしました。しかしながら、窓に大きな白い光が見えました。それは人の形をしていて真っ白でした。他にも天使たちの姿が見えましたが、中心にいた天使が窓の前に立ち、食器棚を指さして母と叔父に中へ入りなさいと言いました。二人はそうしました。

その後、消防士たちがやってきましたが、母と叔父があの火事で助かったのは奇跡だと言ったそうです。あのときのことを思い出すと、母は今でも涙があふれると話しています。

私にお便りしてくれる人々は天使の存在を信じています。天使は至福のスピリチュアルな概念なので、それは喜ばしいことです。私の中では、天使はこの人生と来世の善、光、親切、そして、愛のスピリチュアルな力を象徴するものだと思っています。抱擁や他者による親切から、死後の世界との遭遇まで、こうした力へと私たちをつないでくれるものは、天使の存在を証明するものなのです。

スピリットの姿を見る体験がもたらす心の効果

天使の目撃と等しく驚くような体験は、亡くなった大切な人の姿を見ることです。それは非常に大きな安堵感を与えてくれます。亡くなった人の姿を見たと手紙を送ってくれた人の中に、それが不安を呼び起こしたという話は一つもありません。ショックを受けることもありますが、やがてそれが和らぎ、喜びへと変わっていきます。次に紹介する三つの話は、ダリア、ジョゼフ、そして、レイチェルから届きました。これらの話は、死後の世界の心が和む癒しの効果をよく表していると思います。

本物の光

私たちは信心深いスピリチュアルな家族です。二十三年前、大切な兄が二十四歳の若さで亡くなりました。彼は、ヘブライ語でいうところの正しい人でした。兄が八歳のときに良性の脳腫瘍にかかり、視神経を損傷しました。片方の目は完全に視力を失い、もう片方は通常の四分の一程度の視力となってしまい、目を細めるようになりました。そのことによって他にもさまざまな支障をきたしましたが、兄は不平を言うこともなく、信仰を守っていました。今でも兄の死について語るのは辛いことですが、家のプールにいたときに癲癇《てんかん》の発作を起こし、大量の水を飲み込んでしまいました。後になって、水による死亡事故が多いことを知りました。

とにかく、シバと呼ばれる喪中に、母が寝室にいたとき、突然、金色の光に包まれた兄が隣にいるのを見たのです。兄の目は両方開いていて、平和で幸せそうに見えたそうです。母は兄の名を呼びました。「アーリー、アーリー、どうしてここにいるの？」と。すると、兄はこう答えたそうです。「僕は神と一緒にいること、また目が見えるようになったこと、そして、とても幸せだということを、母さんに教えるために来たんだよ」と。母、父、姉、そして他の家族や友人たちも、その話を聞いてとても慰められました。私たちは今でも彼がいなくて寂しいですが、彼が安らかに過ごしていることを知っています。彼は本当に天使みたいな存在で、本物の光の中で輝いているのです。

数秒の出来事

私にとってクリスティは特別な弟でした。二〇一三年二月六日、彼は家で突然死しました。彼が亡くなったときに、私は側にいませんでしたが、検死の後で、彼の家で行われた通夜に参列しました。弟はまるで眠っているようでした。

クリスティはよく晴れた二〇一三年九月九日、厳粛な軍装の礼によって埋葬されました。アイルランドのキルラッシュから西に一・六キロの、シャノン川河口とスキャタリー島を見下ろすことができるレリグ・ナ・モイヨ・レラに眠っています。

うれしいニュースは、埋葬から三日後、私の寝室のドアの横に、弟の姿が現れたことです。今では、天使のドアという意味で、アイルランド語でドラス・ナ「ンーアインゲゴル」と呼んでいます。その姿は二〇一三年二月十二日に現れました。クリスティは青のトレーナーとジーンズのカジュアルな恰好でした。脚の周りにはそれぞれ高さ七センチほどの光が見えました。それぞれの足に七から十二個ほどの光が輝いていたと思いますが、一瞬のことだったので正確な数についてはわかりません。光は天国のパワーを表していたのだと信じています。寝室の向こう側の部屋からは、天空から女性の声が聞こえました。それは私たちの母と家族ぐるみで付き合いのあった女性の友人の声だったと思います。その姿はほんの数秒で消えてしまいました。私はそのときベッドに横になっていましたが、クリスティがそこにいたのです。それは最高でした！

話を少し前に戻すと、一九八四年に、クリスティと私は家族の墓参りをしました。そのとき私は、キルラッシュではほとんどの人が四十八～五十五歳で亡くなっていると言ったのです。そして、クリスティに、もし彼が私より先に死んでしまったら、あの世でも大丈夫か知らせるために会いに来るように頼んだのです。そして、私の方が先に死んだら同じことをするとも伝えました。クリスティは笑いましたが、そうすると約束してくれたのです。何年も前の思い出です。天国の光は今、クリスティを照らしています。

七週間と一日

十二週間と一日前、最愛の父が私の元からいなくなりました。父はこの世で最も面白い人だったので、とても寂しいです。これまで、大好きな人が死んだらどんな気持ちになるのか想像したことなどありませんでした。私の場合は何も感じることができませんでした。まるで父は最初からいなかったかのようです。あんな風に感じるなんて思ってもみないことでした。父が亡くなっても、ずっと側にいるように感じるだろうと思っていたのです。そのときは、そんな風に感じることはまったくありませんでした。

父が亡くなって七週間と一日目、私は一人でベッドにいました。夫は一階にいて、息子は自分のベッドで眠っていました。ちょうどまだ意識はあるけれど、完全に眠っているわけではない状態だったと思います。突然、教会の音楽のような合唱が勢いよく響いて、私は目を開けました。寝室のドアの向こうに父が立っていたのです。父は微笑む様子もなく、じっと私を見つめていました。私は父を見つめ返しました。輪郭ははっきりとしていましたが、金色に輝く光が父を包み込んでいました。瞬きをすると、父はいなくなっていました。とっさに不安な気持ちになりましたが、やがて、完全に穏やかで落ち着いた気持ちに変わり、私はそのままぐっすりと眠ることができました。

私はレイチェルに返事を書き、大切な人が亡くなったとき、あまりのショックで何も考えることができなくなることは珍しくないことを伝えました。悲しみの段階については、さらに詳しく第七章で述べています。また、レイチェルのお父様が笑っていなかった唯一の理由は、彼が非常に集中していたからだということも伝えました。付記一では、霊能者として世界的に有名なジェイムス・ヴァン・プラグに最近行った啓発的なインタビューを掲載しています。その中で、プラグはスピリットに対して感じるエネルギーの振動についても触れています。

プラグによると、地球に現れるためにスピリットはエネルギーの振動、あるいはレベルを劇的に下げる必要があるそうです。スピリットの振動は、地球にいるときよりもはるかに高いからという理由です。そして、私たちの目にスピリットの姿が見えるようにするために振動数を下げることはとても大変な作業で、ときに不可能なこともあるのです。それは、天国ではスピリットは霊的に成長する必要があるために、さらに振動を上げていかなければならないからです。そのため、夢やサインや偶然など、あまり大きなエネルギーの変換を必要としない穏やかな方法で私たちの前に現れる方が簡単なのです。

次に紹介するティナの話は、普通の、率直な気持ちが表れているので、心にジーンと響きます。死に際して、亡くなった人たちは大切な人が大丈夫なのか、ただ知りたいのだということがわかります。そして、その中で抱擁は現世でも、来世においても、最も貴重な贈り物の一つでしょう。

ウィール・ミート・アゲイン（また会いましょう）

父は今年の一月に亡くなりました。当時、母は重い病気で同じ病院に入院していました。幸運なことに、母を車椅子に乗せて父の病室まで連れていくことができました。それで、父が（肺炎で）亡くなったとき、母は父のそばにいることができたのです。父はそのとき九十二歳で、二人が結婚して六十七年が経っていましたが、お互い愛し合っていました。母の病状は回復に向かい、告別式と埋葬にも立ち会うことができました。母はそれからも何度か入退院を繰り返し、難しい手術も受けました。現在は、父と暮らしていた家に戻り、一人暮らしをしていますが、家族や友人たちが頻繁に訪れています。

昨日、母に会ってきました（父の死から十一か月です）。私たちは父の墓石に刻む言葉について話し合っていました。私は「『また会いましょう』はどうかしら？」と提案しました。それは二人が一番好きな歌でしたし、告別式でも流したからです。私はまた、父と母はもう一度出会うはずだと心から信じていると言いました。母は少しためらっていましたが、実はもう父に会ったと言って、そのときのことを話してくれたのです。

今年の十月、トイレに行くために母は夜中に起きました。寝室に戻ってくると、父がベッドに横になっていて、埋葬したときのスーツを着ていましたが、靴は履いていませんでした。母もベッドに横になり、そこで何をしているのか父に尋ねました。父は、母が大丈夫か確かめる必要があったと答えました。母は大丈夫だと伝えました。父は、彼らが靴をくれないので足が痛いと言いました（亡くなる前の数年間、父はしっかりと歩くことができませんでした）。父は母の隣に横たわったまま、しばらく母を抱きしめていましたが、やがて消えてしまいました。母は、あれは絶対に夢なんかではないと言い張っていましたが、私は母の話を信じます。

母は、父が遺体のときのようではなく、元気な姿で訪ねてきてくれたおかげで、大いに気持ちが楽になったと話してくれました。父の遺体は、母にとってあまりよい思い出ではありません。母はまた父が訪ねてくれることを願っています。しかし、もしそうならなくても、人は死んでもなおその後の人生があるのだと信じています。二人は本当に長い間お互いが一番大切な存在だったので、母が元気か確かめに来るなんて本当に父らしいと思いました。


ティナは愛する人の遺体を見るというのは、彼女のお母様にとってあまりよい思い出ではなかったと言っています。私に手紙をくれた人の中には、穏やかな顔をしているので、

大切な人の遺体を見ることは自分にとってよい経験となったという人たちもいます。大学に入学する前、私は一年間介護のアシスタントとして、週末に老人ホームで働いたことがありました。いくつかのご遺体を見ましたが、確かに穏やかで気品がありました。しかし、彼らの身体は、活気や存在の本質が消えてしまったようで、そこにはもういないような感じがしたのです。従って、個人的には誰かの最後の思い出は、その人が生きているときのものがよいと思いますが、すべての人がそうできるわけではありません。

次に紹介するヒラリーの話は、別れや死に際に見える姿ですが、私に寄せられる話の中ではそれほど珍しいものではありません。

手を差し伸べる

数か月前に、私たちは母を介護施設に入れなければなりませんでした。母はアルツハイマー型認知症に苦しみ、二十四時間体制の介護を必要としていました。運よく、患者に対して尊厳を持って接してくれる施設を見つけることができました。

母は亡くなるその日まで幸せでした。五月に敗血症で病院に入院すると、最後まで退院することはできませんでした。母は姉と私が見守る中、静かに息を引き取りました。最後の方は少し苦しみましたが、私たちは母にこれ以上戦うことはないし、常に、死ぬことは怖くないと言い聞かせていました。初めのうちはまだ意識がはっきりとしていて、母はベッドの端にいる女性のことについてずっと話し、時折、その女性に向かって手を伸ばしていることがありました。また、母が長いこと話をしていない人たちのことを話すこともありました。それで、その人たちは三途の川を渡る母を助けようと集まってきてくれたのだと確信しています。

そんなことがあって、母が亡くなったのは悲しいですが、母が完全に私の元からいなくなってしまったとはまったく思えないのです。私の話を聞いて、すべてを理解してくれると思って、今でもいつも母に話しかけています。

サミュエルが送ってくれた温かい話は、死の瞬間に天国は私たちから最も近いことを示唆するものかもしれません。とても深遠で心を打つものです。

微笑み

去年の春に孫息子が亡くなり、私たちの世界の底が抜けてしまいました。あの子は生まれたときから病弱でした。八週間の短い命でした。おじいちゃんになるのは三度目でしたが、何回経験しても、孫の誕生というのは最高の喜びです。しかし、今回はそれが叶いませんでした。

息子夫婦の苦悩は深く、彼らの痛みを和らげることができるなら何でもしてあげたいと思っていました。それでも、孫の死に際の様子は、私たち家族に安らぎと癒しを与えてくれました。病院から孫の命はもう長くないと告げられました。私たちがあの子の小さなベッドの周りに集まると、生まれて初めてその目を開いたのです。孫はまず母親と父親を数秒見つめ、それから、私を見つめました。その瞳はすべてを悟っているようで、私たちとの深い結びつきを感じることができました。私はこれからもずっとそのことを忘れることはないでしょう。それから、孫はその小さな頭を動かし天井を見たのです。そのとき、孫は腕を上げ、にっこりと微笑んだのです。その微笑みは、彼が再び目を閉じて静かに亡くなるまで消えることはありませんでした。

死ぬ間際にほんの一瞬孫の意識がはっきりしたことは、医学的に説明することができるのかもしれませんが、私はそんなことに興味はありません。あの日、私たちにとって大切だったのは、部屋には孫を天国へと連れて行ってくれる天使がいて、その微笑みであの子を安心させてくれたのではないかということだけです。

幻覚ではなく鮮明な姿や形のヴィジョンを見ること

こうした話を読むと、真っ先に頭に浮かぶのは、あの人たちは幻を見たり、幻覚を起こしたりしているだけではないかという思いかもしれません。私自身も最初はそう考えたこともありましたが、天国から送られてくるヴィジョン（姿・形・光など）を長年調べていくうちに、そんなはずはないという確信を持つようになりました。なぜなら、幻覚というものは薬物、医薬品、体調不良、そして、自分の置かれている状況をはっきりと把握できていないときに起こるものだからです。また幻覚は、生きている人たちの姿や行動が現れるもので、一貫した意味を持たない取り留めのないイメージになる傾向があります。反対に、これまで紹介した話は一貫しており、天使や亡くなった人たちの姿など、スピリチュアルな存在だけが現れています。要するに、私に自分の経験談を送ってくれた方々は、まったく正気で、頭もはっきりとしていたので、彼らが見たのは幻覚ではなく、向こう側の世界から送られてきたヴィジョンだということに疑いの余地はありません。

数十年間、私もお便りをくださった皆さんのようにヴィジョンを見ることができたらと願ってきました。この目でスピリットを見たいと思っていましたが、私は透視能力の性質について正しく理解していませんでした。天国を「見る」ためにいろいろな方法を試しましたが、よい結果が出ずに非常にもどかしさを感じました。私は何も「見る」ことがなかったのです。読者の皆さんも薄々お気づきかもしれませんが、私は霊的な世界について多大な情熱を持ち、かなりの知識もありますが、スピリチュアルなことを理解する成長が遅く、二つのとても大事なことを理解するのに何年もかかってしまいました。第一に、私が天国を見たいと思っていたのと同じように、天国も私と視覚的につながろうとしていましたが、私自身がそのつながりを不可能にする壁を作っていました（こうしたありがちがな壁については本章の後半で述べます）。第二に、天国の大半は、私たちが目を開けているときより閉じているときにその姿を現すということを学ぶ必要があったことです。

大多数の人にとって、透視能力とは外にあるものではなく、意識内の経験だということがわかるまでに時間がかかってしまいました。私たちのほとんどは内面の目を通してスピリットを見る可能性がありますが、私は物理的な目でスピリットを見ることは非常に稀《まれ》だということに気づかなかったのです。鮮明な夢が透視能力の一つの形だということも、頭の中に浮かぶイメージを通して天国が話しかけているとも思わなかったのです。もし頭の中で、いくつかのイメージが映画のスクリーンのように映し出されるようなことが起こったら、あなたはすでにはっきりと見るという作業を通して、天国からメッセージを受け取っているのです。おそらく、あなたは亡くなった大切な人と夢の中で「会った」ことがあるでしょう。あなたは夢、または白昼夢の中でそれが起こる前に、試験に合格したり休暇中にリラックスしたりしている自分自身を見たことがあるかもしれません。そして、その後、それらを本当に経験したとき、内面的なイメージがいかに正確だったかに気づくのです。

　あなたが視覚型の人間で、物事を絵で考える、あるいは、どんな音か、感じか、味か、匂いかよりも、物事がどう見えるかに注目するタイプなら、あなたは特に透視能力を伸ばすのに向いているかもしれません。内側から外側を見るということは、目に見えない世界とつながるためのすばらしい方法です。しかし、それだけしか方法がないとは考えないでください。実はその逆です。本書で紹介する数々の話が証明するように、天国は常にその姿を現すために新しい方法を見つけようとしています。

偶然には、スピリチュアルなパワーが存在する

私たちの生活において天国が働きかけていることを理解するために、最も一般的でありながらたびたび軽視されがちなのが、偶然という魔法を通じて知る方法です。スピリチュアルな呼び名を使うとすれば、シンクロニシティ（共時性：意味のある偶然の一致）です。こんなことがこれまで何回起きましたか？　あなたが誰かのことを考えていると、携帯電話が鳴ってその人から電話やメールが来ます。あるいは、ふとある本を手にとって何気なく開くと、そこにはあなたが抱えている問題の本質を突く貴重な手がかりがあります。これは偶然でしょうか？　それとも、天国があなたの祈りに答えているのでしょうか？

辞書によると偶然とは「驚くほど思いがけない出来事」と定義されています。しかしながら、こうした顕著な偶然が起きたとき、私たちは「ただそれだけのことなのか」と自問する必要があります。それにはもっと他に深い意味があるのではないかと感じることがあるはずです。そして、カール・ユングが呼んだ「共時的な出来事」を受け入れないという人はいないはずです。私の考えでは、助けとなったり状況がよくなったりと、あなたの人生に大きく影響する偶然というものは、何か崇高な源から力を与えられているものなのです。人間が頭で考えることには限界があるので、例えば、聞こえてくる歌があなたに直接響くとか、正しいときに正しい場所にいる自分に気づくといった偶然が、ただの出来事に見えてしまうことがあります。しかし、分析したり問いただしたりすることを止め、単純に何かすばらしいことが私たちと調和していると受け入れることができれば、偶然が起き

たときに、私たちの人生は変化していきます。

偶然にはスピリチュアルなパワーが存在すると、私は固く信じています。そして、その深い意味に焦点を当てることは、地上において天国を見る方法であり、自分が何をするためにそこにいるのかを見つけるための方法でもあります。偶然の数々は、私の人生を形作るうえで大きな役割を担ってきました。そして、これからも偶然が起きてほしいと願っています。なぜなら、それは天国が匿名のままでいる方法だからです。実際に、本書の最終的な仕上げを行っているとき、私と同名で常に大きな刺激を与えてくれる、強いスピリチュアルな使命を持っていた女性マザー・テレサが、長く待ち望まれていた聖人の認定を受けたというニュースが発表されました。彼女の死からもうすぐ二十年というタイミングでした。本書はマザー・テレサの列聖式が行われた二〇一六年九月に出版され、そのタイトルは『天国が私の名前を呼んだ』(本書の原題と同じ)です。これは偶然でしょうか、それとも、天国が話す言語でしょうか？　読者の皆さんが判断してください。

年を重ねることの最大の楽しみは、後になってわかることを踏まえた上で、自分の過去を振り返ることができることです。また、結局のところ、いろいろなことが実にうまく収まっていることを確かめることができるということです。若いころはそれに気づきませんでしたが、これまでに経験したすべてによって今の自分がいるのです。今、あなたの人生に深く関わっている人たちのことを考えてみてください。どんなすばらしい偶然があなたたちを引き寄せたのでしょう？　あなたの人生で何もかもがうまくいったすべての状況について考えてみてください。他にもどんな偶然がこれからのあなたの人生に待っているでしょうか？

年月を重ねるにつれて、もっと偶然を意識して、もっと偶然に対して感謝していくと、人生においてさらなる偶然に遭遇し導かれるようになることを私は学びました。感謝の気持ちを持つというのは、スピリットの世界において本当にすばらしい力となり、人生に魔法をもたらしてくれます。

これまで経験したり、読んだり、話を聞いたりしたすべての偶然について考えてみると、偶然を通して天国が私たちに呼びかけていると強く思うようになりました。偶然の奇跡に刺激を受けたり、助けられたり、力をもらったりした数えきれないほど多くの人々と同じように、ルーシーは崇高なる力が彼女のために決断してくれたに違いないと信じています。

すべてには理由があって

大学三年生になる前に、私は自動車の運転を学び、テストにも合格しました。自分の車を買うためにお金を貯め、中古のすてきなミニを購入しました。前の持ち主がほとんど使っていなかったので、車の走りは快適でした。

夏休みを両親と過ごしたあと、私は新しい車を運転して大学に戻ることを楽しみにしていました。荷物を詰め、家族に別れを告げたのですが、車のエンジンがかかりません。どうしてかまったくわかりませんでした。両親が試してみました。車に詳しい兄も見てくれましたが、エンジンはかかりませんでした。イギリス自動車協会に電話しましたが、とても忙しい日だったらしく、車は家にあり危険な状態ではないので、緊急のカテゴリーには入らず、いつ来ることができるか約束できないと言われてしまいました。困っていた私に両親が同情して、両親のレンジ・ローバーを乗っていってもよいと言ってくれました。私の車を修理している間に大学まで運転して、帰りにローバーで戻ってくればよいと提案してくれたのです。

幸いにも、両親の車は保険にも加入していたので、私はすぐにその提案に飛びつきました。その日はひどい雨で、ワイパーをつけてもほとんど前が見えませんでした。突然、シカか何かが車の前に飛び出してきました。それを避けるためにハンドルを切り、車はスリップして勢いよく坂を下って溝に激突してしまいました。シートベルトを締めていましたが、私の命を救ってくれたのは両親のローバーに違いないと思いました。手首の骨折だけで済みました。

私は助けを呼び、病院に搬送されました。最も奇妙なのは、両親に電話したとき、私になるべく早く車を届けたかったので、もう一度だけ車のエンジンをかけてみたら一発でかかったということでした。天の力が私の命を助けてくれたのだと思います。これは偶然以上の出来事でした。なぜなら、もし小さなミニに乗っていたら、私の命を守ってくれるほど頑丈ではなかったと思うからです。私は運がよかったし、そのことに感謝しています。

ルーシーの言う通りです。このような出来事には、偶然以上の何かがあります。あなたの人生に天国が導きの手を差し伸べているのです。偶然については、第九章でもう一度取り上げます。第九章の主題は、死後の世界のサイン、または痕跡ですが、このような現象の原動力が偶然だからです。しかし今は、人生の中の偶然に注意を傾けることから取り組んでみてください。なぜなら天国はまず、偶然の出来事を通してあなたに話しかけ、導き、そして、刺激を与えようとするからです。そして、天国が最初の接触を図るときに使うもう一つの方法が夢なのです。

あなたが寝ている間に見る夢について

天国を見るための方法として、偶然と共にもう一つ一般的なのが夢ですが、しばしば無視されがちです（なぜなら、夢は穏やかで不安を引き起こすことがあまりないからです）。寝ている間、天国からのメッセージは無意識に入り込むことができます。無意識は真の魔法のすべてが始まる場所で、そこには時間や場所は存在しません。ただ無限の可能性が広がっているだけです。

私たちが夢を見るとき、疑念を一時的に振り払い、特別なことが標準である無制限の潜在的な世界に入り込むことができます。だからこそ、夢というものは重要なスピリチュアルな経験なのです。実際に、私が最初にスピリットの世界とコンタクトを取ったとき、夢が媒体となりました。母が亡くなったとき、私は天国からのサインを心から待ち望んでいました。何も送られてこなかったので、だんだんいら立ちが募り、すっかり気落ちしましたが、とても穏やかな夢を見たのです。ドラマチックなことは何もありませんでした。私の母がただ寝室に現れて、床に散らばっていた服を拾って畳んでくれたのです。それでも、それはあまりにもリアルだったので、夢から覚めたとき、それは夢以上の何かがあると思いました。母が夢の中で私に会いに来てくれたのです。

　この数十年、寝ている間に、亡くなった大切な人に会ったり、その声を聞いたり、話したりしたことを何の疑いもなく信じている人たちから送られてきた、数えきれないほどの話を読みました。私はこうした夢を「ナイト・ヴィジョン」と呼んでいます。その特徴は、その夢の鮮明さと現実感です。象徴的で、簡単に忘れてしまう他の夢とは違って、こうした夢は何日も、何か月も、そして、何年経っても忘れることはできません。

　夢を見た直後は混乱することもありますが、気分を調節し、日々の生活における問題と向き合うための手助けをしてくれるという意味で、心理学者たちはこうした夢は重要だと考えています。多くの人が夢を見ないと思っていますが、誰もが毎晩夢を見るのです。夢を見ないと考える理由は、彼らが見た夢を覚えていないからです。これは、夢というものは、私たちが目覚めるとすぐに私たちの記憶の中から消えてしまう傾向があるからです。そこで寝る前に、朝起きたときに夢を覚えているはずだと自分に言い聞かせてください。そして、ベッドの横にペンと紙を用意してください。そうすれば、目覚めたときにすぐに夢の記録をつけることができます。記憶は薄れしまうかもしれないので、歯を磨いたら書こうと思わないでください。すぐに書いておくことです。自分の夢に注意を向ければ向けるほど、それを思い出すことが容易になります。こうして本書を読んでいるだけで、次に目覚めたとき、夢の記憶を呼び起こすかもしれません。

ほとんどの夢は何かのシンボルで、文字通りに受け取ってはいけないということも心に留めておいてください。ほとんどの夢において、自分や他人、あるいは人生に対するあなたの考えや思いは、その関連性を引き出すために一連のイメージや絵に変化するのです。その結果、あなたは起きている間、もっと力を発揮することができて、洞察力もさらに深まります。こうして、あなたの無意識は、内面のセラピストのような役割を果たすのです。ときに、夢に出てくるシンボルはとても複雑です。複雑で象徴的な夢は簡単に忘れてしまいます。しかしながら、私がナイト・ヴィジョンと呼ぶ夢に関しては、まったく解釈を必要としません。

天国から届くメッセージ〝ナイト・ヴィジョン〟

ナイト・ヴィジョンとは、天国から届くメッセージです。通常、輝くように鮮明で、実際に感じたり、触れたり、感知したりすることができるという現実感を伴います。また、忘れることは不可能です。ナイト・ヴィジョンは起きているのではないかと思うほどリアルで、長いこと（一般的に何十年も）覚えている夢のことです。あなたはまた、それは夢以上の何かではないかという感覚を持つようになります。そして、そのあなたの内面の感覚は間違っていません。なぜなら、天国がナイト・ヴィジョンを通じてあなたに語りかけているからです。いくつかの例を用いた方が説明するより早いでしょう。そこで、まず本当に心が締め付けられるようなニコラの話から紹介します。

そろそろ時間よ

それは一九九四年のことでした。私は当時二十五歳でした。二人の幼い娘の他に、妊娠二十八週目で、三番目の子どもがお腹にいました。それは蒸し暑い八月のことでした。そのときまで何の問題もなく、私の妊娠は順調でした。詳細は省略しますが、八月八日に早期剝離を起こしました。早期剝離とは、胎盤が突然子宮壁から剝がれてしまい、子宮内に大量出血が起こる病気です。そうなのです。非常に深刻で命の危険が伴います。胎児の心拍は確認できず、自然分娩で赤ちゃんを産まなければならないと言われました。なぜなら、医師たちは帝王切開では私の命が危ないと判断したからです。腎臓と肝臓の機能が低下し、四・五リットルの輸血が行われ、八リットル以上の食塩水が投与されました。分娩時間は七時間に及び、医師たちが家族に最悪の事態に備えるようにと伝える中で、私は息子トマスを出産しました。彼は眠ったまま生まれました。私は自分がかなり危険な状態だったとは知りませんでした。私にとって重要なのは小さな息子のことだけでした。私の小さなトマス。ああ、テレサ、あの子はとてもかわいかったのです。体重は千五百六十グラムでした。

退院して、トマスの告別式が終わったとき、私がどんな気持ちだったか、あなたにはわかってもらえると思います。空っぽです。何も感じませんでした。担当医は私の命が助かったことに驚き、まさに奇跡だったと言いました。私にはまだ幼い娘が二人いましたから、命が助かったことは何度も天国に感謝しました。しかし、それでも私はトマスが欲しかったのです。トマスの匂いを感じ、トマスに触れたいと思いました。だから、ある日、トマスの墓に行ったとき、「どうかもう一度だけ、あの子を抱かせてください。どうか、あの子の匂いを感じ、キスさせてください」と祈ったのです。テレサ、これはうそではありません。その夜、私は最高にすばらしい経験をしました。

その日も普通にベッドに入り、眠りに落ちました。まったく怖くはありませんでした。部屋の隅にテーブルがあり、ワインの入ったグラスが置いてありました。二人の女性が入り口のところに立っています。その姿は見えませんでしたが、そこにいることはわかっていました。そして、彼女たちは私の二人の祖母だと直感しました。母方の祖母は知っていましたが、父方の祖母は私が生まれる前に亡くなっていました。二人は椅子を指さしました。私は部屋の真ん中に置かれた椅子に座りました。父方の祖母は私の前に立っていました。その顔は見えませんでした。祖母の身体がそこにあるという感覚だけがありました。祖母はトマスを私の腕の中に置いてくれました。テレサ、トマスは私の腕の中にいたのです。私が感じた喜びをどう伝えればよいかわかりません。父方の祖母は言葉を発しませんでしたが、頭の中で「ほんの少しの間だけよ」と言うのが聞こえました。

私はトマスにキスしました。小さな顔をそっと撫で、その手にもキスしました。トマスに愛していること、そして、ママはこれからもずっと愛し続けることを伝えました。トマスの匂いを感じました。トマスを抱いている一瞬一瞬を大切にしました。それからもう一人の祖母も隣に来て、父方の祖母がトマスを受け取るために少し屈みました。「あっ、あと一分だけ」と私が言うと、祖母はそうさせてくれました。その貴重な一分が過ぎると、私はトマスにさよならを言ってキスしました。祖母はそっとやさしく私の腕からトマスを抱き上げ、言葉を発することなく「そろそろ時間よ」と言ったのです。

そこで、私は目を覚ましました。さっきまで三人がそこにいたように感じました。あの一分間、私は自分の赤ちゃんを腕の中に抱いていたんだと思ったのです。まだトマスの匂いがしました。私は急いで一階に降りていくと、夫に言いました。「信じられないわ。匂いを嗅いでみて。トマスの匂いがするでしょう」と。それから、家族や友人のそのことを話しましたが、彼らはみんな「そんな夢を見たなんて。よかった」と言いました。テレサ、あれは夢なんかではありません。

次に紹介するアレックスは、彼の父がスピリットとして生きていることを確信するナイト・ヴィジョンを見ました。そのことによって、彼は新たに見つけた人生の方向性とその意味を見いだしました。

終わりのない

父と僕はとても仲がよかったのですが、父の大腸がんが肝臓に転移して五年前に亡くなったとき、この世界で一人取り残されてしまったかのように感じました。この先どうやって生きていけばよいのかわからなくなりました。終わりのない喪失感と虚しさに襲われたのです。

父の死から六か月後、妻がカナダへの旅行を予約しました。僕が少しでも前向きになれるように、妻は力になってくれようとしていたと思います。その気持ちや妻の愛情には感謝していましたが、父を失った悲しみはとても深かったのです。何も手につかない状態でした。出発の前の晩は、荷物の準備を手伝いましたが、割れるような頭痛のため早めに就寝することにしました。寝る前に、少し泣いたと記憶しています。

翌朝目覚めると、僕はまったく違う人間に生まれ変わっていました。頭痛は消え、エネルギーにあふれていました。そして、なんといっても、これまで見たことがないような驚くほど鮮明な夢を見て、それを全部覚えていたのです。その夢のおかげで、死とは終わりではないことを確信したのです。

夢の中で、僕は輝くような光を放つトンネルの中に浮かんでいました。とても明るかったのですが、眩しいほどではなく、エネルギーに満ちた明るさでした。そうして浮かんでいると、ささやく声が聞こえてきたのです。女性の声だったと思いますが、はっきりとはわかりません。彼女たちは、父が僕を待っていると言いました。しかし、もう一度父に会ったら、これからは生きていくという作業に戻らなくてはならないとも言われました。「生きていく作業」。それが、彼女たちが言った正確な言葉です。実際にはトンネルの中で父の姿は見ませんでしたが、父の愛を感じたのでそこにいるとわかりました。それに加えて、僕は何かもっと偉大なものを感じていたのです。すべての人やすべてのものに対する愛です。それは夢の中でしか経験できない種類の愛でした。と、思います。なぜって、それはとてつもなく大きくて、強くて、エネルギーにあふれていたからです。

翌朝起きたとき、僕はもう空虚も悲しみも感じませんでした。心穏やかで、父は僕が前に進むことを望んでいると知ったのです。そのときから、僕はもう後ろを振り返ることはありませんでした。また、父の姿は見えないし、その声を聞くことも、触れることもできませんが、父はどんなときも側にいるとわかっているのです。父の夢はこれまで見たどんな夢とも違っていました。すべての詳細を鮮明に覚えていますし、忘れることは決してありません。いつか、僕は再び父と会う日が来るでしょう。そして、命は終わりのないエネルギーに満ち、力強く、そして、最も重要なことですが、終わりのない愛を与えてくれるものなのです。

次に紹介するレイチェルの話は、頭で考えるより心に直接響くものですが、こちらもナイト・ヴィジョンの驚くべきパワーを見ることができます。彼女の夢は、救済、癒し、そして、人生にはそれ以上の何かがあるという絶対的な信念を与えてくれます。

特別なもの

四週間前、母をがんで亡くしました。母の状態がよくないことはわかっていましたが、私たちはそこまで悪いとは思わず、あっという間に母を失ってしまいました。母が息を引き取ったときに側にいてあげられたことが唯一の救いですが、決して安らかな最期とは言えず、母の人生の最後の数分間が頭から離れませんでした。母は一体どんな気持ちだったのか、その答えを探し続けましたが、最終的には決してわからないことだと諦めました。それがわかるのは母だけでしたが、もうこの世にはいないのです。

私が経験したのは夢でしたが、それは夢以上のものでした。とてもリアルで、強烈で、決して忘れることはないでしょう。夢の中で、私は公園のベンチに座っています。右肩の後方に誰か、または何かがいるのを感じています。影のかかった顔を見て、すぐにそれが母だとわかりました。まるで母と会話しているように、母の声がはっきりと聞こえたのです。母は私の頬に触れ、私もそれを感じました。母は、死の直前はどんな痛みも感じていなかったので心配することはないと教えてくれました。母は私を愛していると言い、私たちは手を握り合いました。今でもそのときの感触を覚えています。母の後ろには明るい光が輝いていました。母は「もう行ってもよいか」と尋ねました。私はまだお別れを言う準備ができていないから、どうかまだいてほしいと頼みました。母は私の頬にキスをすると、もう少しいてくれると言ってくれました。

そこで目が覚め、私は胸が張り裂けるほどむせび泣きました。そして、たった今母に会い、話をしたのだと確信しました。私のためにここにいてくれているので、まだ三途の川を渡ることができない母には少し申し訳ない気持ちもしますが、あの夢のおかげで私はとても慰められました。今は母に、もう向こうへ行って安らかに過ごしてほしいと伝える方法を探しています。それにはあなたに手紙を書くのがよいと思ったのです。

こうして手紙を書いていると、胸のつかえがとれたような気がします。こうして自分の経験を誰かに話し、笑うことができるようになりました。手紙を読み返すと、一つひとつの言葉から、母と私が分かち合った何か特別な時間の記憶がはっきりと蘇ってきます。

私はレイチェルに返事を書き、彼女のお母様はすでに向こう側に行ったので心配する必要はなく、スピリットとしてずっとレイチェルの側にいてくれることを伝えました。二人がこれほどまでに近い関係だったからこそ、彼女はあのような夢を見たのです。

すでに述べたように、輝いているような鮮明さと現実感が、ナイト・ヴィジョン、または訪問の夢の証です。サラの話にはそれがはっきりと見て取れます。

ニコニコしながら去っていった

二〇一二年に伯父を亡くしましたが、私たちは大変仲がよかったのでとても辛い思いをしました。私が見たいくつかの夢には、その伯父と祖父母が出てきました。

夢はとても鮮明で、自分が眠っていたようには感じられません。夢を見た翌日、私の心は幸せな気持ちで満たされ、夢を見たことにとても感謝しました。伯父と祖父母の写真を部屋に飾っているので、私はいつも彼らに話しかけています。なので、夜寝る前に最後に会う人たちは伯父と祖父母なのです。

夢を見たのは今年の伯父の命日が近づいた七月のことでした。そのころ帯状疱疹を患っていて、かなり体調を崩していました。私は写真の伯父に向かって、会えなくてとても寂しいから夢の中で会いに来てほしいと言いました。その夢は非常に鮮明でした。伯父は力強く私を抱きしめてくれました。それが永遠に続くような気がしましたが、私を離すと、ニコニコしながら去っていきました。私が伯父に会いたがっているのをちゃんと知っていたようでした。私は聖母の訪問の夢について読んだことがあり、あれはそんな夢の一つに違いないと信じています。

死を乗り越えるための愛のパワーは、次に紹介するアンジェラのナイト・ヴィジョンにもはっきりと表れています。

最高のタイミング

私の姉は四十歳のときに、侵襲性《しんしゅうせい》の強いがんにかかり亡くなりました。最後の数か月、姉は私に、習慣が変わったり、説明のできない痛みを感じたりして、何かが違うと思ったら必ず医師に診てもらうようにとしつこく言っていました。当時私は忙しくて、いろんなことを先延ばしにしていました。姉が亡くなってひどく落ち込み、また自分を責める気持ちが強く、自分のことは後回しにしていたのです。私はあまり姉と一緒に時間を過ごすことができませんでした。私はとても忙しく、姉もそうでしたから、子どもたちが成長して、定年退職したら、二人でゆっくりと過ごす時間を作ればよいといつも自分に言い訳をしていました。しかし、そんな最高のタイミングなどありませんでした。

ある晩、私はとても鮮明な夢を見ました。姉がやってきて何か話があるようで、私のベッドの脇に座りました。姉は微笑むと久しぶりねと言いました。部屋は美しい光で輝いていました。姉の顔を見ると、温かい気持ちが込み上げ、心の中に愛が広がっていくように感じました。姉は微笑んでいましたが、穏やかで安らかに見えました。私はまったく動かず、また動きたくないと思いました。姉は自分の右手を私のお腹の方に伸ばすと、左の卵巣の辺りに手を当てました。そして、テレパシーを使って、「ここを調べてもらいなさい」と言ったのです。私は姉の言葉にショックを受けて飛び起きました。その言葉がまだ頭の中で響いていました。とにかく、その日のうちにかかりつけの病院を予約し、すぐに婦人科医を紹介してもらいました。

長い話を短くまとめると、左の卵巣に嚢腫《のうしゅ》が見つかり、子宮内膜症も起こしていたので、すぐに子宮摘出手術を行うことになりました。

睡眠中に見たことを無視していたら、深刻な病気に進行したり、もっと悪い結果になっていたかもしれないので、アンジェラのナイト・ヴィジョンは非常に興味深いです。スピリットとなったアンジェラのお姉さんは、彼女にこの地球で悔いのない人生を送ってほしいと願い、体調不良によってそれが不可能になることを阻止したのです。

私たちが眠っているとき、無意識（天国が私たちに語りかける場所）は、天国からのメッセージを受けやすくなります。なぜなら、私たちの意識（私たちのエゴが住む恐怖の声）は休んでいるからです。ナイト・ヴィジョンは、亡くなった大切な人たちが、今でも私たちのそばにいることを伝えるために、最も静かで、優しく、説得力のある方法でコンタクトを図るものなのです。特に、深い悲しみの最中にいる人たちにとって、それは最初のサインであり、最良の方法でもあります。私の母が亡くなったとき、心に深い傷を負い、涙に明け暮れていたので、心もマインドも、何も見えなくなっていました。そんな状態では、天国からの直接的なメッセージを受け取る準備などできているはずもありません。

もしあなたの夢がナイト・ヴィジョンかどうかよくわからないときには、いくつかの証となるものを探してみることができます。ナイト・ヴィジョンでは、大切な人はより現実的でよく知っている場所に現れます。多くの場合、夢を見る人の寝室です。そして、話しかけたり、そばに立ったり、隣に座ったりします。このようなタイプの夢には、通常、物語の展開やナレーションはなく、イメージやシンボルなども出てきません。象徴的な夢には、夢を見ている人の注意を引くために多くのシンボルが次々と出てくるので、ナイト・ヴィジョンと普通の夢とはまったく違うことがわかります。そして、目覚めたとき、今まさにそれを経験したと確信できるものがナイト・ヴィジョンなのです。亡くなった大切な人の性格や雰囲気もそのままで馴染みがあり、本当にその人が自分を訪ねてきてくれたと感じます。象徴的な夢にはない現象なのです。

悲嘆療法士《グリーフ・カウンセラー》たちは、こうした夢は、自然に痛みを軽減するための悲嘆過程の一部ではないかと推測しています。ある程度その意見には賛成ですが、ナイト・ヴィジョンはこの世の向こうから送られてくる、愛と希望の力強いメッセージでもあると私は信じています。

夜勤――身体は眠っていても、意識は活動する

夢を通して天国を垣間見ることができるというのは、理に適っていると私は思っています。よくよく考えてみれば、それがシンボルでも、ナイト・ヴィジョンでも、あなたが見る夢はどれも注目に値するものなのです。あなたの身体は眠っていますが、意識は活動し、検討し、経験し続けるのです。私の元には、眠っている間に自分のスピリットが身体から抜ける経験をした人たちから、多くの話が送られてきています。これまで行ったことのない場所を訪れたり、宙を飛んだり、大切な人に会うために天国へ渡ったりしたと語っています。タラが送ってくれた話のように、いくつかの珍しいケースでは、危険な状況や死の間際にある人に、深い安らぎや癒しを与えることができたと考える人たちもいます。

患者のために残って

その日、私は当直医として仕事を終え、荷物をまとめて午後六時半に帰宅しようとしていたときに電話が鳴りました。末期患者の方で、痛み止めの注射の処方が必要だということでした。電話してきたのは訪問看護師の一人で、本来ならもっと早く手続きをしなければならなかったはずですが、どういう訳か見過ごされてしまったようです。私は残ってその手配をしてから、帰途につきました。

その晩、その患者の夢を見ました。彼女は私の診察室にいて、私はもうすぐ彼女は死んでしまうのだとわかっています。彼女の身体に腕を回し、手を握りしめると、彼

女は亡くなりました。そのとき、とてつもないエネルギーと光が診察室に満ちあふれました。本当に、その感覚はとてもパワフルでリアルでした。それで、夜中に目が覚めてしまい、胸がどきどきして、なかなかその後眠ることはできませんでした。

翌朝、その患者は亡くなる前に痛み止めを二回打ったと聞きました。私なりに夢を解釈してみると、患者はモルヒネを打ってもらった後、安心することができて、来世へと「移行」したのだと思います。痛み止めの処方を行った私にお礼を言うために、夢の中に来てくれたのです。膨大な量の仕事を抱え、些細な問題や手続きに必要な文書業務に追われ、私は最近、仕事に対してネガティブな感情を持っていました。あの夢は私に送られてきたサインでした。私が医者でいることで、人々の命によい影響をもたらすことができるはずだし、私にはまだ使命があると思うことができたのです。

しっかりと寝たのに、翌朝目覚めるとどういうわけか疲れているという経験はありませんか？　健康的な食事を心がけ、体力を消耗するような仕事や運動をしたわけでもなく、薬を服用しているわけでもないので、あなたはどうして疲れているのかわかりません。納得のいく理由が思いつかないとしたら、もしかするとにわかには信じられない原因があるのかもしれません。睡眠中、私たちの身体は休んでいるかもしれませんが、スピリットは非常に活発です。他の人たちが誰かの力を必要とするとき、あるいは、彼らが向こうの世界に旅立つとき、あなたはその手伝いをしているかもしれません。ただ、朝目覚めると、

そのことを覚えていないのです。

光の未来が目の前に

もう一つの驚くべき考え方は、夢によって未来の出来事を垣間見ることができるというものです。ナイト・ヴィジョンは現世と来世のギャップを埋めるように、過去、現在、未来、そして、時間と空間のギャップを埋める役割も果たしていると、私は信じています。そのようなナイト・ヴィジョンのことをフラッシュフォワード（未来へ飛ぶ夢）、あるいは、予知夢（正夢）と呼びます。次に紹介するパットとリアンが送ってくれた話は、そうした夢についてです。

身軽な旅

先日、私の兄が亡くなりました。彼はずっと病状がよくありませんでした。兄が亡くなる二日前、私の夢に現れました。兄はスーツケースを持っていたので、「ああ、死んでしまうのだな」と思いました。そして、この世界での人生はここでおしまいだと言っているようでした。私はよく正夢を見るのですが、それはあり得ることなのでしょうか？

早過ぎる

ある朝、私が一階に降りていくと、母がちょうどトースターからパンを出して、バターを塗っているところでした。そのとき、私は十一歳くらいだったと思います。母に前の晩に見た夢の話をしました。少し前に流産した叔母がまた妊娠する夢を見たのです。「そんなことはありえないわ。早過ぎるもの。次の子はもう少し待ってから考えると言っていたわよ」と母は答え、バターを塗り終えると、電話が鳴りました。それは叔母からで、妊娠したと言ったのです。母は驚きのあまりバターナイフを落として、私の顔を見つめました。

この場合もやはり、普通の夢とフラッシュフォワードや予知夢の違いを見分ける方法があります。象徴的な夢は、ミュージックビデオのように、バラバラのイメージが現れる感じです。その一方、フラッシュフォワードは鮮明で、現実感があり、辻褄《つじつま》の合う出来事やはっきりとした、あるいは論理的な話の筋が含まれます。次に紹介するジェニーによると、彼女は夢の中で未来へ飛びました。

あの子を夢で見ました

まったく説明がつきません。あんなことはそれ以前も、それ以降も起こったことはないのです。赤ちゃんが泣いている声がして私は午前四時四十分に目を覚ましました。

もちろん、家の中に赤ちゃんなんているはずがありません。まだ真っ暗で、赤ちゃんがいるわけがないと我に返るまで、何分かかかりました。それでも、ガウンを羽織って、娘が子どものときに使っていた部屋にも行ってみました。そうして初めて、自分は夢を見ていたのに違いないと思ったのです。だって、娘はもう四十代前半だったのですから。

鮮明な夢の記憶が戻ってきました、夢の中で、娘が腕の中に女の赤ちゃんを抱いていたのです。茶色いふさふさした髪で、青い瞳をしていました。まだ随分早い時間でしたが、娘に電話した方がいいような気がして、とりあえずかけてみることにしたのです。私の話を聞いて、娘は笑っていました。もういい年だから妊娠なんて無理だし、息子たちの世話をするのに手一杯だと言っていました。その一週間後、娘から電話があり、お知らせがあると言われました。なんと娘は妊娠していて、それもまったく予想外だったというのです。八か月後、小さな女の子が生まれました。夢で見たように、ふさふさの茶色い髪とボタンのような青い目をしていました。信じられません。

ジェニーが見た予知夢は、本当に興味深いですが、「可能な」未来をちょっと見せてくれるフラッシュフォワードの方がずっと一般的です。予知夢と比べれば、それほど驚くようなものではなく、実際には現実にならないかもしれません。しかし、そうなるべく一連の行動を取ったとしたら、可能な未来を経験する、あるいは「生きてみる」機会があるかもしれないと提案するものなのです。夢で見たことが気に入らないなら、何かを変えてみようと私たちが刺激を受けるために、天国は夢を通じて可能な未来の断片を送ってくるのではないかと私は考えています。要するに、フラッシュフォワードは何が起こり得るかを示しているだけで、よりよい未来のために自分たちの人生をコントロールし、変えていく力を持っているのは、私たちだということです。

意識というものは間違いなく、物理的な身体に限って活動するものではありません。私たちは寝ている間に時間や空間を超えてコミュニケーションを図ることができるのです。私は読者の皆さんに、夢は重要なスピリチュアルな経験だと理解していただきたいので、どうか覚えておいてください。夢を見るとき、時間、場所、恐怖、そして疑念の垣根は消えてしまいます。そのため、スピリットの世界へより容易にアクセスできるようになり、限りない可能性が私たちを待ち受けていると言えるのです。だからこそ、向こう側の世界を本当の意味で垣間見るための方法として、自分たちの夢にもっとしっかりと注意を向けることを、私は皆さんに強くお勧めするのです。

天国をどのように見るのか／透視能力を高める実践法

すでに述べたように、ほとんどの人はこの目で完全な透視能力を経験することはありません。夢や心の中、または白昼夢において天国を見る可能性の方がずっと高いのです。それをただの想像と呼ぶこともできますが、その想像力は天国があなたと会話を始めるためのきっかけとなるものです。この能力を実現するための秘訣は、言葉ではなく絵で考えるようにすることです。以下に提案するのはそのための方法です。

興味を持つ：これからはあなたの周りの世界を見るようにしてください。本当によく見るのです。以前には気がつかなかったことに気づけるようになってください。私たちの多くが人生の細部にあまり注意を払っていないものです。それはまるで、馬のブリンカー（遮眼帯）をつけて歩いているようなものです。すでに知っているものだけに焦点を合わせているのです。歩道の落ち葉に目を向けたり、入る建物の構造に注目したり、周りの人たちを観察したりしてみてください。本当の意味で目を開くと、見えてくるものに驚かされるはずです。

雲や星の観察：雲は魔法の絵を創ることができます。そして、スピリットの世界はさまざまな雲の形を通してその愛を表現することができ、あなたを刺激し、導いてくれます。食い入るように見つめるのはお勧めしません。決して太陽を直視せず、そっと雲を眺め、どんな形が浮かんでいるか確かめてください。自分の想像力を信じて、雲を通してあなたに語りかける天国を受け入れてください。星を眺めることでも同じことができます。少しの間、星や雲を眺めて過ごすことは、シンプルですが、透視能力を鍛える非常にパワフルな方法です。そして、星と雲がそこにある限り、いつでもできることなのです。

魔法のような絵：言葉ではなく絵（透視能力の言語）で物事を考えるための助けとなる簡単な方法は、大量のイラストが載っている絵本を購入することです。できれば、妖精が出てくる話がよいでしょう。昔のことを振り返って、どんな絵本が好きだったか考えてみてください。おそらく、美しくて魔法のようなイラストがたくさん載っている本だったのではないでしょうか。物語はその絵のためのものだったりします。そんな絵本を探してみてください。大人の目でもう一度読んだとき、親しみを感じる絵と、親しみが湧かない絵に対して、内面からどんな感情が生じるのか注意してみてください。そのような感情は好ましいサインです。なぜなら、透視能力に直接つながる想像力を促進するようになったことを示しているからです。

夢日記をつける：自分が見た夢にもっと注意を払うことで、イメージで考える力を育て、透視能力が刺激されることは言うまでもありません。毎晩眠る前に、朝起きたら見た夢を覚えていると、自分に言い聞かせてください。そして、起きたらすぐに覚えていることをすべて書いてください。もっといいのは、見た夢を絵にすることです。絵が下手でも構いません。できる範囲で、あなたが夢で見たことを形あるものとして記録してください。これはあなたの目とスピリットのためだけに行う作業です。

自分の夢を管理する：ひとたび自分の夢を覚えておく習慣が身についたら、次は大きく前進して、夢をコントロールすることさえできるようになるかもしれません。これは本当に可能で、その技術は明晰夢と呼ばれています。基本的に、明晰夢とは自己意識を覚醒させたまま、夢の中で自分が夢を見ていることを自覚するもので、そうなると自分の行動をコントロールすることができるようになります。そんな技術をマスターしたら、どんな魔法のような可能性が広がるか、ちょっと考えてみてください。すべての人ができるわけではありませんが、もし興味があれば、明晰夢の手法についてオンラインで検索してみてください。そして、無限の可能性の世界に踏み込んでみましょう。

ここに紹介した方法はあなたの透視能力を少しずつ高め、起きているときも、寝ているときも、あなたのすぐそばにある天国を見るために役立ちます。

障壁《バリア》を取り除くための魔法

このような方法を試しても、思ったように結果が出ないと感じることがあるかもしれません。浮かぶイメージがぼんやりしていたり、紛らわしかったりします。あるいは、まったく何も見えないかもしれません。そのような場合は、もしかするとあなたの中にある恐怖が天国を見ることを困難にしていることが考えられます。

何よりもまず、天国からメッセージを受け取るには、できるだけ前向きでリラックスした状態が必要です。そして、何かすばらしいことがこれからあなたを刺激してくれると信じてください。天国にとって疑念やネガティブな感情の壁をすり抜けるのは非常に困難なことです。天国から来るものはすべて愛に満ちてポジティブなものしかないので、何か恐ろしいものを見てしまうかもしれないと心配することはありません。何かを怖いと感じるとしたら、それはあなたのエゴが説得しようとしているのです。自分自身や他の人を癒すために、愛の精神で透視能力について学ぼうとしているなら、何も怖くないのです。

また、私がよくはまった二つのわなに陥らないようにしてください。それは自信の喪失とがんばり過ぎることです。これまで一度も透視能力を経験したことがなければ、あなたは自分の能力を疑うかもしれませんが、そうさせるのはあなたの恐怖心です。本当の自分を取り戻すことや自分のスピリットと再びつながることを邪魔するのは恐怖に他なりません。あなたが本書から何か一つ学ぶとしたら、天国の声を聞いたり天国を見るためには、実際に天使を見たり亡くなった人たちと話をする必要はなく、天国は私たち一人ひとりの中と周りに存在していると気づいてくれることであってほしいと願っています。透視能力の過程で同じように有害なのは、がんばり過ぎることです。無理に実現しようとするのは、競争心や恐怖から行っているのであって、そのような姿勢はスピリチュアルな成長を妨げる結果につながります。さらに、天国の姿とはどんなものかとあれこれ期待するのもやめてください。ときに、最も単純なイメージやまったく予想していなかったものを受け取る可能性があるからです。

あなたのスピリチュアルな成長を妨げているのは、あなたやあなたのスピリットの世界への信念に対して、非常にネガティブな見方をしている人が周りにいることが関係しているかもしれないということを、心に留めておいてください。もしそうだとしても、あなたの同意なしに、どんな人もあなたが何を感じ、何を信じるべきか強要することはできないことを思い出してください。あなたの思考や感情を管理するのはあなただけです。

右記のどれかに思い当たる節があるとしても、見込みがないと諦めるのはまだ早いのです。もっともスピリチュアルに進化している人々にも、恐怖心や障壁があるものです。何が違うかというと、彼らは自分たちの限界を認識して、自分たちに合った方法を見つけるようにしているということです。手始めに、あなたのエネルギーを消耗させるような人や状況を完全に避けることです。あなたを操ろうとしたり嫌な気持ちにさせたりする人たちから、自分を守ってください。どこまで他人が踏み込んでいいのか、あなた自身の境界線をしっかりと決めておくべきです。無欲無私で他の人々を助けることは称賛に値しますが、それであなたが疲弊するなら本末転倒です。まず自分のことを大切にできなければ、他の人たちに何かをしてあげることはできません。

あなたの情熱やスピリチュアルな成長を分かち合える、同じ考えを持った人たちと交流することは（会議、ワークショップ、オンラインなど、どんな形でも）、非常に励みとなり、自分の信念に正直に生きようと改めて思うことでしょう。また、毒を避け、よく食べてよく寝て、できれば新鮮な空気の下で定期的に運動し、自分の身体の健康管理を行うことを決して侮ってはいけません。健康を保つことは、天国とのコミュニケーションを図るためのより明確な手段となるからです。

あなたの身体を大切にするということは、あなたの思考も大切にするということです。本書で紹介しているさまざまな話を読むと、おそらくあなたは、この世とあの世のすべてはスピリチュアルなエネルギーであり、あなた自身の思考さえも非常に大切だということがわかってきたと思います。常にネガティブなことを考えていると、ネガティブなエネルギーを引き寄せてしまいます。従って、あなたの人生やこの世界で見たいと思うポジティブに対して、あなた自身が共鳴するのです。愛の詰まった思考であなたの世界を創ってください。

さらに、あなたのスピリチュアルな成長についての考え方を変えることも忘れないでください。天国からイメージやメッセージを受け取ることができると、何度も何度も自分に言い聞かせる習慣をつけてください。それを続けていけば、いつかは自己達成的予言になるでしょう。どんなことに対してもあなたが成長し広がり続けることに焦点を当てていく、それが普遍的な引き寄せのスピリチュアルな法則です。天国について考えれば考えるほど、そして、美しく、魔法と愛に満ちたものだけを人生に引き寄せるようにすればするほど、あなたはますますそうしたものを引き寄せることができるようになるはずです。

従って、これからは天国に向けてあなたの思考、そして、祈りを再プログラムすることに、あなたのエネルギーを集中させてください。次の章で説明するように、あなたの思考が向かう場所に、あなたの心はついてゆくのです。

あなた自身の心を覗き見るときのみ、
あなたのヴィジョンははっきりとするだろう。
内面を見つめるものは目覚める。

カール・ユング

第四章　超感覚力

——共感や直観が高まり、気配、感触、嗅覚で感知する

もうこの目であなたを見ることはできないし、
この手であなたに触れることはできないけれど、
心の中で永遠にあなたを感じることはできる。

作者不明

感覚によって、あるいは、ときに感触や嗅覚で、神の導きや亡くなった大切な人の存在を感知することを超感覚と呼びます。超感覚は、おそらく神とのコミュニケーションを図る上で、一番使われる機会が少ない手段でしょう。なぜなら、私たちの多くが感情を抑え込んだり、否定したりしてしまうからです。本来であれば、自分の感情に目を向け、理解し、向き合っていくべきなのです。あなたはすでに心の中で、天国があなたの名前を呼んだ気がしている可能性が高いのですが、そのときそれが呼びかけだと単純に気づかなかっただけかもしれません。次に挙げる項目の中で、あなたに当てはまるものがありますか？

✦ときどき、あなたの後ろに誰かが立っていたり、座っていたりするようなはっきりとした感覚があるのに、振り返ると誰もいません。

✦はっきりとした理由はないけれど、亡くなった大切な人の気配や懐しい感覚を強く感じます。

✦時折、確かに目に見えない誰かが、または何かが、あなたの頬に触れたり、髪をなでたり、手を握ったり、抱きしめたり、やさしくおでこを押したりしたと思います。

✦わけもなく、ときどきひやっとする風を感じます。

✦どこから来るのかわかりませんが、香水、花、ラベンダー、バニラなどの香りがするのに気づいたことがあります。

✦ときどき背筋が凍るなど、何かが身体に触れる感覚を体験します。また、嫌な予感がして緊張したり、何かがうまくいっていないと口内に不快な味を感じたりします。

✦誰かに初めて会ったとき、理由もなくうれしいと感じたり、嫌だなと感じたりします。

✦他の人たち、特に自分にとって最も近しい人たちのムードがあなたに深く影響します。あなたはその場の雰囲気を一瞬で察知する不思議な能力があります。また、相手が何も言わなくても、その人がどんなふうに思っているのかわかるときがあります。

✦理由もなく、思いがけないうれしさやほっとした気持ちが込み上げます。そして、寒い冬の日に温かいココアを飲んでいるような気分になります。

✦動物と触れ合ったり、自然に親しんだりすると心が穏やかになり、よい発想が生まれます。

✦たった一人取り残されたような気がしたり、危機に瀕したときに、温かい気持ちに包まれ、前に進むための力を与えてもらったような気がします。あるいは、希望を失い、進む方向がわからなくなったとき、突如として人生の目的や意味に対するはっきりとした思いで満たされます。これは、あなたは決して一人ではないと、スピリットがあなたの心に話しかけているのです。

右記に挙げた項目を結びつけるテーマは、いつも安らぎと温かさを感じる神の導きです。したがって、もし天国が本当にあなたに話しかけているかわからないときは、これらのガイドラインを基準にしてください。

子どもの目を通しての話

本章では、私たちの感情という言語を通して、どのように天国が話しかけるのかについて述べていますが、ここに紹介する死後の世界の話は二つのカテゴリーに分かれています。一つ目は子どもたちが関係し、二つ目はペットが関係します。まずは、リズの話から紹介しましょう。子どもが神の方法でどんなふうに心や命に触れることができるのかがわかります。

世界の親友である小さな男の子

私は人々からいろいろな発想をもらうことが大好きです。昨日、窓の開いた車で私と夫は信号待ちをしていましたが、一人の女性が二、三歳の男の子を抱いて、友人と一緒に通りかかりました。男の子が唐突に「全世界がぼくの友だちだよ」と言ったので、母親とその友人は人々について話をしているのかと思いました。そう言いながら男の子は最も愛らしい天使のような笑みを浮かべ、その顔は光を放っていました。男の子はそれほどの愛と幸せを込めてそう言ったのです。とても感動的でした。彼がこの先も魔法のような純粋さを失わなければよいなと思いますが、成長すればそうなるような気がします。私たち全員があの男の子のように世界を見ることができれば、きっともっとよい場所になるはずです。

私にとって小さな男の子の言葉、その天使のような無邪気な言い方、そして、この上ない喜びを浮かべた彼の表情は、天国が私に話しかけるための方法だったような気がします。昨日、あの場所にいてそれを経験できたことは、とても幸せなことだったと思います。

子どもというものは疑いの気持ちを持たない純粋さや能力を持ち、天使の目で世界を見つめています。残念なことに、大人になるにつれ、恐怖や疑念が、私たち自身を含むすべての人の中にある魔法を見るための天性の力を奪ってしまうのです。私は子どもたちが見るものや聞くものを簡単に受け入れ、疑わないところがすばらしいと思います。彼らは自分たちが経験していることは本物だと疑うこともなく、素直に話すのです。天国とつながる方法についてもっと柔軟に向き合うことを、私たちは子どもたちから学ぶことができるのではないでしょうか。次に紹介するタラ、そして、ニックから送られた話を読むと、これほど単純でわかりやすいことはないと感じるはずです。

彼女を見たし、彼女の声を聞いた

夫が家で娘たちの面倒を見ていました。帰宅すると、私は5歳になる娘のソフィアにパパと何をしていたのか尋ねました。娘は庭でイチゴを摘んでいたと答えました。外はうるさくて嫌だったと言いました。それから、おばあちゃん（すでに亡くなっています）が多くの人が芝を買っているからだと教えてくれたと言ったのです。本当に亡くなったおばあちゃんのことを言っているのか確かめると、「そうよ、私のおばあちゃんよ。ママのママだよ」と答えました。ソフィアにおばあちゃんを見たのか、それとも声を聞いたのか尋ねました。答えはその両方でした。ソフィアはおばあちゃんが手を握ってくれたと言いました。そして、青いズボンに青いシャツを着ていたと言いました。

夫にその話をすると、確かにソフィアはしばらくの間、こっそりと庭の隅の方へ行っていたと言いました。尋問するように、ソフィアを問い詰めたくありませんでしたが、彼女はまだ幼く、何もないところからそんな詳しい話ができるとは思えませんでした。

あなたの本を読んでいるとき、紹介されている話はどれくらい信じられるのだろうと疑っていたので、母がスピットの姿でやってきて、それは本当だと教えてくれたかなと感じています。孫たちに会いに、母がひょっこり来てくれたのだと思うと、温かい気持ちになります。

お兄ちゃん

私はまったくこのようなことを信じていないので、あなたにこうして手紙を書いている自分に驚いています。実は妻が、あなたが天使の赤ちゃんについて書いた本を読んでいたのです。ちょっと考えさせられることがあって、あなたのご意見を伺いたいと思いました。

現在、六歳と四歳になる二人の子どもが生まれる前、ちょうど七年ほど前になりますが、私たちには死産で生まれたマイケルという男の子がいました。私にとってそれは人生で最も悲しく辛い経験でした。幸運なことに、その後二人の健康な子どもに恵まれましたが、私の心には傷が残ったままでした。しかし、最近ある出来事が起こり、私の痛みはかなり和らいだのです。

私たちは子どもたちに、スピリットになった兄弟のことは話したことがありませんでした。先週のこと、六歳の息子ジェイクが、家族ノートに金星をもらって学校から帰ってきました。ノートにたくさんの色を使って絵を描いただけですが、両親のページにママとパパの絵（私たちは巨人のようでした）が、妹のページには妹の絵（娘はハリネズミのようでした）が描いてあり、私たちは大笑いしました。しかし、次のページをめくるとお兄ちゃんのページというのがあったのです。私は息子にお兄ちゃんはいないよね、と言いました。私たちはマイケルのことをジェイクに話したことはありませんし、私たちがお願いして他の人たちにも言わないように頼んでいたのです。しかし、ジェイクは首を横に振り、「僕にはお兄ちゃんがいるよ」と言ったのです。私はもう一度いないよねと言いましたが、ジェイクはいると言い張りました。お兄ちゃんのページの絵は一番よく描かれていました。ジェイクと同じくらいの年ごろの男の子がサッカーボールを蹴っているしっかりとした絵でした。「自分の絵を描いたんだね」とジェイクに言いましたが、彼はまた首を横に振りました。

あまり問い詰めるのもよくないと思い、「ジェイクの日常生活」ノートの残りを見てみることにしました。お兄ちゃんの絵の後ろにあった文字を見たとき、背筋がぞっとしました。そこにはとても大きくMと書かれていたのです。どうしてそんな文字を書いたのかジェイクに尋ねてみると、Mはアルファベットの中で最高の文字だからと答えました。私はさらにそれはどうしてか尋ねてみました。すると、小さな子どもだけが大人に見せる「もう、本当にバカだね」という顔をして、「だって、そうだから。それが理由だよ」と答えました。

小さなジェイクの話は、学生のときに初めて出会い、深く感動したロマン派詩人ウィリアム・ワーズワースの詩を、鮮明に思い出させてくれます。「みんなで七人」という詩で、一人の男性と田舎に住む八歳の少女との会話が記述されています。男性が少女に兄弟は何人いるか尋ねると、二人はお墓に眠っているけれど、家には七人の子どもがいると言い張るのです。男性は二人がお墓に眠っているなら、子どもは五人だけだと言うのですが、少女は七人だと曲げません。ここにその詩の最後の一編を紹介しますが、子どもが人の死をまったく信じない様子がうまく表現されています。亡くなった兄弟は、たとえ教会の墓地に埋葬されているとしても、少女にとっては生きている存在なのです。

「だけど、死んでしまったよ。二人はもういないよね！
あの子たちの魂は天国だよ！」
そう言っても無駄で、
小さな娘はそれでも曲げず、

こう言った、「ちがうよ、みんなで7人だもの」

多くの親たちから、自分の子は作り話をしているのかと尋ねられますが、それが本当の経験だったのかどうかを判断する最良の方法は、子どもたちがどう答えているのかを見ることだと私は伝えています。子どもはどこか落ち着かない様子なのか？　怖がっていたり、パニック状態だったり、話の前後がはっきりしないときは、天国が送ってきたメッセージではありません。そして、親の注意を引くためとか、テレビなどで怖い映像を見過ぎている可能性もあります。しかし、子どもがその経験に対して、率直で安らかで勇気づけられているのであれば、私は本物だと思います。もちろん、それが想像や作り話の場合もあるかもしれませんが、想像こそ創造のきっかけであり、もう一つの現実への入り口なのです。

悲しいことに、子どもが心を開いて、スピリットの世界について見たり、聞いたり、感じたりしたことを話すと、多くの大人が恐怖心、不信感、疑心暗鬼になって話を聞くことがあります。そして、信じてもらえないことで、子どもは不安を感じたり混乱したりします。子どもたちは自分を疑うようになり、疑えば疑うほど、自分たちの周りで起こる魔法を見る力を疑うようになり、スピリットとコミュニケーションを図ることができなくなってしまいます。

私たち大人が、子どもたちに純粋な子どもの心を持ち続けることを応援すればするほど、そして、私たちがいくつになっても自分の中の子どもの部分を大切にすればするほど、大人になると現れる恐怖や自己不信をもっと阻止することができ、私たちの周りに広がっている天国に気づくことができるようになります。なぜなら、天国というものは、常に子どもの心を持った人にまず話しかけるからです。天国を見るために提案しているさまざまな方法は、あなたの内面の子どもをもう一度目覚めさせるためにあります。なぜなら、私たちの中に存在する子どものような側面は、すべての永遠の魔法、不思議、自発性、純粋さ、そして、自由さが存在する場所だからです。

開かれた、そして、人を信じることができる心の美しさについて話してきましたが、大切なペットたちにまつわる死後の世界の遭遇についても言及しなければ、本書は完成したものとは言えないと感じています。

天国からきたペットの話

子どもたちが私たちの心を開き、奥深いスピリチュアルなレッスンを教えてくれるように、動物も思いやり、共感、癒し、そして、無条件の愛の力について多くのことを教えてくれるものだと私は信じています。次に紹介するモヤから送られてきた話は、そのよい例となっています。

リッチー

夫のリチャードが亡くなってから、ご推察の通り、私はひどく混乱していました。

三十三年間連れ添った夫はまさにソウルメイトでした。彼を想わないことは一瞬たりともないのですが、思っていたよりもましに何とか過ごすことができています。それは、リチャードの飼っていたラブラドールのリッチー（ええ、リチャードは自分と似たような名前をつけずにはいられませんでした）のおかげです。リチャードが死んでから、リッチーは私のそばを片時も離れることはありません。そして、夫が亡くなった夜、私は到底眠ることなどできないと思っていましたが、リッチーは最もシンプルな方法で私を慰めてくれたのです。リッチーは口の中に入るだけのおもちゃを詰め込んで、私のところにやってきて、一つずつ私に差し出してくれました。そのしぐさがとてもかわいくて、涙があふれてきましたが微笑まずにはいられませんでした。夜になると、リッチーは私のベッドの横で寝ていますが、ときにはベッドに上がってきます。私が泣き出すと、しっぽを振ってすぐに私の横に来てくれるのです。まるで、リッチーが私の側にいることをリチャードが願っているように感じます。

この話と同様に、向こう側からかつての飼い主に会いに来る動物のスピリットのすばらしい話も、私のところに多く送られてきます。私はこうした話をほんの少しも疑うことはありません。なぜなら、私が大切にしていたネコのクリスタルも、死んだ後すぐにスピリットとなって私を訪ねてくれたからです。ちょうど大学に入学したところで、クリスタルがいなくなってとても寂しい思いをしていました。クリスタルは私が入学のために家を出る少し前に亡くなりました。まるで、私の子ども時代が終わり、自分の役目は終わったという感じだったのです。とにかく、大学が始まった一学期のある夜、目が覚めると懐かしいゴロゴロと喉を鳴らす声が聞こえて、よくクリスタルがやっていたように私の脚を肉球で踏んできました。まるでクリスタルがそこにいるように感じましたが、もちろんいませんでした。次に紹介するジョンも似たような経験をしました。

ネコのビリー

昨晩は、死んだネコのビリーのことをずっと考えながら床につきました。僕のところに遊びに来てほしいと思い、大きな声でそう言いました。夜中の三時半ごろに目が覚めました。起きて紅茶でも入れようかと考えていると、突然、ビリーが足元に、そして脚の上に乗っている感覚がありました。重みを感じるわけではなく、やさしく押されているような感じでした。ビリーに違いないと思いました。胸はドキドキしていましたが、すばらしい感触でした。それで、朝になってからビリーはどうやって僕の来てほしいというメッセージを受け取ったのかなと考えました。寝る前に声に出して言うだけで、ビリーは来てくれるのでしょうか？　びっくりですよ。まったくどういうことか理解できません。テレサ、何か理論的に説明できるものはありますか？

もちろん、これについては一つの理論を持っています。ペットはあの世に旅をする永遠の魂を持っていると信じています。そして、天国でも私たちを愛し続けてくれるのです。トレヴァーが愛したイヌのモーリーは、最後のお別れをするためにもう一度だけ戻ってきたのかもしれません。

最後にもう一度だけ

十五年間、私は小さな飼い犬のモーリーの散歩に出かけました。いくつかあるコースを順番に周りましたが、モーリーが一番気に入っていたのは、公園を抜けて森の中にある自宅に帰るコースでした。特に、秋になると落ち葉の中を走り回るのが大好きで、また、トチの実を口の中に入るだけ詰め込んだりもしていました。モーリーは私にとっては大親友でした。そして、八年前に妻を亡くしたとき、その痛みが和らぐまで助けてくれたのがモーリーだったのです。

モーリーが死んでから四週間が経ちましたが、ときどきまだ近くにいるのではないかという気がします。昨日、近くの店まで買い物に出かけたとき、私は予定を変更してモーリーのお気に入りの散歩コースに行ってみることにしました。なぜそうするのかわかりませんでしたが、そうしなければならないと感じたのです。私は公園の中を歩きました。そして、確かに森の入り口にモーリーがいるのを見かけました。いつもの赤い首輪をしていて、名前を呼ぶと、モーリーは森の中を駆け始めたのです。私はモーリーの後を追い、あのころのように落ち葉の中を飛び跳ねる姿を眺めていました。

その姿を見て本当にうれしくなりました。涙があふれてくるのを感じました。私の方に走ってきてほしいと願いました。遊ぶのをやめてじっと動かなくなったので、モーリーは私の気持ちに気づいてくれたようでした。

一分ほど、私たちはお互いの顔を見つめました。それから、モーリーは聞き慣れた声で二回吠えると、おしりを地面につけて座りました。これは私に抱き上げてほしいときにモーリーが出す秘密のサインでした。私はモーリーのところに行ってそうするところでしたが、子どもたちがお互いの名前を呼んでいる声が背後から聞こえました。ふと後ろを振り返って、前を向くとモーリーはいなくなっていました。モーリーを探すことはしませんでした。モーリーは天国に行ったのだとわかっていたからです。最後にもう一度だけさようならを言いに来てくれたのだと確信しています。

私が見たイヌは野良犬だったのでしょうか？　それとも私の想像だったのでしょうか？　野良犬だったとしたら、同じ首輪に同じ行動パターンだなんて……不思議なほどよく似ていました。あのイヌははっきりと私のことを知っていました。強いつながりも感じました。もしまるっきり想像だったとしたら、私は頭がおかしくなっているに違いありません。しかしね、テレサ、確認しておきますが、私はいたって正常です。

私たちの生活の中で、天国をつないでくれるのはイヌやネコだけだと思わないでください。馬やウサギや金魚さえも、私のところにはいろいろなタイプのペットの話が送られてきます。また、野生動物や昆虫の話も送られてきます。特に、蝶々やてんとう虫の話が多いです。そして、一つひとつの物語が、向こう側からの愛と希望に満ちたメッセージをそれぞれの方法で送ってくるのです。この宇宙において愛が最も重要で力強いエネルギー、あるいは力です。そして、それがどんな形なのかは関係ありません。人間も動物も同じように愛します。それは永遠で、天国から直接私たちに語りかけるものなのです。

事あるごとに動物には魂などないと言われてきましたが、すべての生き物に魂があり、人間が亡くなった大切な人とコミュニケーションを保つことができるように、可愛がっていたペットや他の動物とも死後の世界でコミュニケーションが取れると私は信じています。次に紹介する作者不明の詩はとても素敵で、その通りだと納得することができます。

虹の橋

天国の少し手前に、虹の橋と呼ばれる場所がある
この世で誰かと、とても親しかった動物は、死んだら虹の橋にいく
私たちにとって特別だった友だちのために、草原や丘があって、
動物たちは一緒になってそこで遊ぶことができる
食べ物も水も日光もたくさんあって、
私たちの友だちは温かく、気持ちよさそうにしている
病気だったり、年老いた動物たちはみな、元気になって生命力を取り戻す

けがをしたり、障害を負った動物たちも、
まさに私たちが夢見る、過ぎ去ったあの頃のように、元通りになって強くなる
一つのことをのぞいては、動物たちは幸せで満足している
それぞれが残してきたとても特別な人と会えなくなって寂しいのだ
動物たちは一緒になって走ったり、遊んだりしているけれど、
やがて、その中の一匹が突然立ち止まり、遠くの方を見つめる日がくる
突然、その一匹は仲間から離れて駆け出し、
緑の草を飛び越えて、どんどんスピードを上げて走っていく
その輝く瞳は一点を見つめている
待ちきれない様子の身体は震えている
あなたを見つけたのだ
そして、あなたとあなたの特別な友だちがついに出会うと、
再会の喜びに二人は抱き合って、二度と離れることはない
あなたは幸せのキスを顔中に受け、あなたは再び両手で最愛のペットの頭を撫でる
もう一度、あなたを信頼しているその瞳をじっと見つめる
もう長いこと見ることはできなかったけれど、その瞳が心の中から消えることはなかった
それから、二人は一緒に虹の橋を渡っていく

天国は感情を通じて語りかける

天国はよく私たちの感情を通じて語りかけようとします。そう言えるのは、私自身の経験や他の人たちから聞いた話だけではなく、本章を書いていると、私の心は大きな喜びで満たされるからです。次に紹介するいくつかの話を読めば、読者の皆さんの心も喜びで一杯になると思います。まずはダイアナの話を紹介します。

あなたがここにいてくれたらよかったのに

その日、私たちの新しい家に伯父といとこたちがやってきました。キッチンに向かって階段を降りていたとき、私は心から「伯母さんがいなくて寂しいわ。ここにいてくれたらよかったのに」と言いました。その瞬間、私は見えない力に止められてその場に立ち止まりました。それは伯母さんに違いないと心から思いました。こんな経験ができて、私はとても幸せです。間違いなく伯母さんは、私たちはみな人間の経験をするスピリットだということを証明してくれたのです。

次に紹介する話の中でメアリーが説明していますが、彼女はただ感覚を経験するのだそうです。しかし、その感覚は完璧に道理に適っています。

天国の存在に救われている

五年前に夫が亡くなってから、私はずっと一人で暮らしてきました。私の家はがらんとしています。ほとんどの場合は、寂しい感じがします。ですが、ときどきドアを開けた瞬間に、誰かが家の中にいるような気がするのです。ただそんな感覚がするのです。一度、ある夜に裁縫のグループが集まったのですが、何だか人が多いような気がしたのです。私は知らない人が紛れ込んでいないかを確かめるために、すべての部屋を調べてみました。夫に違いありません。テレサ、そんな気がするのです。夫が亡くなった後、夫が家に入ってくる夢を見たことがあるのですが、とても現実感がありました。何をやっているのか尋ねると、夫は家に帰ってきただけだと言いました。

エニッドはダイアナやメアリーのように、スピリットの存在をそれほど強く感じませんでしたが、二人と同じように、彼女が感じたものは天国が送ってくれたものだと確信しています。

元の生活を取り戻す

二十代前半、ある男性と付き合っていて、私は彼に夢中でした。彼が仕事をしていないときはいつでも会っていました。時が経つにつれ、私の運命の人は彼なんじゃないかと思い、いつか結婚するだろうと思うようになりました。彼が会いに来て、一緒に出かけることができる週末だけを楽しみに生きていたのです。私たちはどんどん惹かれ合い、一緒にいる時間を楽しんでいました。

付き合いだして六か月が過ぎたある週末、彼が唐突に仕事のため海外に行くことになったと言ってきました。まさに、青天の霹靂《へきれき》のような話でした。とても危険な地域で働くことになったので、今後は一切、私とは会えないと言いました。気が動転したというのはかなり控えめな表現です。そのときのことをはっきりと思い出すことはできませんが、私はかなり取り乱していたと思います。そして、会話の途中で泣いている私を置いて、彼はいなくなってしまいました。それっきりでした。

彼と初めて出会った場所は、共通の友人宅でした。理由はわかりませんが、その家に行くことに決めました。仕事を休み、車に荷物を詰め込んで、友人の家に向かいました。彼女の家で数日過ごしましたが、何も変わりませんでした。私たちが出会った場所に行ってみるなんて、大きな間違いでした。そして、私の心をさらにかき乱しただけでした。私の人生は終わったと感じていました。また車に乗り込み、家に向かって走り出しました。

普段なら、家まで帰る道は田園風景が広がり、草原や木々が所々に散らばって素敵なドライブになるのですが、そのときは何もかもが最悪でした。すべてが頭の中でぐるぐる巡り、突然、このまま事故を起こせば、辛いこともすべて終わるという考えが浮かびました。

そんな考えが頭をよぎった瞬間、すべてが変わりました。温かい黄色のモクモクした光が車の中の私を包み込んだのです。そして、突然、自分は愛されているし、幸せなのだという思いが込み上げてきたのです。すべてはうまくいく、心からそう思うことができました。私は微笑み、笑っていたと思います。あのころは、スピリットや天使について何の知識もありませんでした。そして、このように深い意味のある出来事が起こるときが往々にしてそうであるように、私は天使によって救われたのだと知ったのはそれから何年か経ってからでした。なんて強烈な出来事だったのでしょう。それからの数週間も何度か辛いことがあり、もう大丈夫と思えるようになるまでには他にもいろいろなことがありましたが（別れた彼を人込みの中で見たような気がしたり、しばらく前に進むことができなかったり）、車の中で感じた最悪の状態に戻ることはありませんでした。そして、少しずつ、元の生活を取り戻すことができるようになりました。

あのときのことを振り返ってみると、あの感覚は天国が送ってくれたものだと思います。私の命を救い、勇気づけてくれました。

次に紹介するアナの話は少し複雑です。なぜなら、彼女はこの世界において癒しを必要とする重要な人間関係の問題を抱えたままだからです。しかし、それはまた、スピリットの世界には愛と癒しのみが輝いていることを教えてくれます。

離れているけれど一緒

それは母の告別式の日でした。母は長い闘病生活を終え、やっと安らかな眠りにつきました。この日は、私にとって二重の苦しみとなりました。なぜなら、娘も告別式に来ていたからです。私と娘はもうずっと前に口論となり、仲違いをしたままでした。もう幾度となく娘との関係を立て直そうとしましたが、ずっと拒否されてきました。もう十年ほど会っていませんでしたし、娘が結婚した男性にも会ったことがありませんでした。

葬儀が始まる前、夫とともに棺の後ろについて通路を歩いていたとき、この魂を引き裂くような状況から何かが私を守ってくれているような感じがしました。周りの様子ははっきりと見えるのですが、シャボン玉のようなものに包まれて守られている気がしたのです。そんな気持ちになるなんて思ってもみませんでした。ちょうど席に着こうとしたとき、娘が私の近くにいた自分の夫の手を引いて、反対側へと連れて行きました。私がその様子を見なくてもいいように、そして、娘のひどい拒絶に耐え難い辛さを感じることがないように、何かやさしい力が私の頭を押さえているように感じました。すると、娘の方を見たいとも思わなくなりました。最も不思議で、それでいて最もやさしい方法で、私は慰められ、そして守ってもらいました。母と娘の両方に対して渦巻くさまざまな感情を抑えることができたのです。

葬儀のあと、娘と彼女の夫は、牧師と握手している参加者たちに挨拶することなく、外へ出ていきました。そして、待っていた霊柩車に乗り込むと、私と夫を置いてそのまま走り去ってしまいました。私たちは自分たちの車に乗って、霊柩車を追いかけなければなりませんでした。それは信じられないくらいひどい仕打ちでしたが、愛され守られているような感覚が私を支えてくれました。娘がどんなことをしても、もう傷つくようなことはありません。私はただただ娘にも愛を送りました。私はきっと守ってくれる天使たちよって、どこか安全な場所に連れて行ってもらったのです。一人ではなく何人かの天使たちが来てくれたのです。そして、告別式が終わったあと、天使たちは母の遺言状の中にもメッセージを残してくれました。母は亡くなる直前に遺言状を書いたのか、それは手書きでした。そこにはこう書かれていました。「ああ、手が痛いよ。私の心も痛むよ。アン、私のために悲しまないでおくれ。なぜなら、私はおまえのことをとても愛しているのだから」。母があの世に行っても、自分の告別式で私がどんな辛い目に遭うかわかっていたのだと、天国が教えてくれたのです。私はそうだと思っています。

　私はあの日のことを、そして、天国が人間では不可能な方法で、私を慰め守ってくれたことを決して忘れません。もう二度と、あのような神の存在を感じる経験はないかもしれませんが、一度だけでも本当に十分で、一生涯の宝物になりました。そのことを信じていますし、心から感謝しています。

解決していない問題があって、その傷を癒し許し合う機会が訪れる前に大切な人が亡くなってしまったらどうなるのかと、私はよく尋ねられます。私が読んだすべての臨死体験についての報告によると、もしそこに対立があったとしても、この世を去った大切な人は、すべてを許し理解してくれるそうです。彼らはもっと広い視野で物事を捉え、もはや非難したり恨みを抱いたりしません。非難するというのは非常に人間的な行為です。その代わりに、彼らは思いやりの心で私たちを包み込んでくれるのです。たとえこの世を去るときの状況が暴力的なものだったとしても、天国のスピリットたちはこの上なく幸せです。そのときのショックを天国まで持っていくことはありません。この世にいたときより、スピリットとして絶望感を解決する方が困難ですが（なぜなら、絶望はスピリチュアルなものではなく、人間の経験だからです）、天国はスピリットたちが負ったスピリチュアルな傷を癒すためのに力になってくれるのです。

地上で天国を感じ取るというテーマに戻りましょう。ここで、ケイリーの経験を紹介します。

やさしい感覚

二十代前半、よくおばあちゃんがベッドに座っている気がしていました、それはとてもやさしい感覚でした。また、時折、おばあちゃんがベッドの脇に立っているような気もしたのです。そのとき、首の後ろをほんの少しつつくような感覚もありましたが、振り向いて辺りを見回すと消えてしまいました。そんなときはいつも、おばあちゃんがドアを開けて部屋に入ってきて、ベッドの脇に立っているという非常に強い思いが沸き起こったのです。

「自分の背後」という現象が関わってくるので、ケイリーの話はとても興味深いです。読者の皆さんの中にこうした経験をした方はいますか？　なんとなく、背後に誰かがいるような気がして振り向いてみたら、誰もいないという経験です。私は何度も経験しています。特に、執筆のために机に座って書いているときが多いように思います。よくあるのは、書斎にいるのは私だけなのに、つつかれるような感覚があって、誰かが背後にいるような気がするのです。以前は少しびっくりしていたのですが、今ではすっかり慣れてしまいました。そんなことが起こっても、落ち着いて深呼吸してください。外出しているときなら、もちろん、誰かが後をつけてきていないかあなたの安全を確認することは重要ですが、どんな危険もないとわかっているなら、リラックスして上から見つめられている感覚を楽しんでください。

次に紹介するクララは、天国の感触を違った方法で感じましたが、彼女の心と人生に与えたインパクトは計り知れません。

天国の手

一九七九年、社会福祉士として働いていたニューヨーク市の事務所を辞める決断をしました。上司との関係は良好で、仕事も好きでしたが、学校福祉士として働く機会を提示され断ることができませんでした。上司は私の退職にがっかりしましたが、それでも私の気持ちを理解してくれました。彼は私に、事務所に残って管理職に就いてほしいと考えていたのです。上司はちょうど悪性リンパ腫の診断を受けたところでした。本当に残念なニュースでしたが、そのときは上司もまだ働いていました。

重要なことを言っておきますが、私は視覚障害があり、盲導犬と生活しています。それまで一緒にいた盲導犬が死んでしまい、代わりの盲導犬を手に入れました。家に戻ってきたとき、私は盲導犬を連れて上司に会いに行こうと思いました。彼はイヌが大好きで、私の前の盲導犬が死んでしまったときはとても悲しんでいました。新しい盲導犬を連れて行ったら喜んでくれるはずだと思ったのです。

しかし、その機会は訪れませんでした。実験的な治療を勧められ、上司は病院に入院していたのです。治療はうまくいきませんでした。そして、彼はすぐに亡くなってしまいました。いろいろな理由が重なって、そのことを聞いたときはとてもショックでした。私は家にいて、上司の名前を叫びながら、気が狂ったように泣いていたときに起きたことを今でもはっきりと覚えています。そのとき、私は一人で家にいました。服を着替えようとしたとき、上司が肩に手を置いた気がしたのです。そして、短く「私は大丈夫だよ。すべてはこれでいいんだよ」と言ったのです。

右手で左の肩を触ってみると、そこには何もありませんでした。初めはとても怖くて、頭がおかしくなってしまったのではないかと思いました。しばらくすると、心もスピリットもとても安らかな気持ちになりました。それからは上司の死を悲しむことはなくなりました。なぜなら、彼は死んでいないと心の底ではわかっているからです。

人の心に真っすぐ語りかける、このように心が和む経験については、年月を重ねるにつれて読者の方々からメールや手紙で数多く寄せられています。また、私自身も母が亡くなった後、経験したことがあります。それはちょうど娘の一歳の誕生日でした。母がいないことがひどく寂しく、孫娘に一目会って欲しかったと思っていました。すると突然、喜びと安らかな気持ちが私を包み込んでくれたのです。母はそこにいて、私たちと一緒に娘の初めての誕生日を祝ってくれていたのです。

通常、愛、平和、そして、平穏の感覚は、これといった特別な理由もなく湧き起こるものです。あるいは、誰かに手を握られているとか、頬にやさしくキスをされる感じがします。そのような喜びの瞬間が訪れると、あなたはすぐに亡くなった大切な人がそばにいることがわかります。このように、心が明るくなってすてきな驚きを与えてくれる体験や、そのことによってどれほど救われるかについてあまり語られることがないのは非常に残念なことです。私の夢は、いつかこうした経験と、その経験を促し引き寄せることができるように学ぶことが、悲しみからの回復や癒しのための欠かせない手段として受け入れられるようになることです。

スピリットは大切な人を亡くし、悲しみに暮れているときだけ現れるものではありません。次に紹介するリアンの話が示すように、天国の手はどんなときにも差し出され、私たちたちを安心させてくれます。

緊張がほどけた

当時私は十六歳で、一般中等教育修了試験を受けるところでした。試験に備えて勉強し、準備はできていましたが、数学の試験だけは苦手でどんどん緊張が高まっていきました。試験当日を迎え、ほとんど眠ることができず、胃がむかむかするのを我慢しながら試験会場に到着し、そして、テストが始まりました。十一問目で完璧に行き詰まりました。汗が流れ、どうやって解けばよいのか思案していました。

そのとき突然、教室がぐるぐる回転するように感じ、視野が狭くなってパニック状態に陥ってしまいました。すると、力強い手が私の肩をつかんで、大丈夫だからと安心させてくれるように握ってくれました。恐怖に陥っている私をなだめるために、試験を監督している先生がそうしてくれたのかと思い、そのやさしさに答えるために振り向いて微笑みました。しかし、そこには誰もいませんでした。いつものように、試験監督の先生たちは教室の前か後ろの方にいました。また、机も十分なスペースを空けて配置されていたので、誰も私の肩に触れることができませんでした。私はすぐに何が起こったのか理解しました。パニックは消え、心は喜びでいっぱいになりました。そして、なるようにしかならないと思いながら、自分の目標を再確認し、全エネルギーを注いで試験を続けました。

次に紹介するマルチナは、天国の感触が実際に自分の命を救ってくれたと信じています。

森の中へ

八歳か九歳のころ、私は家族と丘陵地へピクニックに出かけました。しばらく歩いていると、散策したくなるようなすてきな森を見つけました。私は母と妹と、森の一番高くなっている場所にいました。そして、下の方にいる父を見つけて、そこから下って、父のところへ行こうと思いつきました。崖を下るにはゆっくり進まなければならなかったので、片足を下ろしましたが、勾配が急すぎて滑ってしまいました。木の枝か何かにつかまって止まろうとしましたが、できませんでした。私は何メートルも下へ転がりながら落ちていきましたが、誰かが、または何かが私を止めてくれました。かなり速いスピードで転がっていきましたが、はっきりと何かが私の背中をつかんだ感触がありました。それはまるで力のある二つの腕が私をつかんで、やさしく地面に置いてくれたような感じでした。

まだ幼くて、混乱していましたし、恐ろしくなって、何が何だかよくわからなくなっていましたが、誰かに助けてもらったことだけは理解していました。地面に横たわった状態で、頭の数センチ先に尖った大きな岩がありました。もう少し転がっていたら、頭をあの岩にぶつけ、もっとひどい傷を負っていたかもしれません。さらに最悪なことになっていたかもしれませんでした。後になって、母が私を助けてくれたのは亡くなったおじいちゃんだったかもしれないと思う、と言いました。本当にそうなのか分かりませんが、向こう側の誰かが、何かが、私をけがから救ってくれたことは確かです。本当にすごいことで、何か理由があって助けられたと思うので、私はこのことを思うと喜びで胸がいっぱいになります。

次に紹介するローレインは、スピリットが存在すると強く感じたそうです。その感動的な話をお楽しみください。

身体が固まってしまって

長い間、私はいろいろなサインや感覚を経験していましたが、普段はあまり気にしたことがなく、いつも通りに生活していました。そんな中、とても印象に残っている記憶は、仲がよく大好きだった叔母が亡くなってから、それほど経っていないときに起きた出来事でした。そのころの私は人生に対してひどく失望していました。結婚して八年くらい経っていましたが、夫は陸軍にいて任務のため不在でした。赤ちゃんを作ろうとしばらくがんばっていましたが、うまくいっていませんでした。実のところ、叔母が亡くなる少し前に流産して、とても苦しい思いをしたのでした。

仕事のプレッシャーから、ずっと相当なストレスを感じていたのですが、眠りについたその晩は、特に気分が滅入っていました。布団で頭を覆うと、部屋の中に叔母の気配を感じました。心の中ですぐに彼女だとわかりました。確かめたかったのですが、動くことができませんでした。まるで、身体が固まってしまったみたいでした。目も開けていましたが、布団がかかっているので何も見えませんでした。すると、叔母の大きなはっきりとした声が聞こえてきました。亡くなる前に長い闘病生活を強いられていた叔母は、言葉を発することができなくなってしまったので、長いことその声を聞いていませんでした。叔母は心配することはないと言いました。そして、「ただの仕事じゃないの。どうだっていいことよ。あなたはこれから世界中を旅して楽しい時間を過ごすことになるわ。赤ちゃんも授かるわ！　だから、心配することはないし、ばかなことを考えるのもやめなさい」と言ったのです。

次に気づいたときには朝になっていて、私は目を覚ましました。しかしながら、何が起こったのかはっきりと覚えていましたし、それが夢ではないことはわかっていました。ついでに言うと、叔母の言ったことは結構当たっていました。そのときはまったく何も知りませんでしたが、その後、しばらくの間、私は世界中を旅することになったのです。夫がカナダへ配属になり、しばらく二人で住むことになりました。その後、ドイツに移動し、最後は、イギリスの各地に配属になりました。その間に私たちは養子縁組の申し込みを行いました。それから間もなくして私は自然に妊娠し、元気な男の赤ちゃんを産みました。その三年後、息子がもう一人生まれました。

この二つの大きな出来事について忘れたことは一度もありませんし、それからもときどきスピリチュアルな瞬間がありましたが、あなたの本を読んで初めて、心の中に大きな変化が訪れたのです。私は今すぐに立ち止まって、今日という日について考えるようになりました。自分がどれほど単調な生活に追われ、あちこち走り回り、フルタイムで働き、小さなことにくよくよして、仕事にばかり気を取られ、家族のことをないがしろにしていたか気づいたのです。最近はずっとストレスを感じ体調もすぐれなかったのですが、今は自分を見つめ直す必要があると気づきました。

私は生まれ変わったような気がします。愛にあふれ、自分を変えて新しい人生を生きる準備ができました。

次に紹介するモイラの状況は、もちろんこれまでの話とは違いますが、天国は実際に存在し、大切な人たちは本当の意味で死ぬことはないと気づく強い幸福感、人生の転機となるような高揚感は共通するものがあります。

奇跡は起こる

子どものころから、私は叔父ととても仲良しでした。悲しいことに、叔父は胃を悪くして苦しんでいたのですが、その結果、すでに転移した大腸がんが見つかりました。診断から九か月後に亡くなりました。

私は病気の人が周りにいると、特に死期が近い人がいると落ち着きません。病気になってからも何度も叔父を訪ねましたが、死期が近づいてからは、心から祈ってはいたものの、会いに行くのをやめました。私は生まれつきとてもスピリチュアルな人間です。叔父の最後の日、私はどうしてもそばに行ってあげることができませんでした。両親を病院に送ったあと、二人が最後の貴重な時間を叔父と過ごすことができるように、私は車の中で待っていました。

予期していた通り、叔父はその日に亡くなりました。叔父が息を引き取るまで、少しでも痛みから解放されるようにと叔母はずっと祈りを捧げ、最後まで叔父を支えました。私の家族は信心深く、叔母は奇跡を強く信じていました。

叔父が亡くなった翌日、説明することができませんが、私は心地よい安らぎを感じていました。私の心は喜びに満たされるようでした。それは、こんなことが起こったからなのです。叔父の存在を感じたとき、私は海で日光浴をしていました。叔父は、死に際に来てくれるべきだったし、それは叔父にとって大切なことだったとメッセージを送ってきました。ただ、私がそこにいなかったことに対して怒っているわけではありませんでした。叔父は私の気持ちをわかってくれていました。それは私だけに宛てたメッセージだったので、叔父はそのことを私がずっと忘れないで覚えていることを願っているのだと思いました。今でもそのときのことははっきりと覚えています。特に、心に感じた強い安らかな気持ちは忘れることはありません。

天国や、亡くなった大切な人たちが心に安らぎを与えてくれる状況としては、これまで紹介した話はどれも悲しみ、ストレス、絶望、あるいは極度の危機の要素が強くありました。しかし、このあと説明する至高体験でもわかるように、そのような状況はどんな場合でも起こり、喜びや幸せを感じているときでさえも起こるものです。それを経験するために必要なのは、心を開くということだけです。

至高に到達する感覚が込み上げてきたとき、天国があなたを呼んでいる

まったく何の理由もなく、喜びや安らぎや強い幸福感が込み上げてきたら、それはあなたの心の力を通して、天国が大きな声ではっきりとあなたの名前を呼んでいるので、深呼吸してその状態を楽しんでください。次に、似たような経験をしたパットとローラの話を紹介します。

圧倒される

これまで誰にも話したことはありませんが、私は数年前、天国の姿を垣間見たのではないかと思っています。私は車で家に帰るところでした。走り出して二十分ほどして、とても不思議なすばらしいことが起こりました。その日、私は突然力強い感覚に襲われました。それはまるでエネルギーに包み込まれているようでした。そして、圧倒されるような愛と幸せを感じました。それはあふれるような感覚で、その瞬間は必要としている人に全財産をあげてもいいと思えるほどでした。その後、二度とそのような感覚に襲われたことはありませんが、本当に天国を感じたあの日のことはいつまで経っても忘れることはありません。

まったく理由なく

離婚してからというもの、私はどん底の生活を送っていました。別れた夫を憎み、人生を憎み、私自身を憎んでいました。苦々しい思いでいっぱいでした。夫は私の親友と浮気していたのです。三週間ほど、家から一歩も出ることができませんでした。世間から隠れていたのです。ほとんど食べることもできず、ずっと寝てばかりいました。私は一生分泣いたと思います。それから、ある朝、私はなぜかすっきりした気持ちで目覚めました。それはすばらしい夢（あるいは、亡くなった母との再会）がきっかけだったと言いたいところですが、実際にはそれほどすごい夢ではありませんでした。私はただ目覚め、何だか空を飛べるような気がしたのです。数週間ぶりにカーテンを開き、空を眺めました。うっすら虹が浮かんでいて、私はうっとりと見つめました。まったく理由はなく、説明もつかないのですが、私はただただ幸せを感じ、生きていることに感謝しました。虹は天国からの贈り物でした。すぐに消えてしまいました。正確には十分くらいだったと思います。ふと家の中を見渡して掃除しなくてはと思ったときには、虹は消えていましたが、私は決して忘れることはないでしょう。なぜなら、その経験こそ天国のようなものだったと思うからです。理由もなくただ幸せを感じるのです。私の話を聞いてくれてありがとう。

次に紹介するチャールスは、至高体験をした後で、人生に色が戻ってきました。

角を曲がったら

ちょうど一か月前、私は自転車レースに参加しました。それは天気のよい日で、自分のタイムを更新したいと思っていました。これまで九年間このレースに参加していますが、記録を伸ばすために一年の多くをその準備に費やしてきました。レースの三分の一ほど終えたところで、静かに雨が降ってきました。別に何とも思いませんでしたが、雨が小降りになって角を曲がったところで、とても美しい虹を見ました。タイムに影響するし、遅れてしまうことはわかっていましたが、レースを中断して虹を見ないわけにはいきませんでした。おそらく十分ほどそうしていたと思います。

そこに立っているだけで、私の心臓がだんだん大きく膨らんでいくような気がしました。虹はきらきら光り、沿道の草木も輝くような鮮やかな色彩を放っていました。その瞬間、すべては生きていて、永遠のスピリチュアルなエネルギーによって相互につながっていると思いました。まるでまったく別の世界に足を踏み入れた気がしました。他の競技者たちがそばをシュッと通り過ぎていくのに気づき、友人の一人が大丈夫かと声をかけてくれました。大丈夫だと答えると、彼らは早くレースに戻らないともっとタイムをロスすると叫んでいました。いいから先に行ってと、彼らを見送りました。どうして彼らは、私みたいに虹の美しさに気がつかないのか理解できませんでした。かわいそうだなと思いました。私は彼らの人生やその感情について想像してみました。まるで彼らの気持ちが全部わかるような気がしました。

結局、私は自転車レースを完走しませんでした。虹の向こう側まで自転車を走らせたい気持ちに駆られたからです。タイムを更新するという欲も消えましたが、それは虹のおかげです。まったく、信じられないくらいすばらしい体験でした。なぜなら、それ以来頭がよく回転し、私の事業の新しいアイデアが次から次へと浮かんでくるからです。以前より幸せに感じるし、もっと健康になりました。そして、どこに行っても、何をやっていても、私はいつも、魔法や色や永遠を捜し求めています。そして、限りない可能性とのつながりを見ることができます。私はすべての人の中に、すべてのものに、自分自身を見るのです。

研究によると、こうした至高体験はしばしば極度の苦しみによって誘発されるということですが、何の理由もなく起こることもあります。例えば、自然の中にいたり、軽い瞑想状態だったり、ときに「フロー」と呼ばれる状態だったり、あるいは、ただ穏やかで幸せを感じているときに起こるとされています。このような、存在の高次元な状態になると、それは異質なもの、あるいは、私たちが存在する通常の状態、または日々の現実とは別の次元のものだと考えたくなります。しかし、私たちが一瞬垣間見ているものは、幻想ではなく、私たちの永遠で本物のスピリチュアルな現実というものなのです。臨死体験の話はそれを裏づけます。その目で天国を見たことがあるすべての人が、この上なく満ち足りて幸せな体験だったと証言しています。

至福へ向けたスピリチュアル三段階の成長

この地球における私たちの人生において、幸福の絶頂、または至高体験が最終段階となるスピリチュアルな成長にはさまざまな段階があると、私は考えています。第一段階は、まだあなたの心が本当の力や可能性をわかっていない状態なので、あなたの人生や人間関係は自分勝手でカオス的な「状態」です。この段階で、あなたがもっと精神的に発達している人々と交流していくことは極めて重要です。彼らならあなたが人生の本当の意味や目的を見つける手助けをしてくれるはずです。

第二段階は「属する」というもので、宗教、グループ、仕事、職業、あるいは家族や友人など、人生の節目節目に他の人たちとの関係性から自分のアイデンティティが生まれる場合に起こります。この段階では、他の人たちの信念や規則を取り入れたり真似たりします。そして、私が若いころにそうであったように、一般的に外からの刺激を求める若者や影響を受けやすい人が集中します。また、サポートや交流を必要としている老人や弱者などもこの段階に集まることがあります。

中には、この属する段階が彼らにとっては本当に必要なスピリチュアルなレベルで、一生を通してこの段階で過ごすことを選択する人もいます。今のスピリチュアルな道が自分にとって唯一の方法で、あなたの信念に耳を傾けない人を軽視したり、傷つけたりするようなことがあれば、それはよくないことです。しかしながら、あなたが選んだ信念においても、他者の意見や信念を尊重し、喜び、交流、充実感、そして、共同体意識を分かち合うことができれば、あなたは今進むべきスピリチュアルな道を見つけたということになります。自分の意見を改めて考えてみたいと思う日が来るかもしれません。あるいは、まったく来ないかもしれません。どちらにしても、あなたのスピリチュアルな家族となる、同じような考えを持った人々が暮らすコミュニティに属することで、天国はあなたにその姿を現しているのです。あなたがたはお互いをいたわることができます。そして、孤独がますます大きな問題となり、思いやりの精神が消えていくこの世界では、本当に奇跡的ですばらしいことなのです。しかしながら、宗教やスピリチュアルなグループを通して真実を求め、私が何度もしてきたように、もし満たされない思いを感じ、人生に意味を見いだせなくなったら、あなたは天国から次の段階である「なる」へと進むように呼びかけられているのです。

私の直観ですが、本書を読んでいる多くの読者は、現在この第三段階の「なる」というところにいるのではないかと思っています。そこは私がよくいる場所で、今もちょうどこの第三段階にいるところです。もしかするとあなたは宗教や信仰体系などを研究してきたのに、これといった充実感を得ることができずにいるのかもしれません。あるいは、これまで宗教などにはまったく興味を持ってなかったけれど、人生には日々の生活以上にもっと大切なものがあるのではないかと考えるようになったのかもしれません。明確性や洞察を経験できる瞬間があるのに、見えたと思ったらあっという間に消えてしまうという状態です。

そして、この世界で到達できる最も高い段階が「至福」です。私たちのほとんどが、夢、直観のひらめき、至高体験、または瞑想においてしか経験できないものです。臨死体験をした人がよく説明するのは、天国と呼ばれる永遠の命であるこの段階です。あなたがもし臨死体験をするようなことがあれば、この世とあの世の両方のすべての人々とすべてのものの間に存在する結束と無条件の愛を感じることができるでしょう。あなたとあなたの周りにいるすべての人の美しさ、奇跡、そして魔法しか見えません。この段階になると、スピリチュアルな成長は終わることのないプロセスであり、人生は永遠だということを完全に受け入れるようになります。あなたを導く先生は愛だけであり、あなたは唯一無二の存在となります。それは、内面から明るく光り輝き、地球に本物で純粋な美しさを運ぶ自由なスピリットということです。

これまでの人生において、私は確かに神秘的で物質的な方法で、超越的な美しさや至福を経験しました。鮮明な夢、直観のひらめき、驚くような偶然、亡くなった母の声を聞いたり、その存在を感じたりして、私のスピリットには翼が生えたような感じでしたが、恋をしたり、子どもを産んだり、人間としての経験でも同じ感覚を味わうことができます。また、最近では、私の本によって勇気をもらったとか助けになったという手紙やメッセージを受け取るたびに、私は最高の幸せを感じます。読者の中で、そのような経験をしたことはないと思う人は、心とマインドに眠る記憶をどうか掘り下げてみてください。経験したことがあるのに、そのときは天国と関係があるとは思わなかったということもあり得ます。これまでに、愛や感謝の気持ちで圧倒された経験はありませんか？　あるいは、虹や壮大な夕焼けなど、何かに触発されて、魂が高揚したことはありませんか？

至高体験は、この世で達成し得る最高のスピリチュアルな覚醒の状態です。従って、今後思わぬ喜びや安らぎの感覚が湧き起こったら、どこかおかしいのではないかと思ったりしないでください。その代わり、それは天国であなたを待っている永遠の命という現実を一時的に垣間見たのだと考えるようにしてください。自分自身に、そして周りにスピリットが存在することを認識するたびに（本書のような書籍を読んだり、物質的なものにあまり重点を置かず本当に大切なことに目を向けたり、今このときを感謝して真剣に生きてみたり、一緒に好きな時を過ごしたり、好きなことをやったりして）、向こうの世界へ行ったときに、あなたが思い描いているすばらしい世界に少しずつ近づいていきます。

天国をどのように感じるのか／超感覚能力を高める実践法

超感覚の力を高めることとは、おそらくあなたのスピリチュアルな成長を促し、最も達成感を味わうことができるはずです。なぜなら、生きることにさらなる充実感、深み、そして彩りを与えてくれるからです。あなたは自分や他人に対する思いやりを深め、すべての人やすべてのものはスピリチュアルにつながっていることに気づくようになります。自分の心を見つめる方法として、以下に実践的な方法を紹介します。

共感を持つ：相手の気持ちを察することができる能力は、神とのコミュニケーションのチャンネルを開くために絶対不可欠です。共感のスキルを微調整するのに最も手軽な方法は、忙しい場所に出かけ、相手に気づかれることなく、知らない人を観察することです。じっくり観察して、相手がどんな人なのか、どんな生活のためにどんな仕事をしているのか想像してみてください。相手の気持ちになって考えてみてください。

直観に耳を傾ける：これを聞いたら驚くかもしれませんが、胃とは独自の知能を持った原始的な脳の一種です。従って、胃腸《ガット》の感覚《フィーリング》（直観のこと）というのは理に適った言い方なのです。心配し過ぎて気持ち悪くなったり、興奮してそわそわと落ち着かなくなったりすると、胸部の下の辺りが感情的にとても敏感だということがわかると思います。そこで、これからは、みぞおちの辺りはそれ自身の心と意思を持っていると考えるようにしてください。みぞおちが何を言おうとしているか注意を払ってみてください。初対面の人に会ったとき、部屋に入るとき、将来どんなことをしようか想像しているとき、楽しいですか、悲しいですか、怒っていますか、緊張していますか、それとも落ち着いていますか？　あなたの感情は、あなたのスピリットが何を欲しているか知っています。だから耳を傾けてください。

健康を保つ：不健康な食事を続け、十分な運動や睡眠を取らないと、あなたのムード、エネルギーのレベル、そして、健康に悪い影響を及ぼします。そして、何においても否定的な姿勢は、天国とのつながりを妨げることになります。単純明快です。心と身体が健康であれば健康であるほど、もっと簡単に自分の感情に敏感になることが可能です。

自分の身体を信頼する：これからはもっと日常的に自分の身体の声に耳を傾けてください。

重要な決断をするときや初対面の人に会うとき、身体的感覚に意識を向けてください。何らかの形で身体のどこかがぞくぞくしたり、締めつけられたりしますか？　天国があなたに話しかけていますが、あなたはちゃんと聞いていますか？

自分の心を信頼する：これまでに私が話を聞いた霊媒師たちはしばしば、亡くなった人たちの感情のエネルギーだけを感じ取って、向こう側とコンタクトを取っていると説明していました。彼らは依頼者からのメッセージを届けますが、通常はそれがどういうことなのかまったく知りません。霊媒師たちは自分たちの感覚に絶対的な信頼を持っていなければならないのです。言い換えれば、あなたが自分の感覚に自信を持てば持つほど、それがどれほど筋の通らないことに思えても、あなたの超感覚の力はさらに高まっていきます。

花の香りを嗅ぐ：一般的に花や植物は、あなたの心を開く手助けをしてくれます。可能なら、花や植物に囲まれた生活を送ってください。カラーセラピーではよく、緑の他に、黄色や青やピンクは感情に関係があると言われています。ですから、こうした色を取り入れるようにしてください。

あなたが決めてコントロールすることの重要性

愛、善、思いやり、平和、そして、至福のスピリチュアルな感覚、あるいは、至高体験は、あなたの永遠のスピリチュアルな現実を垣間見ることができる天からの贈り物です。しかし、その他の感情は現世に属し、それゆえに、あなた自身がコントロールしています。もしあなたが特に感覚を重んじるタイプだと、この事実に驚くかもしれませんが、怒りや悲しみを感じるからといって、あなたが怒っていたり悲しんでいたり「する」わけではありません。あなた、つまり私が本書を捧げる永遠のあなたは、ただ単に怒りや悲しみの感情を経験しているのではありません。そして、その感情についてどうしたいかは、あなたが決めることなのです。単純に言って、否定的な感情は天国には存在しません。愛だけが現実です。そして、多くの臨死体験の話から、私たちの魂は人間的感情を学び成長するために地上に送られたと説明されています。この観点から見れば、地上での暮らしは、あなたのスピリットのための「学校」のようなものなのです。

すべての感情は成長するための機会、あるいは、あなたが成長することを妨げる障害物のどちらかです。それを選ぶのはあなたです。従って、次に、怒り、罪の意識、恐怖、悲しみなどを感じることがあれば、そう感じるように決めたのは自分だということを自覚してください。誰もあなたにどう感じるべきか強制することはできません。どう感じるかを決めるのはあなた自身です。それならば、朝目覚めたときに、もうこれ以上恐怖や罪の意識や怒りを感じたくないと単純に決めてしまうのはどうですか？　あなたの感情はあなたを決して定義することはできないと気づくことができれば、否定的な感情を超越することは本当に可能です。

感情をコントロールするには、自分自身の殻から抜け出して、経験している感情をしっかりと観察することが求められます。どうか覚えておいてください。あなたがそれを行うごとに、スピリチュアルな成長を促進します。そして、あなたは身体とは独立したスピリチュアルな存在だということを自覚していくのです。

自分自身をいかにして守るか

練習することによって、自分の感情に心を合わせ、その感覚を信頼することがどんどんたやすくなっていくことを実感すると思います。そして同時に、以前には気づかなかったことに気づけるようになり、うっかり何かを見過ごしてしまうこともなくなるかもしれません。自分の周りの世界にもっと敏感になることはすばらしい経験ですが、危険も伴います。例えば、否定的な感情や他人の感情を自分自身のものと混同してしまうことがあります。その理由を理解せずに、あるいは、どうしてかわからないまま、うつ状態になる可能性もあります。特に、医療福祉の仕事をしている人たちは注意が必要です。必ず自分自身を守り、定期的に休みを取るようにしてください。私自身はそのための技術を提供していませんが、自分の手に負えなくなってきたときには、保護のための泡（バブル）が自分を包み込んでいると想像すると楽になるという人もいます。そうすることで、自分は思いやりがないとか、冷たい人間になったとか思わないでください。なぜなら、あなたは誰かの幸せの源ではありません。その人自身が幸せの源です。限界を超えて、あなたが誰かのために自分の身を削るというのは、愛のために常に相手を思いやっているのではなく、依存関係や恐怖によって束縛されているだけなのです。

天国は、あなたが他の人々に対してやさしく親切で思いやりのある人であってほしいと願っていますが、その過程であなた自身が傷つき壊れてしまったら元も子もありません。実際に、あなたが疲れ果て、傷ついているならいるほど、他の人の力になることも、元気を与えることもできません。従って、心や身体が弱っているときは、自分自身を守ることが、他者を助けることにつながっていきます。

また、たとえそれが数分だとしても、一人で静かな時間を過ごすようにすることが重要です。平和で静かな場所がトイレしかないとしても、どこで過ごすかはあまり関係ありません。人づき合いなどで圧倒されてしまったら、充電期間を設け、あなたの静かなる中心を探してみてください。

自分を見つめ直す作業が、天国を見つけ出す一番の近道

天国を見つけ出す一番の近道は、自分を見つめ直し、神の導きに心を開くことです。はい、確かにこの内面を見つめる作業を促す「モノ」がいくつかあるかもしれませんが、最終的には、あなたの中に神を見いだすのは、あるいは、愛や共感や思いやりの心を持つのは、あなた自身なのです。なぜかといえば、あなたの心の中の神の感覚を取り戻そうとするとき、あなたが実際に見つけようとしているのは、すでに存在するあなた自身、そう、

スピリチュアルな存在だからです。
すべてはあなたの心で始まり、心で終わります。そして、天国や亡くなった大切な人は、まずあなたの心を通して話しかけてくる可能性が最も高いのです。あなたの心が天国に続くドアを開くのですが、神の導きを受けるには、オープンで直観的なマインドが必要になってきます。それが次章のテーマとなっています。

天の王国は場所ではなく、心の状態である。

ジョン・バローズ

第五章　透知力

――突然湧き起こるインスピレーションに確信、認識をもつ

天国を知ることは、この世にいる私たちを癒してくれる。

ミッチ・アルボム

どうして知っているのかはわからないけれど、亡くなったあなたの愛する人がそばにいる、あるいは、あなたとコミュニケーションを取ろうとしていることを知っているとき、あるいは、あなたはただ正確に何をすればよいか知っているとき、それをはっきりとわかる、といい、透知力とも呼ばれます。それは（しばしば思いもよらない形で）もはや疑う余地のない突如として起こる確信、または認識というものです。中には直観、第六感、予感と呼ぶ人もいますが、私は天国があなたに語りかけ、導いているのだと考えています。
透知力は皆さんが思うよりもずっと一般的ですが、人は姿を見たり声を聞いたりする方に注目するため、しばしば見過ごされています。しかしながら、超感覚のように、天国のコミュニケーションの手段としては、よりまれな姿や声よりも、天国はあなたの思考や感情を通して接触してくる可能性がはるかに高いのです。

透知力が働いても私たちの多くはそれにあまり注目しません。それは私たちが姿や声を期待しているからというだけではなく、自分の中に湧き起こるインスピレーションはあまりにも明らかで、それほど特別なものではないとか、真面目に受け取るものではないと思ってしまうからなのです。私たちは自分の思考を信用しません。ここでの教訓は、今すぐこの場で、直観とは関連性があり、可能性を秘め、大いに役に立つものだと受け入れることです。それはある意味、天国が、あなたに考えや状況を変えるように求めている声なのです。あるいは、亡くなった大切な人はいつでもそばにいることを思い出させてくれようとしています。

どのようにしてはっきりわかるのか

天国があなたの思考を通じて語りかけてくる例をいくつか紹介します。

✦理由もないのに、亡くなった大切な人が近くにいて、何らかの方法であなたを導いたり、守ったり、話しかけたりしていることがわかります。まれに、他の人が話す前に、あなたは誰かが亡くなったことがわかります。

✦誰かが次に何を言うのか、または次に何が起こるのかあなたにはわかります。そして、あなたが考えていたことは的中します。例えば、有名人の死のように、記事を読んだりニュースを聞いたりしなくても、現在起こっている出来事が突然わかるのです。この突然の認識は、新しい場所を訪れたり、初対面の人に会ったりしたときに起こることもあります。あなたはその場所やその人に関することを知っていますが、どうやって知ったのかはわかりません。

✦誰かに会ったときに、その人は嘘をついているとか、信用できない人だと心の中で感じ取り、後になってそれが正しかったことがわかります。同じように、心の深い場所でこの人はよい人だと感じますが、それも後になって正しかったことが証明されます。

✦あなたの中の何かが、その反対を示す証拠があるのにも関わらず、特定の行動について良いとか悪いとかがわかります。そして、後になって自分の勘が当たっていたのがわかります。

✦何の前触れもなく突然に、自分は何をするべきかについて、「そうか」とはたと気がつく瞬間、あるいは、認識、明確さ、理解が湧き起こります。

✦あなたを不安にする問題を抱えていますが、ある朝目覚めると、その解決策や前進するための最善の方法を思いつきます。

あなたは人生で何かについて絶対的な確信を持ったときのすばらしい瞬間を覚えていますか？　神を感じませんでしたか？　私は何度かそのような金色に輝く光の瞬間を経験したことがあり、その都度、多大な影響を受けたり、人生の方向性を変えたりしました。私は少々心配性なところがあり、人生の大半を半信半疑だったり躊躇《ちゅうちょ》したりしてきました。ですから、何かをただ確かに「わかっている」というのは、どれほど心地よい安堵感か想像していただけると思います。そこで、私が大学生のころに経験した、人生を変えるほどの「突然の認識」について紹介します。

啓示をもたらした本

ケンブリッジ大学で学生生活を始めたとき、私はキリスト教に献身していましたが、私の中にはいつも小さな声がして、完全に満足していたわけでも、その道に進もうと決心していたわけでもありませんでした。それから、そんな疑念を解決するために、「そうか」と気づく瞬間としか言いようのない出来事が起こったのです。

今日に至るまで、そのときの記憶は鮮明で説得力があります。その日、私は大学の図書館にいて、『旧約聖書』ヨブ記に関するレポートを書くために、また、世界の宗教における苦しみの概念との比較をするために、参考文献を集めていました。ヨブ記になじみがない人のために説明すると、それは謙虚で信心深い一人の男ヨブの物語で、彼の愛する神のみが知る理由のために、ヨブは信念を試されるための想像を絶する痛みや苦しみが与えられます。ヨブはその試練に合格するのですが、私はその話にはいつも後味が悪いものを感じていたので、レポートを書くにあたり、どのように公平さを保てばよいのかと思案していたのです。また、ヒンズー教のカルマについても考えていて、「人は、自分の蒔いたものを、また刈り取ることになるのです（『新約聖書』ガラテヤの信徒への手紙第六章七節）」という哲学を、罪のない人々の苦しみと併せてどう調和させればよいのか思案しているところでした。どうも頭痛、または偏頭痛になりそうな気がしたので、人気の少ない隅の席に座り、何度か深呼吸して静かなる中心を見いだそうとしました。新しく学んだことを理解しようとして、頭がずきずきしてきました。

私は何度か圧倒されて混乱していたことを覚えています。それは冬のことで、図書館は暗くてかび臭い感じがしました。それに、照明も十分ではありませんでした。すると、突然、光の矢が窓から差し込み、私の右目に当たりました。一瞬目が眩み、何も見えなくなりました。両目を閉じると、色とりどりの光が広がりました。

しばらくして、私は目を開けました。光は完全に消えていました。何の痕跡もなく、図書館は以前のように暗くて静まり返っていました。窓から外を眺めてみましたが、どこから光が来たのかわかりませんでした。外は灰色で薄暗く、夕日は灰色の雲の後ろに隠れ、通りは静かでした。すべての出来事は非現実的でしたが、もっと驚いたのは私のエネルギーのレベルの変化です。もう疲れを感じませんでした。私はエネルギーにあふれ、頭痛も完全に消えていました。まるで天国を味わったようで、空を飛ぶことができるような気がしました。

その出来事を説明することはできませんが、あの瞬間から、キリスト教だけではなく、すべての宗教に偉大な力と奥深さがあると本能的に理解しました。以前には気づきませんでしたが、それぞれの宗教において天国を垣間見ることができ、天国の声を聞くことは何もキリスト教に限ったことではないとはっきりとわかったので、一つの宗教だけに専念するというのは、限定的だと感じました。すべての宗教が、内省と認識によって真実を捜し求める必要性を強調していました。それぞれの宗教は、目覚め（アウェイクニング）のための探求において、それぞれ異なる道、または手段を取りますが、そのすべてが同じ深遠な真実を捜し求めているのです。

子どものころ、母はよく、私たちはみな、宗教、生い立ち、文化に関係なく人間の経験を積んでいるスピリチュアルな存在だと言っていたものでしたが、そのときはまだ幼く、霊能者やスピリチュアリストの一家では浮いていたので（なぜなら、どんなに頑張っても実際にスピリットを見ることができなかったからです）、私は自分のアイデンティティを宗教に見いだそうと考えたのです。今になってみれば、母が正しかったことがわかります。スピリチュアルな人間になるために、宗教的になる必要はなかったのです。

もしかするとさらに意義深いのは、この経験によって二つのことがはっきりとしたことかもしれません。まず、私はそれまでずっと間違った場所から天国を見つけようとしていたことに気づきました。そして、スピリットは決して本、古い教義、儀式、そして、宗教などから見つけることはできないということです。天国は向こうにあるものでも、死んで初めてわかるものでもありません。天国は今このときに、私の中にあり、そして私の周りに広がっています。それは行き先ではなく、心とマインドの状態なのです。天国とは、この世とあの世の両方で私たちを支え導く、ダイナミックで愛に満ちたエネルギーを相互につなぐものなのです。生まれ変わるというのは、他の人たちを信奉するとか真似をするとか、あるいは、宗教やグループに加入するのではなく、自分自身になるということだったのです。つまり、私の中に天国を見つけるということです。

この神聖な洞察の時間は、ほんの一瞬のことでしたが、私の人生を永遠に変えてしまいました。それからというもの、私はスピリチュアルな真実を貪欲に捜し求めるようになりました。

横断歩道

私の透知力の経験は、スピリチュアルな注意喚起でしたが、次に紹介するウェンディの話は、神が介入したケースだと思います。

六年ほど前、六歳の息子と交通量の多い横断歩道を渡ろうとしたときでした。信号は青だったので、自転車に乗った息子が先に渡り始めました。しかし、息子をすぐに止めなければいけないと思いました。何かに急かされるように息子を引き寄せました。すると、反対車線の車が、信号が青に変わる前に猛スピードで飛び出してきました。私が止めなかったら、息子は間違いなく追突されていたと、考えるだけでもぞっとします。不思議なのは、そんなことがあっても私は落ち着いていたことです。あれは神による介入だったと確信しています。

はるか昔、直観力がある人は、何かが起こる前に潜在的な危険を警告することができたので、部族の中で高く評価されていました。ウェンディの話を読むと、直観力がある人は今日でも人命を助けていることがわかります。次に紹介するカレンは、そのはっきりとわかる能力、あるいは彼女曰く「彼女の天使たち」が何度か命を救ってくれたときのことを話してくれました。

高速道路

私はタクシーの運転手です。何人かの乗客を空港に送ったところでした。私はたとえ車内に一人でいるときでも、運転中は携帯電話に出ないと決めていました。それは、電話に出るために路面駐車できる場所は、とても安全とは言えない地域だったからです。空港で客を降ろした後、高速道路に入ると携帯電話が鳴り、見知らぬ番号が表示されました。通常なら無視していたところですが、そのときは電話に出ることにしたのです。どうしてか理由はわかりませんが、ただ電話に出るべきだと思ったのです。犯罪や車両の乗っ取りなどが頻繁に起こっている評判の悪い場所でしたが、私は路肩にタクシーを寄せました。電話に出ると、それは客からだったので、事務所に戻ったらかけ直すことを伝えました。

実際に停まっていたのは二分程度でしたが、わざわざ停車した自分に腹を立てながら高速道路に戻りました。カーブを曲がったところで、二トントラックから降りて、こちらに向かって走ってくる男性を見つけました。道路に百メートルにわたって、トラックから落ちた波形鉄板と太くて長い金属チェーンが散らばっていました。それで、天使たちが携帯電話を鳴らして、以前なら決して車を停めるなんて夢にも思わなかった地域で、強制的に止めてくれたのだとわかりました。

他にもお話ししたいことがあります。一か月ほど、私はずっとタイヤに関する直観的なメッセージを受け取っていました。その日は空港から企業の重役を四人乗せて、ビジネス会議を行う場所へ向けて走っていました。途中、十分な車間距離を空けて走っていたものの、前方に十六輪の大型トラックが走っていて、私は直観的にもっと後ろに下がらなければいけないとわかりました。後ろに下がった途端に、トラックからこれまで見たことのないほど大きなタイヤの一つが外れて、跳ねながら私たちの方に向かってきました。道路に打ちつけられるたびに、タイヤはますます高く跳ねながら、真っすぐ私たちのタクシーに向かってきます。高速道路を走っていたため、右にも左にも車線変更することができませんでした。タイヤはもうすぐフロントガラスに当たってタクシーを押しつぶしてしまうと思った瞬間、大きな音を立てて横に倒れ、かろうじてかわすことができました。

しかしながら、トラックの運転手はたった今何が起きたのか気づかず、まだ運転していました。運転手に注意しようと思い、私はスピードを上げましたが、今度は落ちてきたタイヤの隣のタイヤが外れて、同じように私たちめがけて転がってきました。まるで、テレビの再放送を観ているようでした。私は歯を食いしばり、言葉を選んで不平を呟いて、こんなことが二度も起こるなんてと思いました。タイヤはどんどん高く上がりながら跳ねていきました。そして、突然転がり始めると、車と車の間を猛スピードで進んできました。そして、もう一度跳ねてフェンスにぶつかり、そこで止まりました。

そのころにはトラックの運転手も停車して、路肩に寄せていました。私もその後ろにタクシーを停め、交通警察隊に電話をかけました。乗客たちは私の運転を褒めて、声援を送ってくれました。私は深呼吸すると、誰もけがすることなく、タイヤはどの車にも接触しなかったことを、私の天使たちに感謝しました。その日を境に、タイヤに関するメッセージはぴたっと止まったのです。

次に紹介するサラも、透知力、または自分の直観を信じて、命を救うことができました。

どうしてそんなことがわかったのかしら?

十五年ほど前に私に起きた出来事をお話ししたいと思います。当時、私は臨時雇いの仕事をしていました。毎日だいたい同じ時間に昼の休憩時間を取っていました。私は習慣の生き物で、昼食時間には必ず散歩をしていました。いつも同じコースを歩いていましたが、最初に急カーブになっている道があったのです。

ある昼食時、いつものように散歩に行こうと思い、会社の出口まで歩いていきました。しかしながらこのときは、ドアを出ようとしたとたん、突然何かに背中をつかまれ止められたような気がしたのです。直観的に、その日は散歩に行かないほうといいとわかりました。そこで、踵を返して会社の食堂で昼食を取りました。私にすれば、食堂で食事をするというのはかなり珍しいことでした。

その日の午後、毒劇物を運んでいた一台のタンクローリー車が、いつも私が散歩していた時間に急カーブで横転したと聞きました。なんてこと! どうしてそんなことがわかったのかしら?

次に紹介するジョンは、ときどき(亡くなった)奥様が何と言うか「ただわかる」そうです。そして、スピリットとしてどんなときも彼と一緒にいてくれることも「ただわかる」と話してくれました。

ただわかる

リンと私は結婚して二十七年を共に過ごしました。結婚生活にはよくあるように、私たちの間にもいろいろありましたが、最後にはお互い歩み寄ることができました。リンは私の妻であり、親友でもありました。彼女がいなくてとても寂しいのですが、テレサ、不思議なことに、昨年リンが亡くなったとき、彼女が私の元から決して離れることはないとただわかっていました。

私は正しかったと思います。リンがまだ家の中にいるようなので、私は一人の気がしないのです。彼女の存在やスピリットを感じるのです。それがあまりにもリアルで、時折私は彼女に話しかけたりします。また、いつも彼女の夢を見ます。すると、頭の中でリンが答えてくれるのが聞こえるのです。先日、孫たちのプレゼントを買うためにおもちゃ屋へ行きました。私はプレゼントを選ぶのが苦手で、また、なかなか決めることができない性分ですが、妻が助けてくれました。リンが買うプレゼントを決めて、プレゼントがある場所へと私を導いてくれたのです。私は考える必要がありませんでした。妻が案内してくれたので、孫たちにぴったりのプレゼントがどれか、ただわかったのです。クリスマスに孫たちがプレゼントを開けたとき、みなが私の選んだプレゼントを喜んでくれました。また、私は妻が亡くなるまで食料品の買い出しに行ったことがありませんでした。それに、何を買えばよいのかまったく見当もつきませんでした。ここでも、妻は私の面倒を見てくれていて、どれを買えばよいのか教えてくれるのです。これまで料理なんてまったくできませんでしたが、今ではとてもおいしい料理を調理できるようになりました。私は妻の助言に耳を傾けています。リンはキッチンにいるのです。いるとわかっています。

どうか、現実逃避しているだけだと思わないでください。そんなんじゃありません。この人生でもう二度と妻を抱きしめることができず、それは本当に耐え難いことなので、私はよく泣いています。しかし、スピリットの妻をこれほど近くに感じ、彼女はまだそこにいると知っているだけで、彼女を失った悲しみに耐えることができるのです。リンは亡くなってしまいましたが、ある意味、これまで以上に彼女のことをより近くに感じています。それが理に適っているかどうかはわかりませんが、私たちはもう二度と離れ離れになることはないとわかっているのです。彼女のスピリットは私と共にあり、今は私の一部なのです。私が行くところに、妻も行くのです。

ジョンの話は、死に別れた最愛の人との生きたつながりを築いたという、心を動かされるすばらしい証言です。「ある意味、これまで以上に彼女のことをより近くに感じている」と言った彼の気持ちがわかる気がします。なぜなら、スピリットにおいては、この地上とは違って、物理的な分離は決してありません。大切な人をどこにでも連れて行けるのです。

次に紹介するポーリーンは、シンプルにとても深い認識を得る瞬間を経験しました。彼女の話は、私の心の奥深くに語りかけました。私はときどき物事について心配し過ぎるところがありますが、これまで見落としてしまったとても当たり前のことを彼女が言ってくれたおかげで、私も前向きに考えることができるようになりました。それは、心配したところで、何も成し遂げることはできないということでした。

心の深い場所で知る

娘のジュリアを授かる前に、私は四度流産しました。私はいつも心配していました。妊娠しているとわかって感情が高ぶり興奮した後、今度は流産するのではないかという耐え難い不安に陥り、身体的かつ精神的な痛みと葛藤することになるのです。私は母親になりたいと思い焦がれました。それしか考えることはできなくて、五度目の妊娠がわかったときには、もちろん大喜びしましたが、同時にいつもの不安と恐怖が襲ってきたのです。これまで二十一週目までに流産していたので、妊娠一か月が過ぎたころから、ベッドで静養をすることに決めました。動くことが恐ろしくて、来る日も来る日も横になっていました。それから、ちょうど十二週目に差しかかったころに出血し始め、頭が真っ白になりました。それはものすごく覚えのある症状で、パニックの波に襲われました。しかし、それから、どうしてそんなことが起こったのかわかりませんが、どんなにパニックになって、心配して、怖がっていても、何もよくならないと、ふと心の深い場所で知ったのです。もしこのまま流産するなら、そうなる運命であり、パニックになってもどうしようもないことでした。

それ以上心配して無駄なエネルギーを使うのはやめようと思ったとたんに、とても穏やかな気持ちを感じたのです。すべてはきっとうまくいくとわかりました。私は病院に運ばれましたが、私が心で深く感じたことは正しかったようで、赤ちゃんは無事でした。そして、正常満期で出産を迎え、ジュリアが誕生しました。

幽体離脱や臨死体験をしたわけではなく、心配する意味もなく、赤ちゃんは大丈夫だとただ深い場所で知っただけでした。しかし、その心の中で知っているということがジュリアの命を守ってくれたのだと信じています。おそらく、ジュリアのために、私が落ち着かなければならなかったのです。私は自分の中のとても深い場所に存在する自分とつながっていました。それが、天国に存在する私の一部なのです。

ポーリーンが締めくくった最後のすてきな言葉は、まさに核心を突いています。絶対的な確信があり、自然に正しいと感じることができれば、それは天国が話しかけているということです。問題は、ただ知っているのか、あるいは、不安や恐怖なのか、その違いをどうやって見分けるのかということだと思います。

妨げとなるものを克服する／透知能力を高める実践法

私自身の経験から、思考や感情というものはとてもややこしいものだということがわかります。なぜなら、それらはしばしば捉えにくく、恐怖に取りつかれたエゴは、あの手この手で否定的な意見をぶつけてくるからです。しかし、天国が本当に話しているのかを見分ける方法があります。

正しいと感じる：何かを考え、それが正しいと感じるなら、静かに冷静にやってみるのがよいでしょう。最初は恐怖によって大丈夫だと思うこともありますが、そうなると、長々と続く説明が必要になったり、方向性がころころと変わったり、頭の中で独り言が永遠に続くような状態になります。そうなると、直観ではないということです。正しいと感じることには、複雑な紆余曲折などはなく、詳細は形成されますが、中心となる考え方はずっと同じです。

人生が豊かになる：神からのコミュニケーションは、あなたや他の人々の人生をスピリチュアルに豊かにするために、あるいは、何らかの形で自分や他人を助けるために送られてきます。なぜなら、あなたにそうした動機があるからこそ、宇宙はあなたが成功するように助ける機会を与えてくれるからです。それには真摯に取り組まなければなりませんし、手っ取り早い解決策はありません。もちろん、あなたが誰かのために何かをしてあげたとき、経済的報酬や他人から評価を受けるかもしれませんが、それは副次的効果というもので、最も重要な動機ではありません。天国からのメッセージには通常「あなた」や「私たち」という言葉が含まれますが、「私」から始まることはありません。あなた自身が独り言を言っているのであれば、それはあなたのエゴで、天国が話しかけているのではありません。

生きる活力を与えてくれる：天国からのメッセージはあなたのエネルギーを高め、決して落ち込ませるようなものではありません。空を飛びたいような気持ちになったら、それは天国が語りかけているのです。

力を与えてくれる：天国の声には人を従わせる威厳がありますが、恐怖ではなく、自信や目的意識が持てるように力を与えてくれるものです。あなたの頭の中を巡る思いが罪の意識や自己疑心であれば、天国ではなく、恐怖が語りかけているのです。スピリットは決して批判したり手厳しかったりするわけではありません。従って、自分は力不足だとか負け犬だとか思うなら、それはあなた自身の恐怖がそう思わせるのであって、天国ではありません。天国からの導きでは、何かしっくりこないとか、アプローチを考え直した方がよいとか、言葉ではなく思考や感情を通して何かを変えた方がよいというメッセージを伝えてくることがあります。つまり、天国から送られてくる助言は、温かく、元気が出て、前向きで、力を与えてくれるものだということです。それは傷つけるものではなく、あなたに自信を与え、まるで目に見えない抱擁やキスを受けているみたいに、心安らかで温かく感じます。

自然なこと：天国の場合、親しみを感じ、あなたにとって自然なことで、自分は一人ではないという感覚があります。その一方で、恐怖はあなたを不安にさせ、周りと調和することができず、一人ぼっちのような気分にさせます。また、極端な発想へとあなたを駆り立てます。

大胆に生きる：天国からの導きでは、ときに大胆に新しいアプローチを試みたり、他者のために個人の利害を脇に置いたり、従来の意見を無視して行動することが求められます。非常に頑固な人たちのアドバイスに逆らって行動しなければならないかもしれませんし、それは必ずしも簡単なことではありません。従って安全な選択というわけにはいかないこともあります。しかし、恐怖によって生まれた思考や感情は、これとは違います。なぜなら、恐怖の第一の目的はエゴや保身であり、恥をかいたり、失敗したりしないように守ろうとするもので、知らないところに飛び込む勇気を奪ってしまうものです。

どこからともなく：天国が話しかけるとき、通常はとても思いがけず突然ですが、すぐにそれだとわかるので、説明は必要としません。また、普通はあなたが取り組んでいたり、考えていたりすることとはまったく関係ありません。それに反して、恐怖に基づいた思考は、時間をかけてゆっくりだんだんと高まり、それをどうすればよいのか、どう理解すればよいのかと、終わりのない説明をずっと求めるのです。神の導きのもう一つの顕著な特徴は、一度メッセージが届けられると、それはやさしく何度も繰り返されます。だからといってプレッシャーを感じることはありません。ただ、正しいことをしていると、穏やかに確実にそれが正しいと感じるようになります。

道理に適っている：神の導きは決してあなたを混乱させることはありません。それは純粋で的を射たもので、道理に適っています。その反対が、恐怖によって考えたり、感じたりすることです。また、神の導きがあるときは、よく知っているという感覚が伴います。まるで、最初からそうなるみたいで、「自分のいるべき場所」にいるという感じです。

リアルに感じる：何かを感じ取ったとき、自分の周囲の状況について認識していないとしたら、おそらくそれは上の方からやってきたメッセージではありません。普通は、進行中の周りの状況を完全に把握しているものです。本書を執筆中に、サラという熱心な読者を通じて、天国が語りかけてくれました。サラは前日浜辺を歩いていたときに、解決策を与えてくれるような思考は私たち自身から浮かぶのか、それともスピリットが送ってくれるものなのか考えていたというメッセージをくれました。私はその両方ではないかと返事をしました。なぜなら、次に紹介するアレクサンダーの話が説明しているように、その二つはつながっているからです。

魂が目覚めるとき

十年前、私は生きる気力を失っていました。八歳だった息子のジェイムズをひき逃げ事故で失い、立ち直ることができなかったのです。犯人は最低限の罰金と六か月の懲役という軽い処分になっただけで、しかも結局服役することはなく、私は煮えくり返る怒りと憎しみを感じていました。彼が自由に歩き回っていると思うと、頭にカッと血が上りました。ジェイムズの死によって、結婚生活も破綻し、私は妻と離婚しました。生きていくことが辛く、その後恋人ができても長くは続きませんでした。何をやっても幸せを実感することがなかったのですが、ある経験によってすべてが一変しました。

あなたが著書の中でよく言っているように、それは何気ない日常で起こりました。私はオンラインでニュースを読んでいたのですが、いつものように不快な戦争の画像がありました。しかし、一つの画像が目に飛び込んできました。それは、一人の兵士が爆撃から守るために抱きかかえていた少年の写真でした。それは、戦争で荒廃した国々でよく見る他の画像と比べてさらに悲惨だったというわけではありませんが、少年は弱々しく恐怖におびえていたので、私の目には涙があふれました。

その画像をじっと見つめるうちに、一つの考えがどこからともなく浮かびました。その少年はジェイムズだと教えてくれたのです。さらに詳しく画像を見てみると、少年がおおよそ八歳、つまり、ジェイムズが亡くなったときの年齢だろうということ以外には、見た目に似たところはまったくありませんでした。私の思考は一体何を言おうとしているのか、最初はわからなかったのですが、画像の少年とジェイムズが同じであり、一人だという考えが一日中頭から離れませんでした。その夜はジェイムズの夢を見ました。そして、翌朝目覚めたとき、すべてを理解したのです。

天国は、私たちはみな一つなのだと教えてくれたのだと思っています。ジェイムズはすべての子どもの中で今日も生きています。この人生でも来世でも、私たちはみな相互につながっており、私の痛みはすべての人の痛みであり、私の喜びや幸せもまたすべての人のものなのです。私たちを隔てるものは何もなく、私がこれまで出会ったすべての子どもの中にジェイムズを感じます。あの子は死んでなんかいないのです。ジェイムズはどこにでも生きていて、すべての人の中で生きていて、特に私と一緒に生きていたのです。

そう気づいたときから、私はスピリチュアルに大きく前進したのではないかと感じました。ジェイズムがいないことはいまだに寂しいですが、もはやあの子の死が、愛することや他の人たちに心を開くことを妨げることはありません。そして、今は、ジェイムズを殺した男のことさえ心の中で許すことができる方法を見つけることができました。それまでは喪失の日々でしたが、そんなことがあってからは、実に多くの鮮明なジェイムズの夢を見るようになりました。そして、あの子の存在をどこにでも感じるのです。私が書こうとしているのはこの世のことではないので、なんだかとても難しく感じます。まるで私の魂、あるいは、スピリットが、私よりもっと大きな何かに目覚めたという感覚です。あなたの本を読んで、あなたなら理解してくれると思いました。

多くの伝統的なスピリチュアルな教えは、すべてのものの相互依存について説いています。臨死体験の話も、愛と思いやりの力というもので、この一つ《ワンネス》であることと相互のつながりを育てます。私が思うに、アレクサンダーの気づきは天国から送られてきたものです。また、父親とスピリチュアルなつながりを求めていたのはジェイムズですが、アレクサンダーがスピリットや人を思いやることに心とマインドを開くまで、そうすることができなかったのではないかと思います。彼の怒りや悲しみが向こう側とのコンタクトを阻んでいたのです。彼が心を開くきっかけとなったのが少年の画像とその少年への思いやりでした。この世界の仲間である人間に対する思いやりや気遣いが、しばしば直観やスピリチュアルな目覚めの起爆剤となるのです。

向こう側とのつながりを確立する為に／さらに直観力を高める実践法

本書ですでに紹介している提案と同じように、向こう側とのつながりを確立するためには、あなたに合った方法を見つける必要があります。長年にわたって研究した結果、効果的だと思うものをいくつか紹介します。

散歩に出かける：日課的に散歩に出かけると、マインドを落ち着かせ、あなたの考えをまとめ、あなたのアウェアネスを研ぎ澄ませることができます。すると、あなたの思考を通して上から送られてくるメッセージをより受け取りやすくなります。

常にオープンな姿勢でいる：物事に対して意見を持つことはよいことです。なぜなら、そうした考え方が私たちの人柄を特徴づけますし、誰もつまらない人間だと思われたくないものです。しかし、間違っている場合や、あなたの意見を左右する新しい情報がある可能性に対しては、常にオープンな姿勢でいてください。オープンな姿勢は、天国があなたに話しかけるための明確な手段となります。頑なな姿勢は障壁となります。しかしながら、オープンな姿勢と、誰かの言いなりになったりだまされやすかったりするのは違うということを念頭に置いてください。他の人の意見やアイデアや議論を聞いて、それらについてじっくりと吟味した後、やっぱり正しいと感じないのであれば、それはおそらくあなたにとってふさわしいものではないので、自分の直観を信じてください。

無意識を養う：人に出会うたびに、そして、すべての状況において、それは新しいことを学ぶ機会だと捉えてください。この世界を開いた本、つまり、秘密の詰まった宝の山だと思って眺めてください。この世界には発見したいすばらしいものがたくさんあります。あなたの直観を保存しておく場所である無意識を養うための洞察を得るのです。

自分の思考に耳を傾ける：単純に自分の思考を認識することは、天国が語りかけるための方法です。そして、それにしっかりと耳を傾けることは（そして、ばかげているとか、独創性に欠けるとか、関係がないと自動的に無視したり排除したりしないことは）、明晰な思考を高める手助けとなります。排除することなく、自分の思考をもっと大切にし、しっかりと自分の考えを表現していくためには、携帯電話のメモ機能やパソコンやノートに記録していく習慣をつけることです。そうすることで、人々や状況に対するあなたの思考や印象がどれくらい正確だったのかわかる、すばらしい方法です。

ありのままで：マインドを静めて、あなたの内なる洞察力、または直観と呼ばれるものとつながることを約束するたくさんの瞑想のテクニックがありますが、瞑想状態とは創り上げたり、学んだり、所有することはできません。それはただ気づくことができるだけなのです。それは思考がない状態で、単純に自分の静かなる中心を見つける静かな時間です。そのため、瞑想のテクニックはいつも効果的とは限りません。なぜなら、それらはただ単に、頭の中をさらに思考でいっぱいにしてしまうからです。あなたに必要なのは、考えることも、考えるのをやめようとすることも、同時にやめることです。何もせず、考えず、感じないことです。ただ、ありのままでいることなのです。

その日のことを逆から振り返る：この方法は、直観を高めるために非常に力になると私は実感しています。毎晩、眠りにつく前に、横になったときから始めて、朝起きたときまで逆に振り返っていってください。単純な作業のようですが、実際は思ったより大変です。どうしてこのようなことをお勧めするのかというと、臨死体験でよく言われるのが走馬灯のようにこれまでの人生を振り返るシーンがあるからです。その人生の振り返りは逆から始まります。なぜなら、天国には過去、現在、未来というコンセプトが存在しないからです。それは一つなのです。従って、逆から振り返ることによって、あなたのマインドは天国で物事が起こるときのように、スピリットの世界とつながることができるように鍛えることができます。

自分の外側に踏み出す：毎日五分くらいかけて、自分の内側から行動、言葉、感情、そして思考について、意識的に注意を払ってください。そうすると、驚くようなことが起こります。自分の外側に一歩踏み出すことができ、あなたの思考、感情、行動はあなたとは違うということに気づきます。あなたは離れていて、その離れた部分があなたのスピリット、つまり、死を免れるあなたの一部なのです。

自分の中の沈黙になる：内側から外側に向かって自分自身を眺めるというのは、初めのうちひどく奇妙に感じるかもしれませんが、あなたの思考や感情や行動から自分を切り離してみると、驚くべき内面の明瞭さを得ることができます。あなたは自分の中の沈黙になるのです。それは静かに輝くあなたのスピリチュアルな部分です。それが誰か別の人に起こるとき、そして、それは通常、スピリチュアルな事柄に同じように敏感な人たちですが、その人はあなたの内面の輝きに気づき、そのことによってさらに霊感的なひらめきを受けるようになります。言葉や物理的な交流はありませんが、その人たちは自分では理解できない方法であなたとつながっていると感じます。彼らは自分たちを内側から照らすスピリチュアルなつながりを感じ取るのです。そして今度は、彼らがひらめきを受け、他の人を照らし、そうやって続いていきます。これは一体何なのかと言うと、臨死体験で語られるすべての人々の間の不思議なつながりというものであり、それが実に美しく表現されているということです。つまり、基本的には、天国を表すもう一つの言葉なのです。

天国からのメッセージはさりげなくやってくる

天国から送られてくる思考はさりげないことが多く、神の導きを受け取るときも、しばしば天国から送られているとは気づかないこともあります。

どこかで、自分は何かもっと大きなものの一部ではないかという気がしたら、あるいは、人生にはもっと大切なものがあると感じたら、あなたは心の奥底の真実とつながっています。それは、あなたが星を、または、朝日や夕日の美しさを眺めたり、自然の中に平和や静けさを、あるいは、驚きやひらめきで心を満たしてくれる何かを見つけたときに起こります。また、あなたが前向きだったり、楽しいことを考えたり、その思いを誰かに伝えたりするたびに起こるものですが、自分ではそうしていると気づかないこともあります。実は、あなたはそうすることで祈っているのです。祈りとは、宇宙に送るメッセージを作り出すことです。それはまた、あなたが自分の直観に従っているときと同じです。あなたは、神聖なるあなたの一部と話をしているのです。同様に、あなたが真実を重んじ、自分の命や、すべての生き物の命を大切にするなら、あなたはスピリチュアルな対話に参加しているということになります。

もし、あなたの心が、旅をして知らないことを経験したいと切望するなら、天国はあなたとの対話を求めています。そして、神のさまざまな表現について経験してみるのがよいとあなたに呼びかけているのです。あなたのエネルギーを消耗するようなネガティブな人たちや状況を自然と避けているなら、そして、元気をもらえるような人たちや状況を求めているなら、あなたはまた自然に自分の生活の中にスピリットを受け入れているということです。同じように、マインドをしっかりとコントロールし、自分の認識を変えることができることを理解しているなら、あなたの可能性は無限で、この場合もやはり、神と対話しているとわかるはずです。最後に、あなたが大きな声で笑ったり、ユーモアを求めたりすると、天国はあなたに話しかけます。これらすべての方法で、天国はあなたの名前を呼ぶのです。目やマインドでは気づかないかもしれませんが、あなたのスピリットと心はその声をはっきりと聞き取ることができます。

本章を読んで、読者の皆さんがもっと内面において知る力を信用してくれるようになってくれればよいなと思っています。あなたなら、天国が話しかけていることがただわかるはずです。急いだり、物事を強引に進めたりはしないでください。失敗しても辛抱強く取り組んでください。なぜなら、あなたはミスをすることも「ある」からです。そして、間違えるのは当たり前で、そこから学べばよいのです。スピリットの学びと成長のために、これまでの人生における経験を、たとえそれがネガティブなことでも、振り返ってみることは大事です。

天国の目に映る私たちはみんな等しい存在です。大海の中の同じ一滴なのです。中には他の人より、もっと直観的で自分の内側や周りに存在する神との結びつきを持っている人もいます。それはただ、彼らが信頼し、耳を傾け、届けられたメッセージを信じる用意があるからです。オープンな姿勢を持てば持つほど、そして、信頼しリラックスすればするほど、天国はあなたに話しかけやすくなるのです。

疑いの念が生まれたときは

最後になりますが、死後の世界の存在に対する疑いの念が生まれたら（そして、それは起こることですが）、決してそれを弱さとか心配のサインだと思わないでください。十数年かけて、私は疑念のすばらしいパワーについて理解するようになりました。なぜなら、疑念を抱くときはいつでも、成長や前進をすることができるからです。例えば、疑念のパワーがなければ、私たちは今でも地球は平らで、太陽が地球の周りを回っていると思っていたでしょう。人類が飛躍を遂げるために、誰かがそれまで受け入れられていた見解を疑わなければならなかったのです。それはあなたのスピリチュアルな成長にとっても同じことです。

私の場合ですと、死後の世界を疑うことは、本格的なスピリットの目覚めのきっかけになり得ます。天国の存在について真剣に疑ってしまうたびに、インスピレーションを与えてくれるような出来事が起こります。アメリカ同時多発テロ事件の後、私の疑念はそれまでにないほど強くなっていました。聞くに堪えない残酷な話がメディアから漏れ伝わり、出てくる情報は前のものより、さらに悲痛なものになっていきましたが、最後に明らかとなったのが、運命の航空機に乗っていた人々が電話やメールで伝えたメッセージでした。最後のメッセージは憎しみや恐怖に満ちていたと思われるかもしれませんが、多くの人たちが語った最後の言葉は、最愛の人たちへ向けたものでした。彼らは愛のメッセージだけを送りたかったのです。何かを疑っている時間も興味もなかったのです。そこには天国しか存在しませんでした。疑念は関わりのないものでした。従って、彼らがあのようなひどい状況のなかで、自分たちの中に天国を見いだすことができたとしたら、私は言い訳などしてはいけないと思いました。

私が疑念に苛まれたもう一つの出来事は、友人が四歳の息子さんをがんで亡くし、苦しんでいたときでした。彼女の人生も心もずたずたに引き裂かれました。彼女を知る親しい人はみな彼女と一緒に泣きました。自分の子どもが苦しみ死んでいく姿を見たら、天国の存在を信じることはとても難しいことです。

息子さんの死後、友人は「天国では、息子はずっと小さい男の子のままなのか」と私に尋ねました。一瞬、どう答えてよいのか言葉に詰まりました。それまで天国における年齢の概念について考えたことがなかったからです。しかし、自分の心の深いところを探ってみると、突然わかったのです。もしかすると、これまで読んだ多くの臨死体験の話から、スピリットにおける永遠の命は「純粋な意識」というものだということを思い出したからかもしれません。そのことを伝えると、彼女の表情がいくらか落ち着いて穏やかになりました。それは、これまで彼女が耐えてきた恐ろしい痛みのあとに訪れた平和な一瞬だったのです。それから、愛する息子さんは天国ではずっと四歳のままだけれど、どんな年齢になることも可能で、そして、友人の心の中に永遠に生き続けると伝えました。

別の方法で考えてみると、私たちが死ぬとき、私たちの意識とエネルギーは生き続けます。これまでに読者の皆さんは、死んだらどの「あなた」が天国に行くのかと考えたことはありますか？　子どもだったときの「あなた」ですか？　それともティーンエイジャーの「あなた」ですか？　昨日存在していた「あなた」ですか？　それとも、今日生きている「あなた」ですか？　昨日の「あなた」も、子どもだった「あなた」も死んで、いなくなってしまいました。しかし、あなたは、つまりあなたの意識は、生き続けます。そして、あなたが死んでスピリットになったとき、生き続けていくのはあなたの意識なのです。永遠のあなた、それはあなたの意識で、決して死ぬことはありません。

疑念というものは、あなたが天国に対して現在持っている考えを押しつぶしてしまうこともあります。その考えこそが、あなたが答えを知っていると思う理由ですが、この人生ではすべての答えを知ることはできません。あなたが疑うときはいつでも、自分の深いところにその意味を求め、スピリチュアルに成長し、無限の可能性の世界とオープンな姿勢で向き合うために、天国があなたの名前を呼んでいるときなのです。

第六章では、臨死体験で、実際に向こう側の世界を訪れたことのある人々から寄せられた、息をのむような話を紹介しながら、無限の可能性の世界について考えてみたいと思います。私がそうだったように、死後の世界の存在を裏づける力強い経験に、読者の皆さんも大いに驚き、刺激を受けるに違いありません。

死とは、一つの部屋からもう一つの部屋へ移動するだけのことです。

けれども、一つだけ違いがあります。
もう一つの部屋では、私は必ず見ることができるのです。
ヘレン・ケラー——文学士の称号を得た最初の盲ろう者

第六章　臨死体験、幽体離脱

――天国、スピリットとコミュニケーションする最も強力な方法

確かに、天国について話すこと、思いを巡らせること、
そして、読むことはよいアイデアではないか。
なぜなら、結局のところ、そこは我々が永遠に生きていくところなのだから。

デビッド・ブラント・バーグ

おそらく、スピリットが地上にいる私たちの誰かに話しかける、最も力強い方法は臨死体験を通してでしょう。臨死体験をしたすべての人が、明らかに天国が話しかけてきたと確信を持っています。彼らは天国に行ったことをわかっています。幽体離脱とは、その人のスピリットや意識がどういうわけか物理的な身体から離れ、その身体を上から見下ろすというものですが、この現象もしばしば臨死体験と関連しています。少し時間を割いて、

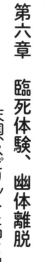

これから紹介するいくつかの話を読む前に、心の準備をしてください。これらの話は本当にすばらしく、天国を実際に証明するものとしては、私たちが手に入れることができる最も確実なものではないでしょうか。まずは、臨死体験について手紙をくれたレイチェルの話から紹介しましょう。

目の前が光で照らされて

私は十八歳で、四人の赤ちゃんを流産で亡くしました。最初の赤ちゃんを二〇〇五年三月に亡くし、同じ年の五月に三つ子を失ったのです。私の心は粉々でした。重いうつ状態に陥り、それを何度か繰り返し、働くのもやめてしまいました。仕事は大好きだったので（特別支援が必要な児童の仕事でした）、辞めることは本当に悲しかったです。ほぼ毎日泣き暮らし、赤ちゃんたちのためにバラの花びらを海へ流しに行きました。そして、どうかお母さんにならせてくださいと、毎日天国に向かって祈りました（私は流産するまで、信心深い方ではありませんでしたが、今はスピリチュアルな人間だと思っています）。その年のクリスマスの少し前に、赤ちゃんの父親であるパートナーと結婚し、その後まもなく妊娠していることがわかり、私たちはとても喜びました。また流産するのではないかと恐れていましたが、妊娠経過は順調で、奇跡のように思われました。生まれてくる子どもは女の子だとわかり、我が子誕生の準備に夢中になりました。私は幸せの絶頂にいました。

出産予定日の四週間前に、娘に異常が見つかり、出産後すぐに手術が必要になるかもしれないことが判明しました。私は希望を持つ勇気さえなく、ただただ祈っていました。(陣痛促進剤によって)陣痛が始まったとき、夫と妹がそばにいてくれました。それから十四時間、私は泣きながら、天国に助けを求めました。赤ちゃんがやっと生まれそうになったときには、私は疲れ果てていました。完全に体力を消耗していたのです。硬膜外麻酔が打たれ、最終的には鉗子(かんし)を使って分娩が行われました。出産の途中で、激しく気分が悪くなったのを覚えています。そして、薄れる意識の中で、輸血が必要になった場合に備えて署名をしてほしいと言われました。何を言われているのか理解できず、拒否しようとしましたが、最終的には署名しました。

奇跡的に、生まれてきた娘は健康で、異常はあったものの、手術はまったく必要ないということになりました。看護師たちが赤ちゃんを私の肩のところに置いてくれました。感謝と喜びと安堵で、涙が止まりませんでした。それから二日間、私たちは同じ部屋で、隣り同士で過ごしましたが、お互い部屋の中と夢の中を行ったり来たりという感じでした。出産のときにあまりに多くの出血があったので輸血が必要だと言われ、何かがおかしいと気づくまで二時間ほど輸血を受けていました。他のお母さんたちが赤ちゃんと一緒に部屋を移動したりする様子を眺めながら、どうして私は調子がよくないのか、どうしてもっと早く回復しないのかと自問自答していました。

私は心の中で、一体何が起こっているのかと天国に尋ねました。涙があふれて止まりませんでした。トイレに行きたくなり、どうにか立ち上がりました。新生児用のベッドに寝ている娘を残し、輸血のスタンドを引きずりながら、私はトイレに行きました。気持ちが悪く、身体が熱くなり、怖くなってしまいました。心臓がバクバクし始めました。トイレにいたのは私だけでした。何とか用を足し立ち上がると、危うく転倒しそうになりました。突然、身体の芯まで凍るような感覚がしました。私はよろめきながら病室まで戻り、布団をかけて温まろうとしました。歯がガチガチ鳴るほど寒く、反対側のベッドにいた女性が大丈夫かと尋ねてくれました。私はずっと考えていました。よくわかりませんが、私は彼女に大丈夫だと言い、ただ寒いだけだと説明しました。そして、振り返ると、ナースコールのボタンを押しました。すぐに、四人のスタッフが駆けつけてくれました。輸血の針は腕から外され、人工呼吸器が装着され、私の世界がだんだんゆっくりと流れ出しました。そしてその瞬間、私は死ぬのだと悟ったのです。ベッドの周りのカーテンは閉じられ、天井を見つめていた私は、疲れた目を閉じました。それから、今ならそれがトンネルだったとわかるのですが、その光景を体験しました。すべてが真っ暗になり、それから、前方に小さな丸い光の輪が見えました。その光は私の方に向かって進んでくるようで、だんだんと大きくなり、やがてそれしか目に入らなくなりました。それから、古い映画のように、まさしく文字通り目の前に、私の人生が現在から過去へと映し出されたのです。私は自分の思い出を見ていましたが、私はただの傍観者でした。娘が生まれたところ、結婚式、海、飼っていたペットたち、私の家族、そして、子どものころに経験したことが映し出されました。すべてが完全に順番どおりで、その間ずっと沈黙が続きました。看護師の声や病室の物音を聞くことはありませんでした。私は完全にそこにはいなかったのです。最後の映像が消えると、そこにはこれまで見たことのない美しい光に満ちていました。私の全身に愛が広がっていきました。私はすぐに天使の存在を感じました。それ以降もありません。私は無条件にものすごく愛されていると感じました。それはすばらしい感覚でした。私は無条件にものすごく愛されていると感じました。私を理解してくれて、そこは安全で、私の家そのものだったのです。

その光はしばらくの間、私を包み込んでいました。後でわかったのですが、ちょうどそのころ、夫に連絡があり、遠く離れた家族も私に会いに来るために病院に向けて出発しました。人工呼吸器をつけられたとき、実は私も家族のことを考えていました。きっともう二度と会えないだろうとぼんやり思ったものでした。しかし、そうした恐怖は、光が現れたときに消えてしまいました。光を経験していたとき、生きていく上でとても重要な情報を与えられたような気がしました。苦しみや痛みもなく、すべては自然のことのように思えました。私はずっとそこにいたい、そして、もう二度と自分の身体に戻りたくないと言ったのを覚えています。その楽しい時間は永遠に続くようでしたが、そのとき、私は戻る必要があると光に告げられたのです。生まれたばかりの娘の姿が目の前に映し出され、私の心は娘と一緒にいたいと切望しました。実を言えば、娘を抱き上げて、一緒に連れて行きたいとさえ思ったのです。しかし、光は、私が特別で、必要とされていて、私が生きることが重要だと言いました。また、私たち一人ひとりがそれぞれ大切なのだと、光は教えてくれたのです。そのとき、たった一つ重要なのは愛だけだとわかったのです。そうはっきりと気づいたとき、映像が過去から現在へと戻っていきました。そして、光は消え、私は自分の身体に戻ったのです。

それから三日間、意識が戻ったり、また消失したりをくり返しました。私の家族も到着しましたが、意識を失うと光に包まれて休むことができました。ずっと汗をかき、ただ眠っていたいと思いました。三日目、とうとう目を覚ますと、助産師が私の娘にミルクを与えているところでした。その瞬間、何かが私の中で動き始め、生きるために戦おうと決心しました。

レイチェルの手紙には、その驚きの体験が、天国へ行ったときのこと、そして、人生の本当の意味を見つけたことを書くきっかけになったと、綴られていました。また、うつ病に苦しむ人たちをサポートするオンラインのグループを立ち上げて、自分たちのことをもっとよく思えるようになるために、多くの人々を助けてきました。多くの人が彼女のことを天使のような命の恩人だと呼ぶそうですが、本当のところ救われたのは彼女の方で、天国に対して永遠に感謝したいと話してくれました。

レイチェルの経験は息をのむような話ですが、臨死体験について読むたびに、私は感動せずにはいられません。ジョアンの臨死体験は短いものですが、例外ではありません。

無数のダイアモンド

部分麻酔で複雑な手術を受けたあと、安静のため病室に戻されました。気分はそれほど悪くありませんでしたが、多量に出血して危なかったと教えられました。私は眠り込んでしまったに違いありません。そして、次に覚えているのは、ものすごいスピードで、輝く光のトンネルの中を進んでいたことでした。これまで見たこともない光景でしたが、とても居心地よく感じました。それをどうにか表現するとしたら、無数のダイアモンドが光を受けてキラキラ光っているようでした。そのまましばらく進むと、森林地帯のような美しい「緑色」の場所に到着しました。よく見てみたかったのですが、そこは霧に包まれて、はっきりとは見えませんでした。前に進もうとしましたが、何かが私を引き留めていました。それからすべてが真っ暗になり、ただ聞こえてきたのは、「帰りなさい。ジョアン、まだあなたの番ではありません」とはっきりという声だけでした。

次に気がついたときには、看護師がベッドの脇に立っていて、血圧計のモニターが鳴っていたので、私を抱き起そうとしていました。看護師は血圧計が測定限界を下回っていたと言いました。私は自分で起き上がりました。看護師はモニターを見つめていましたが、誤作動を起こしたかもしれないので、とりあえず水を飲んだ方がよいかもしれないと言いました。その後、ベッドに横たわりながら、一体何が起こったのかと私はあれこれ考えました。

死はとても未知なものなので、私たちの心とマインドに恐怖を引き起こしますが、すべての臨死体験についての話を読むと、その恐怖は平和や喜びや勇気に取って代わられるべきものだと確信しました。スイスの心理学者カール・ユング（一八七五～一九六一年）が、死は「偉大なる冒険」と表現したのは有名です。ユングは六十九歳のときに心臓発作を起こしますが、そのときの臨死体験において「言葉に絶するほどの壮大」な何かを目撃したと考えました。以下は彼の有名な自伝『思い出・夢・思想』からの抜粋です。

「私は宇宙の高いところにいるのかと思った。ずっと下には、見事な青い光に包まれた地球が見える。紺碧の海と諸大陸……多くの場所で地球には色がついている、あるいは、いぶし銀のような深緑の点が広がっている……あれほどまで広大な光景を見るためには、宇宙のどれほど高いところまで行かなければならないか、後になってわかった。おおよそ一六〇〇キロメートルだ！　その高さから見た地球は、私がこれまで見たどんな光景よりも一番美しいものだった」

人類が宇宙旅行をする前に、ユングはこれを書いているということを心に留めていただきたいのですが、かなり説得力のある宇宙から見た地球の描写だということに変わりはありません。彼が見た光景は驚くべきものだったので、ユングはその後、地球に戻ってくることは「非常にがっかりした」と述べています。彼はこう書きました。

「現実には、もう一度生きようと本当の意味で決心することができるようになるまでには、それからさらに三週間かかった」

ユングがもう一度生きることを躊躇したのは、珍しいことではないようです。多くの人々が、天国の無条件の愛や喜びを味わった後で地球に戻ってくることには、抵抗を感じたことを報告しています。リリーの臨死体験は、あの世で生きることの喜びについて実証しています。

楽園を経験した

私は戻りたくありませんでした。私にはまだやることがあるから戻らなければならないと天使は言いました。しかし、私は戻りたくなかったのです。ひどいと思うでしょう？　私は夫や子どもたちや地球での生活を愛していましたが、天国に行ってみたら、そこは私の家だってわかったのです。私は愛に包まれ、至福を感じていました。私はそこにとどまって、愛や幸せを地球にいる家族に送ることができると思ったのですが、天使は人間の姿でそれをする必要があると言ったのです。本能的に、人間の姿では同じ幸福感を得ることはできないと思いましたが、地球に戻ったら私の人生は決して同じものにはならないと天使が断言したのです。天使の言うことは正しかったのです。私の人生は全然同じものではありませんでした。どう違うのかって？　私は楽園を経験しました。世界がまるで違って見えるのです。死は終わりではなく、そこには永遠の愛、喜び、美しさ、そして、至福が私たちを待っています。

次に紹介するのはオリビアからの手紙です。彼女の話はたとえ話のように聞こえますが、地球と天国の両方で満ち足りた人生を送ることについて、非常に多くのことを学ぶことができます。

隣の芝生はいつも青い

一九八七年、私は自ら命を絶とうとしました。理由はたくさんありますが、ここでは詳しく話したくありません。幸いにも、すんでのところで大学で知り合って一週間の友だちに発見され、病院に運ばれました。胃洗浄が施され、私は数週間集中治療室に入っていました。ほとんど助からないという状況でした。病院に運ばれた日の夜に、私は鮮明な光景を目にしました。手術台にいる自分が見えました、私は身体から離れたところでその様子を見ていました。手術室には、三人の医師と二人の看護師がいました。彼らは黙って作業していましたが、全員が心配していることはわかりました。

ドアの反対側には、手をこすり合わせて心配する家族の姿はありませんでした。いたのは新しい友だちだけでした。出会って一週間しか経っていなかったので、本当の友だちとは言えませんでしたが、彼女は混乱しショックを受けている様子でした。

自分の身体を見たとき、何も感じませんでした。着たくないスーツやドレスを見ているような感じだったのです。私は感情から解き放たれたことを意識していました。長いこと、感情的苦悩を抱えていたので、何も感じなくてよいのだと安堵しました。私を手当てしている医師たちと看護師たちを、自分とは切り離された感覚で眺めていました。

それから、私は病院の外に出て、庭や駐車場の上を浮遊しました。すごく平和を感じました。この世で感じたあの痛みに戻ることなどありえないと思っていました。ついに、自由になったのです。私に向かって光が近づいてくるのを感じましたが、その温かさと安らぎに包まれようと両手を伸ばしたときに、手術室に戻ってしまいました。再び、横たわり胃洗浄の処置を受けている自分の姿を見下ろしました。

そして、私の両側に立っている二人の姿に気づきました。手術台にいる私を見つめながら、私とは違ってとても悲しそうでした。その二人に会ったことはありませんでしたが、二人ともすでに亡くなっていることがわかりました。そのとき、その二人は姉妹で、すでに自動車事故で亡くなっていたということもわかりました。二人は一九六〇年代の服を着ていました。姉が責任を感じていることもわかりました。運転していたのは彼女だったからです。その罪の意識は非常に強く、彼女は地上から離れることができなくなっていたのです。妹は姉のことが大好きだったので、姉の側から離れることはありませんでした。

私は姉妹のことが心配になって、心の中で、どうして病院をふらふらして死にそうな人たちを眺めているのか尋ねてみました。そして、二人はもはや生きていないこと、そして、そこを離れているべき場所に行くべきだと言いました。そう言ったとき、まるで何年かぶりに初めて正しいことをしているような、とても穏やかな気持ちになりました。姉妹は困惑したように私を見ると、だとしたら、まだ生きているのに死にたいと思っている私こそ何をしているのかと尋ねました（それも心の中で）。姉妹にすれば、私だっているべき場所にいないと言ったのです。

一瞬にして、私はまだ死ぬべきではないし、この世界に戻らなければならないとわかりました。そう悟った途端に、姉妹は消えてしまいました。私たちはみんないるべき場所に戻ったのです。次に覚えているのは、非常に喉の渇きを感じながら、病室で目を覚ましたときです。友だちは私の手を握っていました。雑誌の上に頭を乗せて、眠り込んでいました。

それを描写することも説明することもできませんが、そのとき、友だちや私の周りにいるすべての人に感じた温かさや愛情は信じられないものでした。私は猛烈に、心の底から生きていることに感謝しました。そして、そのときの気持ちは何年も経った今でもずっと変わりません。この人生で私たちがすることはすべて天国が見ているので、私は一瞬一瞬を精一杯生きようとしています。そして、この世界で生きる人が、自分がどれほど恵まれているのか感謝することができなければ、死後の世界に行ったときに混乱を招くことになります。あれ以来、死後の世界を見ていませんが、私がこの世を去る日が来たら（そして、あまりおかしな感じに聞こえないとよいのですが）、私はきっと死ぬことに猛烈に感謝することでしょう。

次に紹介するジョルダンの話を読むと、ひっきりなしに天国からのサインが送られてきていることを思い出させてくれます。私たちはただ目と心とマインドを開けばよいのです。また、愛が決して死なないことを力強く、そして痛いほど気づかせてくれます。

すごくすごく大好きだった

十三歳のときに父を亡くし、心にぽっかりと大きな穴が開きました。父がいなくなって毎日寂しい思いをしていました。同時に、父との最後の思い出が、父に大嫌いだと言ってしまったことだったので、激しい罪悪感に苛まれました。その週にテストがあったので、父はパーティーに行かせてくれず、私は父に食ってかかったのです。父を嫌ってなんかいませんでした。すごくすごく大好きでした。父が私から聞いた最後の言葉は怒りから出たものだったので、父の死は私のスピリットを押しつぶしました。

それからずっと、私は父が許してくれたという印を求めていました。あれから二十年、私の人生は完全に満たされませんでした。

臨死体験をしたとき、トンネルの中で待っていたのは父でした。トンネルというよりは廊下のような感じでした。まばゆいくらいに明るく、想像もできない軽さや喜びを感じました。父に会ったときの私の喜びは、言葉では言い表せません。スピリットの父は、これまでずっと私を愛していたし、ずっと側にいたと言いました。父は私の大学（父の死後、パーティーに行かなくなったので成績がぐんと上がりました）の卒業式にも出席したし、結婚式にも出席していたのです。人生のすべての喜び、誇り、笑いの瞬間にも、私が見て、感じて、聞いて、そして、触って驚いたときにも、父はずっとそばにいてくれたのです。父は輝く星にも、白い雲の中にもいました。私の罪悪感が光や真実を遮っていたので、父が見守ってくれていることにただ気づかなかっただけなのです。

ジョルダンの話には、スピリチュアルな観点からいろいろと吟味すべき点があると思います。特に、人があの世に渡るときに、走馬灯のようにこれまでの人生を「見る」という、よく話に聞く人生の振り返りの概念です。これは私たちがこの地球で言う、行う、考える、そして感じることはすべて優しく見守られていて、大切な人たちとの絆は永遠だということではないでしょうか。そのすばらしい考えを念頭に、あなたは現在、天国が賛成してく

れるような生き方をしていますか？　もしそう感じていないなら、この臨死体験を読んでいるということが、もしかすると人生を見つめ直すきっかけとして天国があなたを刺激しているのかもしれません。

他のすべての話と同様に、ジョルダンの経験はこの世とあの世の愛の永遠の力を説明しています。あなたが不正、残酷さ、困難などを経験していたり、大切な人を亡くして悲しんでいたりするなら、愛がすべてに対する答えだと言われても信じることは難しいかもしれません。しかし、本当に愛こそが暗闇から抜け出すためのたった一つの方法なのです。ここでは恋愛感情、両親が子どもに感じる無条件の愛、あるいは、家族や友だちに対する愛情について言っているのではありません。臨死体験の話において、こうした愛は確かに愛の側面ではあるものの、天国ではそれらがすべてではありません。

「亡くなって」天国に行った人々は、愛とはこの宇宙においてそれ以外は何も目に入らないような力だと語っています。その愛はスピリチュアルにどこまでも広がっていくものなので、人間の言葉で理解したり表現するのは不可能ですが、二〇一五年十一月にパリで起きたあの恐ろしい銃撃及び爆弾テロの現場に、花を手向けるために訪れた小さな男の子の父親の姿に非常に近いものがあると思います。男の子は父親にどうやってテロに立ち向かうのかと尋ねました。すると、父親は「私たちは花で戦うんだよ」と答えたのです。暗闇を打ち負かすために、もし言葉というものが、天国の愛の力を表現することができるとしたら、明らかに父親の言葉がそうでした。

臨死体験に関する数々の話は、天国に行って初めて愛というものをスピリチュアルな力として認識すること示唆しています。その力は宇宙の中心となる場所に存在し、私たちすべてを突き動かします。地球では、私たちが理解している愛は限定的です。しかしながら、向こう側に行ったことがある人たちは、あっと驚くような愛の力を垣間見ることがあります。そして、彼らは地上において私たちが何を、あるいは、誰を愛するかは、私たちが何者なのか、あるいは、精神的に成長するためにはどんな人間になる必要があるかということが反映されることを理解しているのです。私たちは神とつながることを、そして、スピリチュアルに完全な存在になることを求めるため、人生において、愛を与え、愛を求めます。この観点から見れば、この人生と来世において、愛以上に力強く大切なものはないのです。愛こそ私たちが存在する理由なのです。

もちろん、愛とは選択であり、誰かに強制することはできませんので、あなたが望むような形で他の人たちがあなたを愛してくれるという保証はありません。しかしながら、あなたが無条件に与える愛は、必ずあなたの心に生き続けるために戻ってくること、そして、あなたは霊的にもっと強く、もっと元気になることを私は約束します。愛とは死を克服する力で、あなたと、あなたの永遠の命の本当の意味とを結びつけるものなのです。そして、その本当の意味とは天国ということです。

死後の世界への懐疑的な見方は変化している

一般的に認められた科学的意見によれば、死はそこですべてが終わるのですが、皆さんがたった今読んだ話のように、臨死体験はこれに真っ向から相対します。過去に、死後の世界や天国の可能性について研究したどの科学者も、概して科学界からの批判や資金及び支援不足に直面しました。しかしながら、極めて重要な進歩や、草分け的で勇気のある研究者の成果によって、そのような観点は近年少しずつ変わってきています。まだまだ先は長いですが、これまで明らかとなった事実によって、最も懐疑的な人々までもが、これまでずっとそう信じるように教えられてきたけれど、死とは本当にそれで最後というものなのかと疑問を向ける可能性を秘めているのです。

私が死後の世界について提示する証拠は、個人の経験や事例報告によるものだということは心得ています。私は超心理学者でも、医師でも、科学者でもありません。とは言うものの、ここ数十年間、第一線で活躍する科学者、医師、そして、研究者の多くを取材してきました。そこで、この機会を利用して、死後の世界の証拠、あるいは、根拠に関する科学的研究が現在どこまで進んでいるのか概要を述べたいと思います。天国が本当に存在することを証明するまであと少しであり、科学とスピリチュアリティの隔たりは急速に縮まっていることがわかると思います。私と同じように、以下の話を読んだら、あなたも鳥肌が立つのではないでしょうか。

天国についての科学的な証拠

この分野を先導しているのは、蘇生の専門家であるサム・パルニア医師です。現在はニューヨーク州立大学の准教授で、以前はサザンプトン大学で主任研究員を務めていました。心停止の後、患者を蘇生するための医療処置の先駆者というだけでなく、パルニア医師は死後の世界という考え方に非常に興味を持っています。臨死体験や幽体離脱を経験したことのある人々に行った多数のインタビューによって、意識というものは体外で存在することができ、脳死、つまり脳の電気活動がなくなった状態で、少なくとも三分間生きられることを、彼の研究は証明しています。

幽体離脱の経験は確かに、意識が身体とは無関係に存在することを示唆しているようです。すべての主要新聞にも取り上げられた、パルニア医師の二〇一四年の画期的な研究において、当時、少なくとも三分間、臨床的に死亡していたのにも関わらず、心肺蘇生法を受けている間に起きたすべてのことを記憶していた五十七歳の社会福祉士について、彼は特別に言及しています。その中で社会福祉士は、三分間に一度音が鳴るモニターから、ピーッという電子音を二回聞いたことを覚えていました。

パルニア医師の研究は非常に説得力があったので、科学界は強い興味を示さずにはいられませんでした。さらに、パルニア医師とチームには、脳死後の意識の生存についてさらに研究するための許可と研究費が与えられました。これ自体が実に大きな躍進であり、天国の科学的証明を待つ人々にとっては、とても胸がわくわくするニュースだったと思います。

パルニア医師の研究が実現した理由の一つに、ここ数年の間に、臨死体験をした人が直接語るようになった話が飛躍的に増えたことが挙げられます。そして、パルニア医師本人もそうですが、多くの医師によって開発された蘇生技術が向上したことが主な理由です。五十年前ほどだったら、心停止した多くの人たちが息を吹き返して、そのときの経験を語ることはなかったでしょう。しかし、今日では、彼らは死の淵から戻ってきて、とても説得力のある話をしています。その中には、世界中の人々の心を捉えたものもいくつかあります。『プルーフ・オブ・ヘヴン――脳神経外科医が見た死後の世界』を執筆したエベン・アレグザンダーの場合は特にそうです。彼は脳神経外科医で、臨死体験をするまで死後の世界の存在については懐疑的だったので、彼の著書はより多くの尊敬と畏敬の念をもって世間から受け止められたようです。

エベン医師によると、彼の脳は七日の間、植物のような状態でした。完全にオフラインだったので、高度な思考や活動をすることは不可能でした。この間、つまり、いつ死んでもおかしくない状況の中、最もセンセーショナルな臨死体験をし、その数年前に亡くなっていた実の妹に「会い」ました。しかし、そのとき彼は、自分に妹がいたなんて知らなかったのです。

エベン医師やその著書の信頼性を傷つけようとする試みは多く行われましたが、彼はそれらに反論しました。また、そのような体験をしたのはエベン医師だけではありません。

『喜びから人生を生きる！―臨死体験が教えてくれたこと』の著者アニータ・ムアジャーニのように、その他のベストセラー作家たちが同様に、説得力のある体験談を積極的に報告しています。彼らがもし真実を話しているなら、その目撃証言を無視することはできません。

確かに、長年私が行ってきたように、臨死体験に関する話をじっくりと研究すれば、最も説得力があるのは、その話がみんな似ているということなのです。それが幻覚や死の淵にある一時的な脳の作用だとしたら、間違いなくそれぞれの話はまったく違うものになるのではないでしょうか？　科学が臨死体験について提唱するもう一つの要素は超現実性で、これを否定するのは難しいことだと思います。この研究の第一人者はスティーブン・ローリーという科学者で、彼は実際に死後の世界があることについて信じていません。彼が研究を始めたとき、臨死体験は夢や幻覚のように作用すると考えており、その記憶はやがて消えてしまうと予想していました。しかし、正反対の結果になることを突き止めました。つまり、時が経つにつれて、記憶はさらにはっきりして、生き生きと鮮明になるのです。臨死体験から何年も過ぎても、経験した人々は完全に思い出すことができます。そして、私自身の研究において、この何年経っても鮮明さと明確さが変わらないのは、臨死体験だけではなく死後の世界の経験においても当てはまることがわかりました。

さらに、研究によれば、臨死体験をした人々は、その後の人生に対する取り組み方にポジティブな変化が生まれるということがわかりました。ほとんどの人が死の恐怖を失い、以前の性格に関係なく、もっとポジティブで、愛情にあふれ、活動的になるというのです。幻覚の後にこうした心理的変化があることは報告されていないので、その最も明白な説明は、彼らは天国へ行って本当にあったことを話しているということになるのです。さらにもっと驚くべきことは、彼らが天国で亡くなったとは知らなかった親族に会うことです。中には、これまで会ったり何かで見たことがなかったりする死者について、正確に説明することができる人もいます。そして、天国で知らない人に出会った子どもたちの臨死体験も報告されています。

天国の存在が本物だとする証拠を提示するには、臨死体験の研究が最も確実ですが、それと並行して、ますます多くの尊敬される医師や科学者が、現在スピリチュアルな体験や死後の世界とのコミュニケーションに関する研究に打ち込んでいます。そのトップを行くのがアメリカのノエティック・サイエンス研究所（ＩＯＮＳ）とウインドブリッジ研究所です。しかしながら、この最先端の研究が行われているのはアメリカだけではありません。世界中のすばらしい研究者、科学者、そして、研究所がこの研究に携わっています。

現在、こうした研究が行われ、死後の世界の可能性について科学がその扉を開こうとしているという事実は、現代の量子研究及び量子理論によるところが大きいのですが、それは、物質の創造において何が観察されているのかというだけではなく、同じように観察者（私たちの知覚力）を重要視するものです。量子科学と超常現象を結びつけた初期の人物が、影響力のある著書『タオ自然学』を書いたフリッチョフ・カプラです。この本の中で、カプラは東洋の神秘的な思想と量子物理学との類似性について言及しています。その後数十年間に、医学会や科学界の影響力のある支持者たち、中でも注目すべきはディーパック・チョプラ、ディーン・ラディン、ロバート・ランザなどが、宇宙それ自体が私たちの意識の産物であって、従来の科学者たちが主張してきたその逆ではない、とする考え方を提案するようになりました。この論旨をさらに進めると、時間、空間、物質、命、死、そして、その他すべては、私たちが知覚して初めて存在するということです。

この量子科学、あるいは、ランザが呼んだ意識中心主義《バイオセントリズム》があなたにとって衝撃的だとしても心配しないでください。なぜなら、私自身も本当にそうだと思うからです。私は死後の世界に関する科学的研究が、現在どの程度まで進んでいるかという概要を示そうとしているだけです。そうすれば、科学とスピリットの境界線に、読者の皆さんが思っているほど大きな隔たりがあるわけではないとわかっていただけると思ったからです。

私からすれば、死後の世界は完全に論理的思考に基づいていると思います。私は科学者ではありませんが、現代の物理学が言おうとしているのは、この宇宙のすべてはエネルギーの振動弦によってできており、そのエネルギーの振動の仕方によって、この世界でどう顕在化するかを決める、ということだと思います。身体と同じように、私たちの思考や感情はエネルギーです。従って、このエネルギーが別の次元で生きることができるというのはまったく可能なことなのです。最終的な結論はまだ出ていませんが、私がこれまで経験してきたこと、そして、これまで私の元に送られてきた数々のすばらしい死後の世界や臨死体験に関する話が、すべて本当のことだと証明されるのはもう時間の問題だと思っています。現時点で、こうしたわくわくするような研究の成果から、私たちが何かを実践することができるとしたら、それは恐らく死を恐れないということではないでしょうか。それは、これまで言われてきたような最も困難な壁というものではありません。臨死体験をしたことがある人と話をすれば、それは起こり得る最高の出来事だったと言うでしょう。

真実はそこにあり、私たちのために、すべての先駆的な科学者たちがそれを見つけるために自分たちの使命を果たそうとしています。もっと知りたい方は、付記一を参照してください。特に、ノエティック・サイエンス研究所で夢の研究を行っている神経科学者ジュリア・モスブリッジ博士に行った私のインタビューをぜひ読んでみてください。とりあえず、ここでいったん科学的根拠の研究については終わりにして、普段の何気ない毎日の中の特別を発見する、個人的で意義深い世界に戻りましょう。

天国であなたが最初に会う人は……

極めて個人的な話で本章を終えようと思いますが、それは母が自殺を図ったときに経験した臨死体験についてです。母が自分の命を絶とうとした背景には、いろいろな理由があります。母はインドネシアで生まれましたが、母のオランダ系インドネシアの家族はあの恐ろしい第二次世界大戦と、インドネシアのオランダ人に対する日本軍の抑留によって引き裂かれました。彼女の父と十代の兄弟たちは強制収容所に送られましたが、当時八つか九つだった母は、母親と一緒にオランダに送り返されました。母はオランダでも、移り住んだイギリスでもまったくお金がなく、本当に独りぼっちだと感じ、多くの罵《のの》りや性差別やいじめに遭ってきました。つまり、他の何百万の人々に起きたように、母の人生は戦争によってめちゃくちゃになり、生きる意味も希望も失ってしまったのです。

長く複雑な話を短くまとめると、母は二十五歳のとき、どういうわけかヴィクトリア駅に近い女性用のユースホステルで、睡眠薬を多量に服用しました。幸運なことに、母が死のうとしたその夜、ルームメイトの一人がノロウイルスにかかり、仕事から早く戻ってきて母を発見したのです。病院で胃洗浄が行われている間、母は臨死体験をしました。後に私に教えてくれた話によると、母は天国にいる間、暗いトンネルの中を浮遊し、光の園に足を踏み入れました。そこで、最初に会った人は親族や友人ではなく、まったく記憶のない女の人でした。

女性は母に話しかけました（どんな感じで話しかけたのか詳しくは言わなかったので、もっと詳細を聞いておけばよかったと後悔しました）。そして、昔映画館の前で並んでいたときに、その女性は母の後ろに立っていたと言いました。映画の席は売り切れてしまい、最後のチケットを手に入れたのが母でした。しかしながら、とても残念そうにしている女性を見て、自分のチケットを譲ったのです。母のおおらかな思いやりの結果、その女性は後に恋に落ちて結婚し、子どもを授かることになる男性の隣に座りました。愛と笑い声に満ちた五年間を過ごした後、女性は交通事故で亡くなりました。彼女は自分のソウルメイトに出会うきっかけを作ってくれた母にお礼を言いたかったので、母が天国で会う最初の人になりたかったそうです。また、どうしてあんなことをしてくれたのか聞きたかったそうです。母も同じように映画を観たかったはずなのに、どうしてチケットを譲ってくれたのか女性は尋ねました。母はどうしてかよくわからないけれど、女性が映画を観ることの方が大事だと思ったのかもしれないと答えました。チケットを譲るべきだと心が命じたような気がしたのです。それを聞いて、女性はうれしそうでした。そして、そのお礼に、母にすてきなことをしてあげると言ったのです。母にはまだ地球でやること、与えること、そして学ぶことがたくさん残っているから今は死ぬときではない、とその女性は言いました。

もちろん、母は地球に戻ってきました。その臨死体験は母にとって壮大なものだったかもしれませんが、それでも心からもう一度生きたいと思えるようになるまでには一週間かかったと、母は真剣な面持ちで話してくれました。少し回復した母は、アロマ風呂に入ろうとして、空から降り注ぐ太陽の光を浴びました。そのとき、天国を見るためになにも死にそうになったり、極度のトラウマを経験したりする必要はないと悟ったそうです。そのことを伝えたくて、辛い話を私にしてくれたのでした。ときに、天国は最もシンプルな方法でその姿を現すものなのです。

私にスピリチュアルな人生を歩むきっかけを作ってくれた母が、実際に自分の命を絶とうとしていたという事実を受け入れるには、長い年月がかかりました。私が二十代前半になるまで、母は打ち明けるのを待っていました。そして、ちょうど、初めて真剣に交際していた男性と別れ、ひどく落ち込み、生きる気力を失いかけていたときに話してくれたのです。母はいつか話そうと心に決めていたので、あとは話すタイミングを待っていたのです。

母はずっと人生は神聖なものだと言っていたので、その話を聞いた直後は、裏切られたような気がして傷つきました。しかしながら、年を重ねていくと、少しずつ母のことを理解し受け入れるようになりました。私はしばしば心の中で、母が自分の臨死体験について話してくれたあの貴重な時間を思い返しています。すると、そのたびに母が私の隣にいてくれるような気がするのです。母の経験から、私たちがこの人生で言ったり行ったりするどんなことも、決して取るに足らないものではないということを学びました。もし母のルームメイトがノロウイルスにかかっていなければ、私は今日この本を書いていなかったでしょう。そうなると、たとえそれが不快なことであっても、私たち自身にとって、あるいは、私たちが天国に行くまで気づかないかもしれない他の人々にとって、もっと崇高な目的があってそうなるのかもしれません。同様に、心がそう言ったので、母はただ映画のチケットを譲りましたが、それによって、チケットを受け取った女性の人生が変わってしまうような、深遠で予期しない結末が待っていました。そして、子どもが生まれて、その女性は二つの新しいスピリットをこの世界に運んできたのです。信じられません！

読者の皆さんもバタフライ効果について聞いたことがあると思いますが、それは何週間も前の蝶の羽ばたきのように、ほんのささいな出来事がハリケーンの形成や通り道に影響を与えるという隠喩的な表現に由来します。言い換えれば、どれほど取るに足らないちっぽけな出来事でも、私たちの人生を永遠に変えてしまう可能性があるということです。スピリチュアルな視点から見ると、バタフライ効果は私たちの思考、言葉、そして、行いの相関性を示しているのです。知っているかどうかは別として、私たちはみんなとても複雑に絡み合っています。例えば、席やチケットを譲るとか、五分遅れて到着するといった行動が、そのときはそれほど重要なことだとは思えないかもしれません。従って、その一つの行動や、結果として生まれた強いスピリチュアルなつながりによって起こるすべての潜在的な結末を予想することは不可能です。

次に誰かのためにドアを開けてあげるとき、あるいは、見知らぬ人とちょっと話してみようと思ったときには、このことについて考えてみてください。すべては何か理由があって起こっている可能性があり、あなたが何かを言ったり、行ったりしたことが、誰かの人生を永遠に変えてしまうこともあるのです。すべてをこのように考えれば、人生が思い通りにいかないときも、自分の心の助言にもっと素直に耳を傾けることができるはずです。そして、あなたの人生のどんな瞬間も、人生を一変する可能性や神聖さを秘めていると容易に考えることができます。

何よりも、普通の中に、特別なことを見つけることができると、母は教えてくれました。私はこの人生で何度も、一筋の陽の光や草の葉に天国を見てきました。この地球で命の贈り物を与えてくれたことを、母に感謝する毎日です。スピリットを理解し、そして、スピリットとつながっていたいと願うようになったのも、母が私を導いてくれたおかげです。

第七章では、これまで私が学んできたこと、特に、喪失感、苦しみ、そして、強い悲しみを感じているときに、どう天国と会話するかについてお話ししたいと思います。

天と地の間にはつながりがある。
そのつながりを見つけることは、死を含めて、
すべてに意味を与える。

ジョン・H・グロバーグ

第七章　霊能力覚醒

――スピリチュアルな成長段階で起こる「魂を覆う闇」を超えて

誠は天の道なり。

孟子

苦しみや悲しみを経験しているときは、特に天国の存在について信じることは難しいことです。本章では、大切な人の死や恋愛関係の破局などの辛い人生経験は、ときにスピリチュアルな成長や死後の世界とのつながりを与えてくれるすばらしい機会になることをお話ししていきたいと思います。手短に言うと、人生において自分の弱さ、混乱、孤独を感じるとき、答えがなかなか見つからないと感じるとき、あるいは、あなたの世界観が大きく変わるようなときは、あなたの中のスピリットが目覚めようとしている兆しです。ときに、スピリチュアルな目覚めとは、これまで慣れ親しんだ信念、習慣、あなた自身やあなたの生き方に対する考えが崩れてしまいそうなので、痛みを感じたり、何か間違っているような気がしたりするかもしれませんが、もはやこれ以上あなたのスピリットの要求を無視することはできないという危機の状態まで来ているということなのです。スピリチュアルな進化を選ぶか、それとも、何もないままにするのかということです。天国は呼びかけているのではなく、叫んでいるのです。なぜなら、あなたが心の奥深くにあるものを探り、あなたの中に、そして、あなたの周りに存在する永遠の神聖なきらめきとのつながりを見つけることを、切に望んでいるからです。次の有名な引用文は、夜明け前の暗闇について表現しています。出産の前の陣痛のようなメッセージについて、うまく伝えることができればいいなと思いつつ、ここに紹介します。

真珠は傷ついた命によって作られる美しい存在だ。
それはけがをした牡蠣から生まれる涙なのだ。
この世界に生きる私たちの存在の宝物も、傷ついた人生から生まれる。
私たちが傷つくことがなかったら、痛みを感じることがなかったら、
私たちは真珠を作り出すことはできないだろう。

ステファン・ホラー

これまで人生に圧倒されてしまったことは何度もありますが、その中でも私にとって忘

れることができない二つの出来事があります。なぜなら、そのときの痛みは強烈で、その後の人生を変えてしまうようなスピリチュアルな成長を経験したからです。最初の痛みは失恋でした。そして、二番目は悲しみから来る痛みでした。

恋愛の終わりも……人生での人間関係は、すべてスピリチュアルな鏡

二十代の前半に初めて真剣に交際していた人との恋愛が終わったとき、私の心は粉々に砕けました。その痛みをどうすることもできませんでした。彼との関係に自分のすべてを注いでいたので、その恋が終わったとき、まるで私の一部が失われてしまったようでした。私は完全なうつ状態に陥りました。しかし、地下鉄に乗っていたときに現れた地上の天使の言葉によって、私は救われました。その賢明な天使は、おそらく私のために泣いてもくれない男性のために、なぜ泣いてエネルギーを無駄にしているのかと直観的に尋ね、心が傷ついているときほど天国はより近くに存在することを理解する手助けをしてくれたのです。明らかに、恋人は私のことを愛していなかったし、大切にしてくれませんでした。だからこそ、天国は（私にとって最良の道を望んでくれていたからこそ）、彼が私の元から去るという贈り物を与えてくれたのです。

最近は、恋人との関係が壊れ、失恋の痛みや天国の存在を信じることが難しくなったという手紙をもらうたびに、あのころ同じ痛みを経験して、彼らの気持ちに寄り添うことができて本当によかったと感じています。今では、まずは考えた方を変えて、そこにどんな

スピリチュアルな意味があったのか見つけるようにしてみてください、と励ますようにしていています。誰かが去っていったり、恋愛関係が終わったりするとき、拒絶や失敗だと思わないことです。天国は、あなたのことを本当に愛し大切にしてくれる人たちだけがあなたの人生に存在してほしいと願うものですが、それ以上に、天国はあなたが自分の中の奥深くを見つめ、本当の愛と完全性を見つけてほしいと願っているので、上の方から与えられた贈り物、あるいは、サインだと考えるようにしてください。

自分自身を愛することとは自己中心的なことだと思わないでください。自己犠牲こそ敬虔な行為だとする宗教の流派がありますが、私はその概念に異議を唱えます。自分の中にないものを他の人たちに与えることはできません。あなたの人生はまず、あなたがあなたに恋するものだと考えるようにしてみてください。そして、あなたが純粋に心から自分のことを好きになることができるようになると、他の人たちを好きになることも自然なことだと思えるようになります。なぜなら、そうすることであなたはより幸せを感じるからです。また、自分からというより、本当の愛があなたを見つけようとしていることに気づきます。なぜなら、自分を信じているあなたは、あなたを本当に大切にしてくれる人々をあなたの人生に引き寄せるようになるからです。あなたの人生における人間関係は、あなたのスピリチュアルな鏡だと考えるようにするとわかりやすいかもしれません。鏡に映った自分の姿が好きになれないなら、あなたの中から何かを変えないといけません。

悲しみは、私たちを愛してくれた人々に与えることができる最後の愛の行為です。
深い悲しみを感じるということは、大きな愛を感じていたということです。

作者不明

悲しみは、スピリチュアルな成長をもたらすきっかけになる

失恋によってスピリチュアルに成長すること、そして、他の人たちに求めるのではなく、私自身の中に愛を見つけることを促されたように、母の死によって経験した失意のどん底は、今となってはさらなる心の成長をもたらしてくれるきっかけとなりました。母が亡くなってすぐに彼女からサインを受け取ることはなかったので、それまでにないほど天国の存在について疑うようになりました。サインがほしいと切望しましたが、まったく何もありませんでした。ときに、母の写真を見たいと思うようになりました。その顔を忘れてしまうのではないかと怖くなったのです。私はひどいうつ状態になり、その後十八か月の間、天国についての信念も希望も失っていたのです。それから、少しずつ、重要な夢、意味のある偶然、核心を突く直観の数々を通して、スピリットとなった母ともう一度会うことができました。母の死とそれに続く暗黒の日々によって、私はもっと深く天国を探究し、スピリチュアルな成長を遂げることになったのだと、今でははっきりとわかります。

悲しみは私たちの存在を根本から揺るがすもので、ショックや怒りや痛みとともに、人生の意味に対する信念を見失ってしまいます。私が受け取る手紙のほとんどは、天国から

のサインや安心するような何らかの言葉を切望しながらも、いまだに悲しみの段階にいる人たちからのものです。「魂を覆う闇」という言葉が頭に浮かびますが、植物界のように、成長の奇跡とは夜の闇の中で起こるものなのです。

本章を執筆中に、天国によるシンクロニシティによって送られてきた手紙を読みました。最近、一番下の息子さんをがんで亡くした女性からのものでした。彼女の人生は粉々に打ち砕かれてしまったと書いてありました。ほんの些細なことで心がかき乱されたそうです。誰かの携帯電話が鳴ると、生命維持装置の音を思い起こさせ、男の子が青いスカーフをしていると、息子さんのお気に入りだった青いTシャツを思い出してしまうのです。彼女はこの先どうやって生きて行けばいいのかわかりませんでした。ときどき車に乗って出かけては、路肩に車を停めて何時間も泣いたり叫んだりするそうです。スピリットとなった息子さんに会いたいと切望していますが、これまで何も見たことはないと語っていました。そして、次のように書かれていたのです。

「一番辛いのは、誰も私のそばにいたがらなくなってしまったことです。私はすべての友だちを失いました。生きる望みを失わずに、前を向いて歩いて行った方がいいと言われてきましたが、そんなことはしたくないのです。息子が死んだときに、私の人生は止まりました。どうやってもう一度始めるかわかりません」

手紙を読みながら、私の目には涙があふれてきましたが、同時に、大きな確信を持ちました。なぜなら、私がスピリチュアルな本を書く理由は、彼女のような人たちが感じている痛みのためなのです。私は本を書きながら、悲しみのために進む方向を見失っている人たちが、天国は彼らに語りかけ、スピリットとなった大切な人と再会することができるように、前へ進む方法を示そうとしていることを理解してくれたらと願っているのです。また、何か言ったらもっと傷つけてしまうのではないかと、悲しんでいる人たちを避けたり、距離を置いたりしないように他の人々にも伝えてほしいと思っています。この女性も私にこう書いていました。

「私に見当違いのことを言う人がいても、何も言われないよりはましです。ときどき、自分は透明人間になってしまったような気がするのです」

誰かの死を悲しんでいる人たちは、これまで以上に家族や友人からの愛情やサポートが必要になります。そして、その人たちは失った人のことを話したいのです。記憶に留めておきたいのです。

悲しみの向こうに――スピリットとのすばらしい関係を築けるときがくる

愛する人が死ぬという痛みは耐え難く孤独なものですが、本書によって、たとえもう物理的に愛する人に触れたり、一緒に笑ったりすることができないとしても、スピリットの世界で亡くなった人とすばらしい関係を築くことができるとわかってもらえたら幸いです。亡くなった人はあなたの心やマインドの中で永遠に生き続け、これまで以上にあなたにとって深く親しい存在になっていくのです。

紙の上でこんなことを言うのは非常に簡単に聞こえますが、大切な人を亡くした人からすれば、そんなはずがないと思うでしょう。悲しんでいる人々の多くが、苦しみを和らげるためにどれほど大切な人からのサインを切望しても、決して受け取ることができないと私に手紙を送ってきます。そんなとき、大切な人はとてもかすかなサインを送って、あなたとコンタクトを取ろうとしているけれど、悲しみの壁が厚くてなかなかサインを送れないし、送ったとしても気づかれないのだと、私は伝えています。スピリチュアルに相手から安心するようなサインを受け取るには、まず、その人が亡くなったという事実を受け入れる必要があります。そして、亡くなった愛する人のスピリットは、決して物理的に戻ってくることはないと受け入れる必要があります。失ったことを受け入れ、精神的な強さを感じることができて、初めてスピリットが現れるのです。ときに強い悲しみの壁を突き抜けることもありますが、ほとんどの場合、あなたを心配しているからといって、亡くなった人はそんなドラマチックな方法で登場することはありません。愛する人は、自分を失ってただでさえ苦しいのに、次の人生を生きようとしているあなたに、もっと辛い思いをさせたくないのです。なぜなら、その姿を見たり、実際に会ったりすることがどれほど慰められるものであっても、二度と物理的な身体を持って戻ってくることはできないからです。

従って、一番大事なのは、まずはあなたの悲しみの傷に対処することなのです。泣いたり、嘆き苦しんだりすることは大事です。そして、物質的に失ってしまったことを完全に受け入れるのです。大きな愛があったのなら、大きな悲しみが伴うものなので、悲しみを避けることはできません。母が亡くなったとき、その痛みは非常に強かったので、その死を否定するまでになりました。その後、私はその報いを受けました。その傷がどんどん大きくなって、感情的にもスピリチュアル的にも前へ進むことができなくなってしまったのです。悲しみとは永遠の別れを告げるということではない、と私は理解しなければなりませんでした。私がただの人間で、母とのふれあいを恋しく思っていただけということだったのです。私の悲しみはスピリットになった母への贈り物、そして、愛の行動だったのだと理解しなければなりませんでした。そうして初めて、私は悲しみから解き放たれ、母は私に話しかける方法を見つけることができたのです。繰り返しになりますが、悲しみとは本当に夜明け前の暗闇なのです。光に出会う前に、あるいは、向こう側とコンタクトを取ることができるようになる前に、私は悲しみの暗いトンネルを通っていく必要があったのです。

私は悲嘆療法士《グリーフ・カウンセラー》ではありませんが、愛する人を失ったときに経験する悲しみの複雑な感情を説明してくれたり、痛みと向き合うための方法についてカウンセリングを行ったりする機関があります。私自身の経験から、そのような状態になったとき、人は怒り、罪悪感、混乱といった感情も経験します。それらの感情は非常に激しい場合もありますが、それがいいとか悪いとかではなく、ただの感情だということをしっかりと覚えておくことも大事なことです。その感情によってあなたが行動するときにのみ、それが良いのか悪いのかがわかります。そして、それをコントロールすることができるのはあなただけなのです。また、これらの感情をしっかりと受けとめ、認識しないと、後にうつ状態を引き起こすことがあります。それが私に起こったことです。否定するだけでは答えにはなりません。そして、泣いたり、叫んだりしてもいいのです。あなたはおかしくなんかありません。大切な人を失ったことに対して自然に反応している一人の人間ということなのです。

誰もが大切な人を失った痛みを通して、それぞれ違う旅を経験するでしょう。早く進んでいく人たちもいれば、ゆっくりとしたペースで旅していく人たちもいるでしょう。あなた自身のペースで物事に対処していく必要があるので、それが正しいとか間違っているとかいうことはありません。急いで悲しみを癒すことはできませんし、痛みから逃れるためのその場しのぎの解決法もありません。家族や友人のサポートは非常に貴重ですが、もしそのような助けがない場合は（悲しんでいる人に何をしてあげればよいのか、何を言えばよいのかわからないので、残念なことにしばしばそのようなことになってしまうのですが）、かかりつけの医師に話して、適切なサポートを受けてください。誰かが力になりたいと言ってくれたら、しばらくはその人たちに頼ってもいいと思います。こんな風に考えてみてください。心臓発作を起こしたら、あなたは誰かの面倒になっても仕方ないと思うはずです。心の傷に対しても同じことなのです。

正しい食事を心がけ、適度な運動をして、規則正しい睡眠を取ることは大切だということは言うまでもありません。そして、最も辛い最初の数週間が過ぎたら、あなたの周りの世界との関係を保つことも絶対不可欠です。あなたは生きていて、大切な人はそうではないということで、ときに罪悪感を抱くかもしれませんが、あなたは唯一無二の奇跡だということをどうか忘れないでください。この地球にあなたと同じ人などどこにも存在しません。まだあなたが果たさなくてはならない目的や宿命があるからこそ、天国はまだあなたのスピリットにこの地球に留まってほしいのです。なるほど、その目的や宿命の中には、いつか誰かが悲しみの旅を進むための手助けをすることも含まれるかもしれません。なぜなら、あなたは同じ道を歩いたことがあるからです。

時間の経過とともに――時は偉大な癒し手

読者の皆さんは、「時は偉大な癒し手である」という古い格言を知っていると思いますが、他の格言と同様に真実を語っています。私は大切な人たちを失い、それ以上の鋭い痛みを感じることはないと思いましたが、その激しい痛みは最終的に消え、トンネルの出口には光が待っていました。だからといって悲しくなくなるとか、忘れてしまうとかいうことではありません。もはや刺すような悲しみによって再起不能な状態にはならないということです。普通の生活に戻るとは思わないでください。それは無理な話です。あなたの人生は劇的に変わってしまい、以前のあなたはどこにも存在しませんが、あなたにとって大切なことは、その変化と新しいあなたは前向きなのか、後ろ向きなのかということです。

スピリットの世界にいる大切な人は、あなたに何を望んでいるのか考えてみてください。もしあなたが悲しくて孤独で目的のない人生を送ることを選択するなら、大切な人と一緒に過ごした時間を称えていないということになります。あなたが精一杯生きて、一緒に過ごした楽しい日々を思い出してあげること以上に、かつて愛し亡くした人に捧げることができるものなど他にはありません。

この過程には時間がかかることを、改めて強調したいと思います。悲しみは風のようなものです。ときにヒューヒューうなり、ときにやさしいそよ風となって吹き、そして、それ以外のときはほとんど気づくことはありません。やがて、亡くなった大切な人の笑顔を思い出すことができるまでになります。そこまでくれば、大切な人に捧げたあなた自身の一部をあなたは取り戻すことができます。誰かを深く愛したり思ったりするとき、あなたはその人にあなた自身の一部を捧げるのです。あなたの自尊心や幸せが相手に依存していない限り、それは本当にすばらしいことです。誰かに依存することは、あなたにとっても相手にとっても健全ではありません。義務と愛の間には違いがあります。スピリットを自由にするものが愛なので、本物、あるいは、本当の愛は、義務とは無関係です。あなたの愛する人が亡くなったとき、その人のために捧げたあなた自身の一部を取り戻すことができるように、スピリットとなった相手にはあなたを自由にする機会が与えられます。その愛が戻ってきて、あなたは再び完全な存在になるのです。しかしながら、この「完全な存在に戻る」にも時間がかかります。しかし、前向きに悲しみを乗り越え、その過程で自分のことを大切にすることができれば、あなたは自分の中の力を再発見し、また情熱が戻ってきます。それはとても癒されるもので、最高に幸せなことです。

虹の向こうに……スピリチュアルな冒険は向こう側に行っても続く

一度、愛する人の死を完全に経験し、悲しみのすべての段階を踏むと、最終的にあなたはあふれるような安らぎや愛を感じ取ることができる場所へと自分を導くことができます。母の死から、私は何度かそのような幸せな瞬間を経験しています。そして、そう感じるときには、母はいつもスピリットとして生きていて、私のことを見守ってくれているとわかります。最後にそのような経験をしたのは、本書を書いているときでした。私の本がきっかけで何年か交流を続けていた、とても勇気のある若い女性から手紙をもらいました。彼女はあまり健康状態がよくありませんでしたが、そのことについては詳しく聞いたことはありません。彼女はいつも感動するような死後の世界の話についてお便りしてくれていて、私はその話を聞くのが大好きでした。しかし、今回の手紙は違っていました。彼女はもうあまり長く生きられないので、計画している葬式について、私の意見を聞きたいということでした。

私の最初の反応はショックで、葬式のことなど考えず、よくなることを考える方がよいと伝えるべきではないかと思いました。しかしながら、彼女に何て返事をしようかと考えているうちに、自分の言葉に空っぽな虚しさを感じました。涙があふれてきましたが、そのとき左の肩にやさしい風を感じたのです。それが母だとすぐにわかりました。なんて言えばよいのか母にアドバイスを求めました。私の心に届いた返事は、葬式の計画について話をそらしてはいけないというものでした。私はすぐに返事を書き、葬式に関するアドバイスや提案をしました。すると、自分は正しいことをしているという思いと喜びが込み上げてきました。まるで、平和な安らぎに包まれるような感じでした。最高に幸せな瞬間でした。パソコンの送信ボタンを押すと、私は立ち上がって窓の外を眺めました。そこにはきれいな虹がかかっていました。私にとって虹は、自分は間違っていないことを確認できるサインでした。

そのとき何と返事を書いたのか覚えていませんでしたが、後から読み返してみると、すべてを自分自身で選ぶことがとても大事だと彼女に伝えていました。葬式のときに彼女はスピリットになっているのだから、自分も楽しめるものを必ず選ぶことが大事だったのです。自分の葬式で退屈な思いはしたくないはずです！　天国は笑うことが大好きなので、あまり真面目にならないで、ユーモアを取り入れるようにした方がよいと伝えました。また、この地球での人生がなるべく長く続くことを願っているけれど、もうすぐ終わってしまうとしても、彼女のスピリチュアルな冒険は向こう側に行っても続くということを伝えました。最後に、この世でもあの世でも、ずっと連絡を取り合いましょうと書きました。

数日後、このすてきな女性から返事が届き、天国に紹介してくれてありがとうと書いてありました。

天国と時間の概念の中で生きる地上の私たち

世の中には向こう側からのメッセージやコミュニケーションを自然に、そして容易に受け取ることができる人がいるようです。私はそんな一人ではなく、死後の世界からのサインを感じ取れるようになるまで、十分に悲しむことと、天国がどのように語りかけるのかという先入観を捨てることの重要さを苦労して学ばなければなりませんでした。もし、まだそのようなスピリチュアルなつながりを感じないのであれば、私の経験を参考にしていただければ幸いです。また、スピリットの世界では、時間の概念がまったく違うことを知っていると役に立つかもしれません。実のところ時間などまったく存在しないのです。

アインシュタインは、一度に起こるすべてのことを止めるためにだけ、時間は存在すると示唆しました。彼が言いたかったのは、線形時間の概念（直線状に物事が次から次へと起こること）は、物事が規則正しい方法で起きるために私たちの頭の中で作り出したものだということです。地球上の時間が存在しなければ、大混乱になります。彼の相対性理論は、時間は不変ではなく、また線形でもなく、物体の動く速度と方向により変わることがあるということを示しました。私がここでアインシュタインの理論に言及するのは、臨死体験は単純に、天国に時間は存在しないことを示していることを理解するのに役に立つと思うからです。時間とは、地球で人生を経験するために創り出された幻想です。私たちの永遠のスピリットは時間や空間を超えて存在します。そして、あなたが一生分と感じるものは、スピリットとなった愛する人たちにとっては、ほんの一瞬の出来事かもしれないのです。地上における時間の概念は彼らには存在しません。そして、彼らからメッセージを受け取ることができないと感じるのはこのためだと説明することができるかもしれません。

臨死体験の話から、この時間外の概念やそれに対する理解が、この地球で私たちが人生を歩んでいく道に大きなインパクトを与える可能性があると報告されています。天国の視点からすれば、地球で起こる出来事は、目にも止まらぬ速さで起こったり、同時に生じたりするけれど、私たちの頭の中で速度が落ちて整理されてしまう（スピリチュアルというより物理的な宇宙に住んでいるので）ということがわかれば、地球における九十年ほどの寿命は、スピリットの世界ではほんの一瞬のことなのだと理解するようになります。従って、亡くなった人たちはいなくなってからそれほど時間が経っていないとか、まだ地球を離れたつもりはないと感じています。だからこそ、時間の概念の中で生きている地上の私たちは、どうして天国からまったくコミュニケーションがないのかとやきもきするのです。

それでもやはり、上の方から小さなメッセージを受け取ることも、心とスピリットで亡くなった人たちと再会することも可能だと、私は本気で信じています。これから紹介する方法で、あなたも信じることができればよいなと思います。

亡くなった人たちとコンタクトを維持する方法について

多くの人たちが、亡くなった大切な人たちと話すことは可能かと尋ねます。私の答えはきっぱりとした「イエス」です。なぜなら、スピリットの人生に移行しても、彼らは決してあなたを愛することをやめないからです。スピリットにおける愛の絆は壊れません。彼らは天国で永遠のスピリチュアルな人生を歩んでいるのですから、あなたが地球で同じようにすることは彼らにとって大きな励みとなります。すでに述べたように、大切な人が物理的にいなくなってしまったのですから、その状況に適応するためにも、その人の死を一定期間悲しむことは重要です。しかしながら、その悲しみがあまりにも長く続いてしまうと、彼らが本来いるべき場所で、心の平和を保ち、スピリチュアルな成長を続けるはずの来世ではなく、あなたがいる現世に彼らの愛のエネルギーや注目や心配が向けられるようになってしまいます。そうです、天国でも成長は続いていくのです。言い換えれば、私たちがより平和で、幸せで、愛する気持ちを保つことができれば、亡くなった人たちのスピリットの人生もより喜びに満ちたものになるということです。

もし墓や慰霊塔を訪れることで、あなたが愛する人をもっと身近に感じることができるなら、何としても訪ねたほうがよいでしょう。しかし、向こう側とコミュニケーションを取るためということなら必要ありません。あなたはただ地上でいうところの服のようなものをお参りしているだけだからです。スピリット、つまり、あなたが愛した人の本質は自由で、どこにでも存在します。

祈りには、とてつもない力がある

祈りというと、宗教との強い関連性を連想しますが、どんなときも向こう側とのつながりやコミュニケーションを感じることがあるなら、あなたは実際には祈っているということになります。ただ、型通りに、あるいは儀式的に行っているわけではないということです。本書の原書タイトルは『天国が私の名前を呼んだ』となっています。このタイトルから「神への献身の人生」に呼ばれたということかと思う人がいるかもしれませんが、「呼ばれる」ということは修道院に入るということではなく、祈りや向こう側と密接な対話をずっと続ける人生を送るという意味です。

世界は往々にして凶暴で、不公平で、残酷さに満ちています。そして、多くの人たちと同じように、私はその現実に落ち込み、何かを変えることなどできないと感じてしまいます。しかし、祈りの力について研究すればするほど、ますます私にも何かできることがある、それは祈ることだと思わずにはいられないのです。研究によると、病院で祈ってもらった患者は、そうでなかった患者と比べて回復が早いという報告があります。どうしてそのようなことが起こるのか詳しいことはわかっていませんが、祈りが影響を与えるという事実は、誰かに祈りや単純に愛する思いを送ることには、とてつもない力があることを示唆しています。読者の中にも、「あなたのために祈っていた」と誰かから言われて、すでに同じように力をもらったと感じたことがある人がいるかもしれません。とても気持ちがよいものですよね？

ちょっと試してみませんか。これから数日間、誰か知っている人のことを考えてみてください。できれば、交流があったけれど、最近は疎遠になっている人、あるいは、不仲になっている人を選んでください。その人の嫌なところや、変えてほしいところに注目するのではなく、できるだけその人に愛の思いを送るようにしてください。信じてください。

そうすることで、あなたとその人の関係が変わってきます。もしそうなったら、どうか私にお知らせください。

しかし、私は何も祈りがいつでも望むような結果をもたらしてくれるとは言っていません。なぜ悪いことが起こるかは、私たちにもわかりません。いくつかの苦しい経験は、魂のためのレッスンですが、もし私たちが自分たちのために、あるいは、他の人たちのために祈れば、この世とあの世で本当に大切なことだけに関わり、そのことに集中するために必要な内面の勇気を与えてくれるはずです。ここで、ジュディの話を紹介したいと思います。祈りにおける癒しの力について完璧に説明してくれています。

祈る手

私の母はすばらしい人でした。すでに亡くなっていますが、昔こんな話をしてくれました。誰もがよく言っていたように、母はとても正直な人でした。この話は本当だと思います。

それは一九七二年のことで、母は数か月入院していました。単純な子宮摘出手術を受けたのですが、感染症にかかり、身体から活力が奪われていきました。医師たちにはその原因がわからず、その間にも日に日に弱り、急激に体重も落ちました。最近は院内感染の話がよく聞かれるので、母もそのような状況になったのかもしれないと思いますが、そのころは院内感染に対する認識はあまりありませんでした。一時期、体重が四十四キロを下回りましたが、母はもともと体格のよい方でした。食べ物を飲み込むことができなくなって、点滴を受けるようになりました。そうして数か月が過ぎていきました。母の体重が落ちて、医師たちは父に、母は死んでしまうかもしれないと伝えました。

母はあまり信心深い方ではありませんでした。若いころは、教会に関心を寄せていたこともありましたが、やがて幻滅するようになりました。母は、宗教やスピリチュアルな題材の絵や写真を集めるのが大好きでしたが、その中で一番気に入っていたのは「祈る手」と呼ばれる絵でした。見たことがないかもしれませんが、それは二つの手を合わせて祈っている様子が見事に描かれたものです。ある日、母はその絵を見ると心が休まるので、病院に絵を持ってきてほしいと父に頼みました。父は早速病院に持っていき、絵をベッドのそばに飾りました。それから二人は長いこと絵を眺めていましたが、そのうちに父がひざまずいて手を合わせ、母の回復を願って全身全霊で祈りました。

翌朝、医師たちは感染したところの切開排膿を始めました。それは最終手段で、成功率はかなり低いと言われていました。切開排膿は一日中続きました。悪い部分はすべて取り除かれ、夜になると母は四か月ぶりに固形食が食べたいと言いました。そうなのです。母は助かったのです。

あの日、母と父の祈りが奇跡を起こしたのだと私は信じています。私たちの周りに天使たちはいたのだと本当に信じています。

これまで本書で紹介してきたように、スピリットは無数の方法で答えてくれるということを改めて思い出してください。そして、あなたに必要なのは心に愛を込めることなので、どのように、いつ、どこで祈るのかは関係ありません。儀式も詠唱《チャント》も必要なければ、ひざまずいて両手を高く上げる必要もありません。なぜなら、あなたが声に出しても、心の中で呟いても、天国はあなたの言葉を聞くからです。次に紹介するマーガレットの話を読むと、そのことがよくわかると思います。

スタン

私は信仰が厚いわけでもなく、教会に通いたいと思ったこともありませんが、一九九一年に夫が大手術を受けることになりました。主治医からは、長い手術になるので、私は家で待っている方がよいと言われました。手術を行う外科医の先生方の手が、天国によって導かれるように、私は心から祈りました。お茶を入れて、ただ居間に座り、心の中で夫のスタンのために愛を送り続けました。彼のいない人生など想像することもできませんでした。

五時間近く経って、祈りが通じたのか電話がかかってきて、スタンの命が助かったという連絡を受けました。とてもうれしかったです。そのときは、心の中の祈りの力についてはあまり気に留めていませんでしたが、手術から数日後、スタンの外科医に会ったときに、祈っていたときのことをはっきりと思い出しました。手術が始まった当初はとてもひどい状況だったと、外科医は教えてくれました。最良の処置について意見がまとまらず、手術を止めるべきではないかと話し合ったそうですが、突然、降って湧いたように、この後どうすればよいかわかり、そのことに集中することができたというのです。さらに外科医は、私が心の中で言った言葉をそのまま使ったのです。

「それはまるで、何かが私の手を導いているようでした」と。

私が祈っていた話をすると、外科医は微笑みました。天国の助けがなければ手術は成功しなかったと言っているとは思われたくなかったし、彼はとてもすばらしい外科医だったので、私はそれ以上のことは言いませんでした。しかし、心の中では、天国が私の祈りに応えてくれたとわかっていました。生まれて初めて、何かを信じた瞬間でした。そして、生まれて初めて、喜びと希望に包まれました。

スタンは一九九九年に亡くなりました。ですから、手術の後、一緒に九年間を過ごせたのです。その時間にとても感謝しています。私にとってかけがえのない九年間でした。彼がいないことはひどく寂しいですが、彼がいなくなってしまったと考えるときにはいつも、静かに座って彼のことを考えます。すると、もう一度、彼がそばにいるような気がするのです。どうしてそんな気がするのかわかりませんが、彼は死んでなんかいないのです。彼はどこか近くにいるとわかっています。きっとわかってもらえないと思うので、そう信じていることは、多くの人には話していませんが、あなたならわかってくれるだろうと思いました。

多くの人々が伝統的な祈りの方法によって安心感を得ていることはわかっており、それはすばらしいことです。しかし、形式的なものが苦手とか、慣れていないということであれば、祈りとは単純に心を通して天国と話すことだと考えてください。

では、どうやって向こう側からコミュニケーションを受け取ればよいでしょう？　まずは、あなたの静かなる中心を見いだすことから始めてみましょう。

あなたの静かなる中心を見いだすこと

平和で穏やかな場所こそ、最も天国が現れてくれそうなところです。次から次へと忙しく何かをやっているときや、長い「やることリスト」であなたの頭の中が込み合っていると、天国からのやさしい声を聞くことは難しいです。従って、今後はできれば朝一番と夜の最後に、静かな時間を作るようにしてください。

静かなる中心を見つけることは、どんなときでも、どこにいてもできることです。また、ただ黙ったまま、すべての注意を今やっていることや考えていることに向けるだけですから、驚くほど簡単です。あなたの人生の中で感謝したいすべてのことを考えながら、しばらく静かな時間を過ごしてみることも、これを達成するもう一つの方法です。外にいるときは、胸ではなくお腹から深呼吸をすると、心が落ち着くでしょう。雲や星を眺めたり、浜辺を散歩したりするのと同じように、癒し系の音楽を聴くと、内面の静けさをもたらしてくれるはずです。感動的な、またはスピリチュアルな本を読んだり、温かいお風呂でリラックスしたり、ココアを飲んだり、日記を書いたり、塗り絵、歌、ダンス、ガーデニング、そしてクロスワードパズルなどをすることも、心の平穏を達成するための方法です。単純に、どんなことでもあなたが好きなことをすれば、至福の場所へとあなたを導き、天国があなたに話しかけるはっきりとした手段が生まれます。

静かなる中心を見いだすことに加えて、誠実で畏怖の念を持った態度、そして、天国と話したいという偽りのない願望こそが、神聖な助けとなります。できるだけ頻繁に天国について考える習慣をつけるようにすると、物事が動き始めます。すると、次のステップに進むことができます。つまり、天国と話をするようになるということです。

さあ、天国と会話を始めましょう

もし亡くなった大切な人とコミュニケーションを取りたいなら、単純に会話を始めてください。天国に話しかけてください。サインを求めてください。簡単なことです。頭の中で彼らに話しかけ、いったん止めて、返事が来ることを信じてください。無理はせず、数日経ったら静かに自分の周りで起こっていることに気づくようにしてください（じっと見てはいけません）。すべてに気づいてください。死後の世界からのサイン（第八章でさらに詳しく説明します）が届いていないか注意してください。もしかすると、それは、白い羽根、歌詞、誰かの会話、突然あなたの頭に浮かぶ考え、夢、読んでいる本の一節、あるいは、密かに確かに知っているという感覚などを通して気づくかもしれません。もし、数日経っても、サインを受け取ったとは思えないときは、あなたは受け取ったけれども気づかなかっただけだと思います。ずっと天国に話かけてください。そして、自分自身や他の人たちやあなたの周りの世界をじっくりと観察してください。辛抱強く続けてください。あなたが聞く耳を持ち、受け入れる準備ができて初めて、スピリットはあなたに返事を送ってくれるのです。

読者の皆さんはそれぞれ、天国と話すためのユニークな方法を見つけるでしょう。例えば、トニーは釣りに行くと、亡くなった妻が話しかけてくるとお便りをくれました。ルーシーは雨が降ると、亡くなった母がささやきかけると教えてくれました。ジェイムズは子どもたちの笑い声を通して、天国が彼とコミュニケーションを図ろうとしていると感じるそうです。そして、ベリンダは毎日大好きな作曲家の音楽を聴くと、音符の中にスピリットがいるような気がするそうです。可能性のある方法は果てしなく存在しますが、その中でも他より多く報告されているサインがいくつかあります。それらについては次章で紹介します。

これから数日間、疑念は横に置き、サインや進むべき道が示されると信じて、自分は神聖な目的を持ったスピリチュアルな存在なのだと考えてみてください。目的意識をはっきりと持ち、自分の思考に集中して、あとは天国に任せてみてください。耳も、目も、マインドも、そして、心も解放しましょう。それから、あなたにとって個人的に意味のあるパターンやメッセージに注意してみてください。うまくいったら、手紙をください。デルフィーンもすぐに効果があって、連絡してくれた一人です。

思わず笑顔になる

何年も前のことですが、私はあなたの本を読んでいました。当時、私たちは閑静な住宅街に住んでいて、午後十時を過ぎると外を歩いている人などいませんでした。私は「天使の橋」について読んで興奮していました。死後の世界を信じてみようという気持ちになり、亡くなった大切な人たちとのつながりを感じていました。「天使たちよ、お願いです。本当にいるなら、サインを見せてください。でも、私でもピンとくるように、はっきりとわかるサインにしてください。ありがとうございます」と、私は祈りました。まさにその直後、ベルが鳴る音を聞きました。窓に駆け寄ると、通りに誰か歩いていたのです（外は暗くて、男性なのか女性なのかはわかりませんでした）。その人は家の前を通り過ぎていきましたが、外に置いてあった私たちの自転車のベルを無造作に鳴らしていきました。この人は天使に刺激されてベルを鳴らしていたに違いありません。おそらく、自分でも知らないうちに、神の使いとなっていたのです。

そのサインがあまりにもおかしかったので、私は思わず笑ってしまいました。それから、天使たちにその大きく鳴り響く答えに感謝しました。そのときのことを思い出すと、今でも思わず笑顔になります。

あなたもずっとお願いして、少しずつ何かに気づけるようになれば、最終的に天国があなたに話しかける声を聞くことができるかもしれません。ただ、そのサインがわかりやすいものという期待はしないことです。ときに、あなたのスピリットをほんの少し高めるだけということもあるからです。天国はユーモアのセンスがあり、私たちには笑っていてほしいと願っていることがわかるので、私はデルフィーンの話がとても気に入っています。従って、次にあなたが声を上げて笑ったり、思わず笑顔になるようなことがあったら、それは天国があなたに手を差し伸べたり、喜びの言語によってあなたのために歌ったりするための方法なのかもしれません。

先入観を断ち切ることが大事

わずかなサインに対して自分を解放するというのは、天国がどのように自分に話しかけるのかという先入観を一切持たないことです。神聖なコミュニケーションを受け取るのに良い方法も悪い方法もないということを理解する必要があります。天国があなたに話しかける方法は、非常に私的で個々のニーズに沿ったものである可能性が高いのです。そして、何よりも、スピリットとコミュニケーションを図るには、霊能者や透視能力者や霊媒師でなければならないと考えたりしないでください。私自身、自分は霊能者ではないと心配したり、先入観で天国を見たり聞いたりしようと無理をして、あまりにも長い年月を無駄にしてしまいました。結局、私が得たのは沈黙の壁でした。私の霊能力の開発に関して言えば、「こうするべき」とか「こうしなくては」という思いを断ち切って初めて、夢、羽根、雲、直観、そして、偶然を通して、人生が一変するようなコミュニケーションを受け取ることができるようになりました。

今日、私が天国と個人的な対話をするようになったきっかけの一つが、自動書記や自動タイピングとして知られる作業を通してでした。私にとって自動書記は、私自身の内面や、私の周りに存在する神とつながることができるすばらしい方法というだけではなく、亡くなった母のスピリットと交信するための方法でもあります。どこがそれほどすごいのかというと、それはとてもシンプルな手順にあります。あなたにとってうまくいく方法かどうかはわかりませんが、試してみる価値はあると思いませんか？

亡くなった大切な人やスピリットの世界について考えるだけでよいのです。あとは、あなたの手に会話を委ねるだけです。まったく意味が通じなくても、何でも頭に浮かぶことを書き留めるか、タイプしていきます。あなたの考え、気持ち、言葉、絵などをすべて記録してください。何も浮かばない場合は、スピリチュアルなコミュニケーションが実現するまで（いつかそうなります）、「何もない」と書いておきます。天国の声は恐怖によってかき消されてしまうので、こうした作業について怖がったりしないでください。また、どこかの時点で、これはすべて想像だと考えたり書いたりすることがあれば、どうしてそう思うのか自分自身に尋ねてみてください。何となく円や半円や不規則な曲線を描いていたら、それは天国が姿を現そうとしている証拠です。作業を終えるときには、心のこもったさようならを言ってから終わりにしてください。それから、後日、書いたものを読み返してみると、そこにある洞察や導きに驚くかもしれません。

いつでも、どこでも天国と話をすることができる

あなたはいつでもどこでも天国と話をすることができます。決して自分が言いたいことはたいしたことではないとか、天国の時間を無駄にしてしまうとか考えないでください。あなたは奇跡なのです。あなたのＤＮＡは完全に唯一無二なのです。この地球に二度とあなたと同じような人間が存在することはありません。あなた自身がすばらしい存在なのですから、この世とあの世がもたらす人生のすばらしいすべては、あなたが受け取るに値するのです。あなたの人生にはすでに神の計画があります。他の人に比べて自分が劣っていると感じるなら、それはあなたが天国の仕事が劣っていると言っているのと同じです。

あなたがスピリチュアルな運命と再びつながることを邪魔するために、自分は価値のない存在だというメッセージを送っているのは、恐怖に基づいたあなたのエゴです。そのような恐怖心による声に気づいて、そこから立ち上がり、それらを振り払ってしまうのです。

代わりに、あなたの内面や周囲に広がる神聖な愛の声に集中しましょう。やがて天国と継続的な対話をするようになるときが来ると、あなたは自分の人生がさらに幸せで穏やかなものになったことに気づくでしょう。

最後に、スピリチュアルの目覚めには苦しみや悲しみが強力なきっかけになることもありますが、穏やかさや満足感もまた同じように効果的なきっかけになることをどうか忘れないでください。この点は、いくら強調してもし過ぎると言うことはありません。天国の声を聞くために、何もあなたは死にそうになったり、失意のどん底に陥ったりする必要はありません。天国は無条件にあなたのことを愛してくれることを思い出し、心とマインドでできるだけ天国に話しかけ、そして、穏やかな気持ちで、天国も答えてくれると信じてください。神との対話をするようになればなるほど、あなたの内面とあなたの周りでさらに天国を感じたり、聞いたり、見たりするようになります。

あなたの言葉で思いやりの心を広げましょう

静かなる中心を見つけ、天国との対話を始めてみると、物事が動き始めます。しかし、そこから発展し、天国とのつながりを強め、意味のあるものにするためには、あなた自身の言葉に注意を払う必要があります。それはどんな言葉を発し、どんなことを頭の中で考えるのかという両方に当てはまります。自分自身や他の人たちに対して愛と真実を込めて言葉を口にしなければ、天国が愛や真実を明かしてくれることなど期待できません。同類は同類を求め、引きつけるということです。憎しみの言葉を口にすれば、あなたが人生で引き寄せるのは憎しみです。しかし、あなたの言葉が愛に満ちていれば、天国はあなたの人生に入り込んでくることができて、そこから神聖な対話が始まるのです。

どんなときでも絶対的な真実を語ることは不可能かもしれませんが、自分自身や他の人たちにとって最良の道を考えながら、心を割って話すことはできると思います。過去に感情を抑えることができなくて、誰かに対して言ってしまったことを後悔して、自分を責めたりしないでください。自分の過去についてはいまさらどうすることもできません。しかし、自分の現在についてできることはあるので、今この瞬間に自分の感情に責任を持つと決め、あなたの言葉でやさしさだけを伝えていきましょう。これは自分自身に対して言葉をかけるときに特に重要になってきます。あなたの中のスピリットを目覚めさせることになるので、これからは自分に対して愛のこもった言葉だけをかけるようにしてください。無条件の愛や思いやりに欠ける言葉を発すれば、あなたの中のスピリットは当然心を閉ざし、天国との対話を不可能にします。

つまり、天国はあなたが心の底から本当の言葉を話したときにしか答えることができないということです。なぜなら、天国には真実以外の言語は存在しないからです。

スピリットとの絆を結ぶことが、大きな違いをもたらす

地上の人間と天国との間に力強く真実のつながりがあるとき、スピリットたちとの絆を

結ぶことが可能です。スピリットたちは私たちに何かを伝えるために、あるいは、亡くなったときにお別れをすることができなかった場合には、さようならを言うために戻ってくることがあります。多くの家族が遠く離れた状態で生活し働いている今日において、これはますます一般的になってきています。印象的なケースでは、スピリットたちは警告したりサポートしたりするために戻ってくることもありますが、ほとんどの場合は、私たちが一人ではないこと、そして、この世に死というものは存在せず、ただ永遠の命しかないことを知らせるために戻ってくるのです。極めてまれにスピリットたちが完璧な姿ではっきりと現れることもありますが、普通は死後の世界のサインやその人だとわかるしるしを通じてあなたにささやきかけることの方がずっと多いものです。これらについてはすでに前の章でも触れていますが、次章ではこのトピックについてさらに深く掘り下げています。

今のところは、亡くなった大切な人たちのスピリットはいろいろな方法であなたに語りかけること、そして、あなたはただそれに気づくことができるようになることが大切だということを覚えておいてください。近年、ますます多くの人々が死後の世界とのコミュニケーションを経験したことを率直に語るようになってきました。もっと多くの人たちが永遠の人生について話すようになれば、もっと多くの人たちがそのような考え方に心を開くようになり、さらに死後の世界の経験が身近に起こるようになるので、これはすばらしいことです。心を開くことで、スピリットの世界はその姿を現してくれるようになるのです。知らないことに対する恐怖によって、スピリットとのコミュニケーションが絶たれないようにしてください。過去のすべての偉大な革新者や発明家について考えてみてください。もし彼らが知らないことを恐れていたらどうなっていたでしょうか。私たちは今でも、地球が宇宙の中心にあると信じていたことでしょう。知らないことの中に、すべての成長が起こるのです。もう一度言いますが、あなたには選択肢があります。安全でよく知っている慣れ親しんだ道を選ぶこともできます。あるいは、知らないことに向かうこともできるのです。あなたが精神的に成長し、あなたにとっての真実を見つけたいと願うなら、旅をするのは知らないことがある場所なのです。それを選ぶのはあなた自身です。ロバート・フロストの「進まなかった方の道」という詩がいつも心に浮かびます。それはある男性が二手に分かれた道の前に立ち、あまり使われていない方の道を進んだことで「大きな違い」が生まれたという内容の詩です。

知らないことを恐れる閉ざされた心は、天国からの声を遮断してしまいます。死んだ後も別の世界が広がっているという、とても現実に起こり得ることを受け入れる開かれた心は、亡くなった大切な人たちとスピリットにおいてつながり、「大きな違い」をもたらすものなのです。

今はスピリットとのつながりを見失っていても、自由な関係を作ることは可能

ここまでの話の中で、私はまだ、亡くなった人たちとコミュニケーションを図るためのはっきりとした通信手段を持っている霊能者などの仕事については触れていませんでした。

多くの人が霊能者を訪ねることで安らぎを感じたという手紙を送ってくれるので、簡単に彼らの仕事について触れておきたいと思います。母親が自殺するという経験をした後、霊能者によって非常に大きな癒しを感じたのはジュリー・バイシェル博士です。それから十数年後に、彼女の化学研究の対象は調合薬から霊媒師へと変わったのでした。

現在、米国のウインドブリッジ研究所にてバイシェル博士が行っている研究は非常に興味深いので、彼女へのインタビューの全文を付記一に掲載しています。バイシェル博士とチームは実際に、世界で初めて霊媒師を科学的にテストし、その結果を記録しています。記録されているデータはとても期待できるもので、亡くなった人とのコミュニケーションがただ可能というだけではなく、実際に起こっていることを初めて証明することができるかもしれません。付記には世界的に著名な霊能者ジェームズ・ヴァン・プラグに行ったインタビューも掲載されているので、一人の霊能者の心とその人生について触れるよい機会になると思います。

これまですばらしい人々や団体や研究所についての話もしてきましたが、霊媒師や霊能者のところへ行った方がよいと勧めているわけではないことを、はっきりと申し上げておきます。そして、今すぐにそうした人たちのところへ行くこともお勧めできません。それはなぜかというと、私たちのすべてが、司祭、霊能者、グル、霊媒師、またはあらゆる類の媒介者を必要とすることなく、唯一無二で干渉を受けることのない自由な関係をスピリットと作ることができる可能性を秘めている、ということを皆さんにお伝えすることが私の仕事だと思っているからです。もしスピリットの声が聞こえないとしたら、私が思うに、あなたはスピリットとのつながりを失っているだけなのです。

どんな人も亡くなった大切な人たちと、その人にしかわからない私的で直接的なつながりを持っているものだと、私は心から信じています。しかし、同時に霊媒術に関する今後のすべての興味深い研究についても、常にオープンな姿勢で敏感に注意を向けていきたいと思っています。

私はまた、霊媒師を通してかどうかは別として、向こう側の世界とのコミュニケーションを確立することが異常とか奇妙とかではなく、完全に普通で自然なことだと認識される日が来ることを諦めるつもりはありません。

もしかすると、いつか医者たちが悲しみから立ち直るためのプログラムとして、スピリチュアル療法を提言することさえあるかもしれません。あるいは、患者たちがスピリットとともに悲しむことができるように、医者たちが悲しみのスペシャリストとして、科学的に承認された霊能者たちと一緒に診察する日が来るかもしれません。進行中の研究の方向性に注目すると、こうしたことは決して不可能な領域というわけではないのです。

いつか科学者たちが、実際に天国と話すことは可能だと証明することができる日が来るでしょうか？　私はそうなるのではないかと思っていますが、おそらく何年も先のことでしょう。それまで、私たちは今ここでやるべきことがあります。

そして、たった今、最も重要な人はあなたであり、あなたが何を信じているかなのです。

本書によって、あなたがあの世と話すことができ、スピリチュアルな意味で亡くなった大切な人たちとつながることができると信じることができるとしたら、それ以上にうれしいことはありません。「あなた」から始めて一人ずつ、もっと天国について考え、天国と対話する人たちが増えれば、私たちはもっとスピリチュアルで平和な世界を築くことができるのです。

そろそろ次の章に進みます。日々のありふれた、それでいて魔法のような方法で、さまざまなサインを通じて、天国が私たちに話しかけることについて触れたいと思います。その前に、少し時間を取って、ここで紹介する二つの不朽の格言についてそっと思いを巡らせてみてください。そして、そうする中で、あなたがあなたの静かな中心と溶け込んでいくのを感じてください。その中心こそ、永遠の命の種が植えられ、天国とのすべての対話が始まる場所なのです。

死はなんでもないものです。私はただとなりの部屋にそっと移っただけ。
私は今でも私のまま、あなたは今でもあなたのまま、
私たちがお互いにどんな存在だったとしても、それはいまでもそのまま。

ヘンリー・スコット・ホランド

死は終わりではない。
夜明けが来る前に、灯りを消すだけのことだ。

ラビンドラナート・タゴール

第八章　超読解力
――天国からの答え／サインをどうとらえ読み解いていくか

もしかすると、空に見えるのは星ではなく、
私たちの大切な人たちが、自分たちは幸せだと知らせるために、
空の隙間から照らしているのかもしれない。

エスキモーの言い伝え

私たちのマインドや心の中で、亡くなった大切な人たちの声をはっきりと聞いたり、その存在を感じ取ったりすることができたらすばらしいと思いませんか？　ただ、これまで説明してきたように、そんな直接的で間違いようのないコミュニケーションがあなたに起こるとは約束できません。それよりもはるかに身近な経験は、個人的なレベルで気づき、理解する必要があるかすかなサインなのです。本章ではそれらについて詳しく話していきます。

このような形のコミュニケーションについて詳しく見ていくにあたり、これまでたびたび説明してきたように、サイン、あるいは天国からのしるしというものは、亡くなった大切な人がスピリットとしてすぐそばにいて、今も生きていて、ずっと待っているということをその人にはっきりと伝えるために届く、非常に個人的なメッセージなのです。まさしく文字通り、あなたが必要としているタイミングであなただけに送られたメッセージだとわかるもので、それは見たり、聞いたり、感じたり、感知したり、触れたり、ただ知っているなど、どんな形でも現れることが可能です。

最もよく知られているしるしは、白い羽根、蝶々、虹、雲、花、そして鳥など、よく自然の中から送られてきますが、同時に物質的な世界のものから送られてくることもあります。その中には硬貨、数字、紛失物などの他に、力や希望を提供してくれる、絶好の瞬間に感じたり、読み取ったり、聞こえたりする内的感情や言葉や感覚があります。

完璧なタイミングで送られてくる天国のサイン

どんなサインを得るのかということではなく、むしろ「いつ」現れるのかによって、その出会いが天国を感じることができる瞬間となります。このような完璧なタイミングを単純にたまたま逃してしまうということもあります。しかしながら、本当にサインだったのか確かめるために、カオス理論（予測可能なものはなく、すべてはランダム）などを持ち出して反論してみても、それが本当に天国から送られてきたサインなら、そのサインには何かもっと大きな意味があったのではないかという、心に長く引っかかる畏怖の念や感覚がいつも残るものです。また、近年、科学者たちはカオスにも一定のパターンがあるかもしれないという可能性に言及した報告もあります。例えば、複雑な雪の結晶やDNAの驚異的な構造について考えていただければ、皆さんにもその理由を理解していただけると思います。この世界にはランダムなものなど何もなく、すべてのことには場所と目的があるという仕組みの完璧さだけが存在するのです。そして、本章で紹介する話を送ってくださったすべての人たちは、自分たちが受け取ったサインについて同じように感じていると思います。サインには完璧な目的、場所、そして意味があるのです。彼らが受け取ったサインは、タイミングも完璧で深い意味があったので、天国が彼らの名前を呼んだということを疑うことなんてできませんでした。

私自身がこれまで経験し、研究してきたことから、この人生においてランダムに起こることなど何もなく、私たちはみな、もっと崇高な使命や目的のために、相互につながっていると強く信じています。仮に科学者たちが今、この宇宙は完全にランダムというわけではないと提言するとしたら、死後の世界からのサインに関する物語は、私たちの人生を導くもっと崇高な目的が存在することを証明する支えとなるでしょう。もちろん、本章で紹介するサインについてはすべて理論的に説明することができるかもしれませんが、天国が完璧なタイミングで私たちに語りかけることはないという決定的な証拠にはなりません。

したがって、そのような証拠が出てくるまでは、この世の中の偶然というものには、すばらしいスピリチュアルな意味があるかもしれないという可能性について考えていただければ幸いです。正しいスピリチュアルな名前で呼ぶと、偶然とはシンクロニシティということです。

悲しみを癒し、希望、喜びに変える

本書において、死後の世界のサイン（実は、このテーマに関するお便りが一番多いのです）について最後の方まで触れなかったのには理由があります。これらのサインは非常に個人的な性質を含むため、臨死体験とは違って、これまで本格的に科学的調査が行われてきませんでした。こうしたサインは、向こうの世界から送られてくる、わずかで、控えめで、象徴的な語りかけなのです。しかしながら、それはわずかなものであっても、死後の世界のサインは数多くの人たちのとてつもない癒しとなっています。こうした理由から、当然これらのサインについて考えてみる必要があるのです。

愛する人を失うことは最もつらく悲しい経験ですが、私はこれまで何度も、天国から語りかけるサインがどれほど苦しみを癒してくれるかを目の当たりにしてきました。死は終わりではなく希望に満ちた新しい始まりだということを教えてくれるサインを受け取ることによって、深い悲しみと向き合うことがずっと楽になるのです。

よく目にする一般的な天国のサイン

天国からのサインは、この地球に生きる人の数と同じくらい存在しますが、その中でもよく目にするものがいくつか存在します。これまで送られてきたお便りの中でも特に多く寄せられたサインについて、彼らの話を交えながら紹介したいと思います。なかなか定義できないスピリチュアルな経験をカテゴリーに分けるとき、はっきりと論理的に区別することは難しいです。ここでは、すでに触れたサインもいくつか出てきます。

ここで論じる一つひとつのサインは、死別した大切な人だけではなく、スピリットや天国の存在とも関連しています。通常、サインは危機的な状況で現れることが多いのですが、いつもというわけではありません。ときどき、何の理由もなく現れることもあります。サインが現れる状況はいつも違いますが、その結末はいつも同じです。目に見えるものだけが人生ではないという、安らぎと希望を感じることができるのです。

蝶々

この数年、棺のそばに蝶々が現れて、愛する人を失って悲しんでいる出席者にとって大きな癒しとなっていると葬儀場の方々から多くの手紙を受け取っています。また、人生の大事な瞬間に蝶々が現れて、その姿が心の深いところに語りかけてくれたというお便りも受け取っています。蝶々は、地表の芋虫から空を飛ぶことができる翅《はね》の生えた生き物になるというスピリチュアルな変化を遂げる世界共通の象徴なので、このような話を聞いても私は驚きません。

蝶々の二つの話を紹介します。最初の話（ザネタ）は、愛する人を失ったときの悲しみにどれほどの慰めになるのかを教えてくれます。そして、次の話（ベサン）では、蝶々の出現によって、私たちは本当の意味で決して独りぼっちではないことを思い出させてくれます。

すてきな人々

先週は、二十二歳で亡くなったいとこの十回忌でした。何人かの親族は墓参りに出かけましたが、私は家にいることにしました。その日、私はいとことおばあちゃんのことを考えていました。庭に出ると、まさに私の目の前で、二匹の美しい蝶々がひらひらと仲良く飛んでいました。亡くなったすてきな人々のことを考えていると、私はよく蝶々を見るのです。これは二人が天国で幸せにしているという私に送られたサインだったと思います。

僕のそばに

去年、僕は大学で苦労していました。また、ひどい人見知りで、定期テストで口述試験があったのでとても緊張していました。口述試験の心配をしながら、キャンパスから学生寮に向かって坂を歩いていたとき、美しい青い蝶々が左肩の近くでぱたぱたと飛んでいるのに気づきました。

それを見て僕は微笑み、そのままどこかに飛んでいくだろうと思っていたら、歩いている僕のそばでずっとひらひらと飛び続けていたのです。車の多い道路を歩いていたので、そのうち雑踏が気になってどこかに行くはずだと思いましたが、数分経っても僕のそばを離れなかったのです。道路を渡ったときも、ずっと僕から離れずについてきたので驚きました。十分くらいそんな感じで、寮の近くまで来たとき、蝶々は少しずつ離れていきました。テレサ、僕はとても穏やかで平和な気持ちになりました。そして、その存在に癒され、僕は一人ぼっちではないと気づいたのです。

鳥

偶然に、あるいは、意外なところで鳥が現れたら、特にその鳥の種類が個人的に意味のある場合は、大切な人がそばにいるという上からのサインの可能性があります。カレンの話はそれをよく説明している例です。

すぐそばに

二〇一三年七月八日、私がオーストラリアに住んでいたとき、南アフリカにいた母が突然亡くなりました。私は一人取り残され、どうすることもできないという思いに襲われていました。悲報を聞いた月曜日は、一日中家の中に閉じこもっていましたが、火曜日の夜に夫が外に連れ出してくれました。気持ちを整理するために、店があるところまで川沿いの道を一緒に散歩してくれたのです。私の目からはとめどなく涙があふれてきていたので、夫はとても心配していました。私は魂の抜けたような状態だったのです。

一緒に歩いているとき、私の思考回路は麻痺したようでした。どうにか一歩ずつ前に進みながら、私たちは手をつないで黙って歩いていました。突然、白と黒の鳥（南アフリカの家の庭でよく見たセキレイという鳥に似ていました）が梢《こずえ》から降りてきて、ガードレールの上をちょこちょこ飛び跳ねながら私たちについてきました。私たちはそうやって二百メートルほど、小さな鳥と（一メートルくらい離れたところから）一緒に歩きました。最終的に私たちは道路を渡らなければならず、店に入ってしまいました。すでに暗くなっていて外は寒く、通常鳥は日没とともに巣に帰るものなので、奇妙だと思いました。

しかし、本当にすてきな話はここからなのです。私たちは五分ほど店にいたのですが、店を出て再び川沿いを歩くために道路を渡りました。どこからともなくあの小さな鳥が戻ってきて、目の前のガードレールに止まりました。鳥はそれ以上近づくことはないと思いましたが、ライ麦のビスケットの袋を開けていくつかのかけらを手のひらにおいて屈みました。すると、軽やかにチョンチョン飛び跳ねながら近づいてきて、私の手からビスケットを食べ始めたのです。それから、私たちが家に戻るまで、鳥はガードレールの上を飛び跳ねながらついてきたので本当に驚いてしまいました。

どこに行っても、私はいつもすぐそば（数メートル程の距離）までやってくる同じ種類の鳥を見かけるので、写真を撮るようになりました。今朝は母のことを考えていて、何かのサインを送ってほしいとお願いしました。その後、仕事を探すために、パソコンでパースにある中小企業の求人広告を検索していたとき、リーディングを行っている霊媒師を見つけました。彼女の口コミを読んでみると、驚いたことに、そこに私が出会ったあの白黒の鳥の写真が載っていたのです！

今日の午後は出かけていたのですが、家に戻ると郵便箱にあなた（著者）の新しい本が届いていました。急いで二階に上がり、ベッドに座りました。包みを開けていると、聞き慣れない鳥の鳴き声が聞こえてきました。ベッドルームの窓から外を見ると、ガードレールに同じ鳥が止まっていたのです。急いでカメラを取り出しました。鳥は私が二十枚以上の写真を撮れるくらい長い間そこに止まっていました。それから、あなたの本を持ってベッドに座り、間違いなく母が私に語りかけているのだと思いました。

本やメッセージ

本書はあなたにとっての死後の世界のサインかもしれません。何らかの理由で、この本があなたの手元にたどり着いたということを忘れないでください。探していたわけでもないのに私の本と巡り合い、まるでその本を読むことが運命だったかのように絶妙なタイミングで痛みを和らげることができたという人たちから、とても興味深い内容のたくさんの手紙をもらっています。例えば、彼らは地下鉄や病院の待合室で見つけたり、本を買うつもりや借りるつもりはなかったのに、タイトルが目に飛び込んできたということでした。リサから送られてきた魔法みたいな話のように、私の本がひそかに誰かのためになっていることを知るとき、とても謙虚な気持ちになります。

ルビー

あなたの本を読んで、亡くなってしまった大切な人たちともう一度つながることができたという人がたくさんいるに違いありません。私も父の名前であるトマスは、ほとんど毎日、どこかで見たり聞いたりすることがありますが、ときどきどうして私の母はあまり「連絡」してくれないのかと不思議に思っていたのです。

今日は、非常に忙しいスケジュールをやりくりして五分ほど時間を作り、大好きな場所に出かけました。本屋の形而上学のセクションです。これといった特別な理由もなく、私はあなたの本を見つけました。棚から取り出して、ランダムに本を開くと五十三ページで、そこには母の名前であるルビーが太字で書かれていました。かなり驚いて、もう少しページをぺらぺらとめくってみました。またランダムに本を開くと七十三ページで、今度も太字で「お母さんからのちょっとした助け」と書かれているのを見たのです。

まぁ！　なんてすごいのかと、私はこの上なく幸せな気分になりました。テレサ、私と母をつなげてくれてありがとう。このような贈り物は本当に貴重です。

次に紹介するバレリーからの話は、Ａｍａｚｏｎに寄せられた私の本のレビューから選びました。

私だよ

最近亡くなった夫に、今でも私のそばにいることを示すサインを送ってほしいとお願いしてからすぐに、私はこの本（テレサの著書）をランダムに選び、Ｋｉｎｄｌｅにダウンロードしました。第一章を五ページくらい進むと、見出しに「私だよ」という文字があり、チカチカと点滅していたのです。私はびっくりして、何度か同じページに戻ってみました。すると、そのたびに「私だよ」という文字が停止状態になるまで何度か点滅したのです。それから十六ページほど進むと、別の見出しに同じようなことが起こったのです。二つの文字がせわしく点滅して、それが停止すると「コンタクトを取ろうとしている」と書かれていたのです。

私は今、同じような経験をした読者がいるのか不思議に思っています。なぜなら、二台目のＫｉｎｄｌｅ Ｆｉｒｅでは、これらの見出しのところで点滅することはないからです。他のページでは起こらなかったのに、どうしてこれらの見出しのところで点滅したのか、説明することができる方はいらっしゃいますか？　それとも私の夫がコンタクトを取ろうとしていたのでしょうか？　一台目のＫｉｎｄｌｅでは、いまだに同じ見出しが点滅していますが、以前に比べると少し遅くなりました。バッテリーをリチャージしても点滅するスピードは速くなりません。この現象を携帯電話とタブレットで撮影して、他に似たような経験をした人がいなかったか尋ねるために、私はテレサ・チャンにメールで送りました。

これはまったく私が仕組んだことではありません！　私の本を読んだ後に、天国とのつながりを経験する読者がいるのは、本自体とは無関係で、すべては読者の魔法のような心とスピリットによるものなのです。なぜなら、本の中で読んだ何かがきっかけとなって、意識は死を超越するという考え方に心を開くことができるからです。他の人たちの経験談を読むことによって、意識的に、あるいは、無意識にスピリットを信じ、コンタクトを求め、それを受け取ることを期待するのです。

死後の世界に関する本だけがサインというわけではありません。どんな本でもスピリットとのつながりを感じるきっかけとなるものは、天国へと導いてくれます。また、サインは、重要な場面で耳にした詩や、ある問題についてあれこれ考えていたときに、あるいは、亡くなった大切な人が言ったことや行ったことを思い出させるような雑誌の記事ということもあります。繰り返しますが、そのようなサインは、まさに適切なときにあなたの心に語りかけるのです。さらに、読者からは、必要としていた個人的なメッセージを広告、ロゴ、スローガンなどを通して聞いたり、読んだりすることがあるという手紙も受け取っています。私がここでお伝えしたいのは、常に目を見開いて、あなたを取り囲む世界からどんなメッセージが語られているのかを知ることが大切だということです。個人的に意味のある言葉を、誰かのコーヒーカップやTシャツや車のナンバープレートで気づいたという人からも手紙をもらっています。従って、どんなことも対象外にしないでください。天国はとても工夫に富んでいるものです。

雲

雲の形を見ることは、私が大好きなことの一つです。Ｆａｃｅｂｏｏｋに雲の写真を載せると非常に好評なので、多くの読者の皆さんも同じように感じているのだと思っています。その姿が常に変わっていくので、雲はわくわくする気持ちを与えてくれます。そして、その中の一つが個人的にあなたに語りかけるとしたら、それは天国からのメッセージに違いありません。次に紹介する話の主人公エレンにとってもそうでした。

雲を眺めていました

私は妹をとても愛していました。私たちはとても仲のよい姉妹でした。しかし、妹が十九歳のときに不慮のボート事故で亡くなる前に、私がどれだけ彼女のことを愛しているのか伝えたことがありませんでした。もちろん、それからも私の人生は続き、今は自分の家族を持つようになりましたが、今でも毎日妹のことを考えますし、生きていたらどんな人生を送っていただろうかと考えたりします。

私が今日お便りしたのは、二週間前に妹の墓参りをしたときにとてもすばらしいことが起こったからです。墓石に手を置いて、妹のことを恋しく思いながらやさしく話しかけていたとき、太陽がかなり空の低い位置にあるなと思いました。その様子を眺めていると、完全に天使の形をした雲が現れたのです。小さな体に大きな翼が両側に生え、ふわふわ浮いたドレスを着て、裾からは小さな足が見えました。そして、両手を私の方に差し出していたのです。雲の髪はくるくるとした巻き毛で、その顔は笑っているように見えました。天使の姿をはっきりと見ることができました。テレサ、これはこの上なく幸せで心が慰められる光景でした。妹が亡くなってから初めて、妹が私に向かって自分は天使たちと一緒にいる、そして、天国で幸せに満ち足りた人生を送っていると伝えようとしているのだと感じたのです。

硬貨

生きているものではなくても、希望や可能性をもたらしてくれることがあります。これまでに、硬貨が思いがけない場所に現れたというすてきな話を何通も受け取っています。そして、時として、硬貨に刻まれた製造年が何かの記念日と重なって、非常に大きな意味を持つことがあるのです。メリーから届いた話は、小さな硬貨がもたらす力のすべてについて教えてくれます。

三ペンス硬貨

昨晩、あなたの新刊本の硬貨について書かれているところを読みました。それに刺激を受けて、私の経験をあなたにお便りすることにしました。今年の二月に母が亡くなりました。私はずっと悲しみに打ちひしがれていたのですが、そんなある日、しっかりしなくてはと思い直し、子犬のメイジーを朝の散歩に連れて行ったのです。突然そこで立ち止まるべきだと思ったのですが、理由はわかりませんでした。足元を見ると、長靴の間に茶色い小さな金属がありました。拾ってよく見ると、それは硬貨でした。

誰がその硬貨を私に届けてくれたのかと考えました。家に戻ってすぐに硬貨をきれいに洗いました。すると、それは一九四四年に製造された三ペンス硬貨でした。一九四四年は母が生まれた年です。すべてはきっとうまくいくと、母が向こう側から送ってくれたものだと思いました。悲しみの真っただ中にいながら、本当に大きな喜びを感じたのです。

ひんやりとした風

ひんやりとした穏やかな風が、決まって思いがけないときに、ふと頬に触れると多くの人が大切な人の存在を感じます。ときに、それはやさしいキスのような感じがします。中には、亡くなった愛する人が慰めの言葉をささやいているのを風の中に聞く人もいます。ここに紹介するのはもう何年も前に受け取ったニコラからの手紙ですが、本書に込めたメッセージを雄弁に総括してくれるものなので、あえて含めることにしました。

目に見えないキス

母の葬儀のとき、私はやつれ果てていました。家族がみな、母の姿を見るべきだと勧めましたが、私はそうしないと決めていました。なぜなら、母はいつも自分が生きていたときの元気な姿を憶えていてほしいと言っていたからです。家族は母の穏やかで幸せそうな姿を見て心が楽になったから、私にも少しでいいから母の姿を見るべきだと強く言っていたのです。そうしなかったことをいつか後悔するとまで言われましたが、私はそうすることを拒否していました。

式が始まる一時間ほど前、私はベッドに横たわり大泣きしていました。母は寒いのが嫌いでしたから、冷たい棺に横たわっている母のことを考えると耐えられなかったのです。最後に母にキスするべきかもしれないとも思いました。ちゃんとお別れするためにも、家族が言うことも一理あるのかと考えました。そのときでした。ひんやりとしたやさしい風が私の頬を撫でたのです。部屋のドアや窓はすべて閉まっていたので、風が吹いてきたことを説明することはできませんが、母がそこにいると感じたのです。

そんなことがあって、私は少し元気を取り戻し、もっと穏やかな気持ちで葬儀に臨んだのです。そして、母が一人ぼっちで冷たい棺にいる姿ではなく、母と一緒に過ごした、笑い声にあふれた楽しい時間を思い出すことにしたのです。式の終わりに、まず左頬に、そして右頬にやさしくキスされたような気がしました。目を閉じると、ちょうど母が私にそうしてほしいと言っていたように、笑いながら走っている母の姿がはっきりと浮かびました。私の決断は間違っていなかったと思いました。今でも、思い出す母は、いつもニコニコしながら走っているのです。母が憶えていてほしいと言ったように、元気に生きている姿なのです。

時計が止まる

大切な人が亡くなった正確な時間のまま時計が止まったという話は、これまでにも多く立証されてきました。それはまるで、時間というものは地上にしか存在しない人工的な概念だということを、残された人々に思い出させようとしているようです。天国には時間など存在しません。過去も現在も未来もなく、次に紹介するデビーが詳しく話してくれているように、決して終わることのない愛だけが存在する場所です。

時間を超えて

姉が亡くなったとき、その数年前の母の誕生日に、姉と一緒に買ってプレゼントした時計が止まりました。ねじをしっかり巻いて、正常に動作するはずなのに、再び動き出すことがなかったのです。

母は、これはきっと姉が死後の世界に行ったということを意味していて、私たちに愛を送ってくれているのだと信じていました。私自身は確信を持つことはできませんでしたが、姉の一回忌に母に電話したとき、その日に再び時計が動き出したことを聞いて、とても驚きました。それで、それは姉からのサインに違いないと思ったのです。

夢

詳しくは116ページを参考にしてください。夢は、さりげなく穏やかにコミュニケーションを図ることができるので、亡くなった大切な人たちがあの世から私たちと接触するための典型的な方法です。また、少なくとも、私たちに何らかの注意を促してくれるものなのです。

電気製品

ちらちらする照明、湯気の立ち昇るケトル、警報機などの電気製品がいつもと違う動きをするとき、サポートが必要なときに送られてくるサインだとよく報告されています。次に紹介するデニスとジョンの話は、それぞれそんなサインについて語ってくれています。

紅茶が最高

私は緩和ケアで末期がんの患者さんたちのために働いています。あなたの本によって、残された家族が大いに慰められています。ちょうど先週のことですが、まだ若い妻を亡くした方がいました。どういうわけか、何日もケトルが沸騰の合図の音を鳴らしたそうです。彼女は大の紅茶好きでした！　妻はきっとすぐそばにいるのだと思うことができたそうです。

点灯した

祖父は亡くなる前に、私たちと一緒にクリスマスツリーの飾りつけを手伝ってくれました。見事な装飾でしたが、数日も経たないうちに、天辺の天使の周りのライトがつかなくなってしまったのです。新しいライトを購入しようかと話し合ってはいたものの、クリスマスツリーにはクラッカーやその他の装飾も増えていき、別に買う必要はないのではということになりました。

クリスマスの二日後、祖父は心臓発作を起こして病院に入院しました。その後、一月四日に眠ったまま穏やかに永眠しました。それは祖父の突然の死でしたが、病院から戻ってくると、私たちは居間に集まって生前の祖父との思い出を語り合いました。クリスマスツリーのライトは消してあったので、私はスイッチを入れました。テレサ、もうわかったでしょう。電源を入れると、天使の周りのライトがまた点灯したのです。それは本当に美しく、心が癒されるようなサインでした。今でも忘れることはできません。祖父が私たちに話しかけてくれたに違いありません。祖父は無事に天国にたどり着いたのだと思いました。

携帯電話

携帯電話が説明のできない動作をしたり、呼び鈴が鳴ったのでドアを開けると、そこには誰もいなかったりすることがあります。電話については83ページを、天国が鳴らす呼び鈴については77ページを参照してください。

羽根

はっきりとした理由もなく真っ白な羽根が現れると、天国の存在を信じている人たちは思わず微笑んでしまいます。次に紹介するサンディの話は、私が読者から多く受け取る羽根についての手紙とよく似ています。

ふわふわ舞い落ちる

七年前、祖母は急に体調を崩しました。そのとき八十六歳で、祖母が回復する見込みはなく、医師たちからも数日から一週間の命だと言われました。祖母はとても強く愛情深い人だったので、母も家族もひどく動揺しました。家族は病院に集まり、カナダに住んでいた姉さえも飛行機で戻ってきました。多くの涙が流れ、私たちはただ待つという あの恐ろしい状況を過ごしていたのです。すでにお別れは済ませていましたが、祖母は一週間持ちこたえ、さらに十日が過ぎようとしていました。祖母はほとんど意識がありませんでしたが、私たちはできるだけ病院に行って、一緒に過ごす時間を作ろうとしていました。最後まで残っているのが聴力だと聞いたので、祖母に話しかけたり、本を読んだり、音楽を聞かせたりしました。

ある夕方、庭に座って姉と話をしていたときに、一つの大きな白い羽根がゆっくりと優雅に目の前をふわふわと舞い落ちてきて、姉の足元に止まりました。辺りは大分暗くなってきたので、鳥の姿を見ることも鳴き声を聞くこともありませんでした。その羽根は美しく輝くような白さでした。私たちはしばらく話すのをやめ、うっとりと羽根を眺めていました。数分後電話が鳴り、夫が庭に出てきて、祖母が亡くなったと教えてくれました。あの羽根は祖母がさようならを言うために送ってくれたものだと確信しています。

次に紹介するアンの話は、一つだけではなく、たくさんの羽根が登場します。

天国からの羽根

最愛の妹が亡くなって数か月後、私は娘とミュージカルの『ゴースト』を観るためにロンドンへ行くことにしました。まだ妹が生きていたときに一度観劇したことがありましたが、妹を失ってそれほど経っていなかったので、今度はもっと悲しくて心が揺さぶられてしまうのではないかと思っていました。娘と私は地下鉄を降りて、劇場があるピカデリーサーカスに出るために階段を上っていきました。するとどうでしょう。本当に嘘でも何でもありません。何百、何千の白い羽根がピカデリーサーカスや地下鉄の階段に落ちてきていたのです！　それほど多くの羽根を人生で見たことはありませんでした。家に帰ってから「ピカデリーサーカスの白い羽根」についてネットで検索し、鳩の大量処分か何かの記事があるのではないかと思いましたが、何も載っていませんでした。まさに妹が「私はここよ、元気でいるわ、あなたたちがこの週末ロンドンに行くことを知っていたのよ」と叫んでいたのではないかと思いたいです。

羽根は死後の世界からのサインとして広く受け入れられていますが、中には間違いなく天国を証明するものだと考えている人もいます。次に紹介するパットもそう信じている一人です。

庭に落ちていた羽根

私はずっとスピリチュアルな人間で、これまでにも多くの奇妙な経験をしてきました。初めてスピリチュアルな経験をしたとき、もう少しで天使たちに会えそうでした。ある夜、天使がいるという証拠を見せてほしいと願いながら眠りにつきました。翌朝、目を覚ますと、天井から何かが落ちてくるのを見ました。一体何だろうと思い、それを確かめるためにベッドから出ると、それは小さなふわふわした白い羽根でした。自分の目が信じられませんでした。何ということでしょう。そのふわふわした白い羽根はどこからともなく舞い降りてきたのです。

それから一年か二年が経ち、精神的に少し落ち込んでいるときに、再び天使の証拠についてお願いしました。天使って、きっとユーモアのセンスがあるのですね。それからすぐ、家につながる小道の入り口に、ものすごい数の羽根が落ちていたのです。まるで誰かが羽根の入った袋をそこでひっくり返したみたいでした。近所の人たちも羽根について話していました。中には鳥に何かしたのかと尋ねてきた人もいました。私は何も言いませんでしたが、羽根が何を意味するかは知っていたので、思わず声を上げて笑ってしまいました。それからは証拠を見せてほしいとお願いすることはまったくありません。

花

珍しい花や植物に関する別の側面が現れたり、普通より長く咲いていたり、あるいは、一度枯れたのにもう一度花が咲いたりする話は、心温まる死後の世界のサインです。次に紹介するクリシアの話は、とても心地良く魅力的なぬくもりを感じさせるものです。

ツバキ

母が亡くなって初めてのクリスマスの日、子どもたちを元夫の家に送り出してから、ソファに座って母を思って泣きました。大分気が滅入っていて、孤独を感じていました。しばらくすると、心が安らぐような温かい感覚が私を包み込みました。カーテンを開けて、母の遺灰が埋まっているツバキの木を眺めました。驚いたことに、大きなツバキの花が一つ咲いていたのです。毎年二月になるとツバキの花が咲くのですが、自分がそばにいることを知らせるために、母がクリスマスプレゼントを届けてくれたのだと思いました。

次に紹介するキティには返事を書き、彼女の話はただの偶然ではなく、とても大きな偶然だと伝えました。

大きな偶然

数週間前に、母のお墓を訪ねるためにカナダへ行ったときの話をあなたに伝えるべきだと思いました。

二週間前、カナダに帰郷するときに、あなたの本を一冊持っていきました。十二年前に母が亡くなってからというもの、私は天国に関する本を読むようになりました。カナダに二週間滞在している間、あなたの本を読みながら、母も自分は元気でいるというサインを送ってくれないものかと考えていました。ちょうど、読者があなたにお便りするように、似たような経験を私もできるだろうかと思ったのです。母が亡くなってこれまで、私はどんなサインも受け取ることはありませんでした。私たちは仲のよい親子でしたが、スピリチュアルなつながりを感じることはなかったのです。どちらも私が考えるようなスピリチュアルな人間ではなかったので、母からサインをもらうことは無理な注文で、非現実的だと思っていました。

しかしながら、旅行の五日目に、かれこれ三十年親しくしている隣家の方が、私たちに信じられないようなものを見せてくれたのです。あなたの本を三分の一ほど読み進めていたときでした。八月十九日の早朝、姉と私はお隣さんが庭の芝生の手入れをしているのを見かけました。すると、彼の庭に咲いている花の中からアジサイを見せてくれたのです。白い花の中に一輪だけ紫のアジサイが目を引きました。すると、紫の花は母が亡くなる前日に立っていた場所に咲いているのだと教えてくれました。彼は何年もアジサイを植えているけれど、これまでずっと白しか咲かなかったと言っていました。これはきっと天国からのメッセージだから、私たちに伝えなくてはいけないと思ったそうです。

メッセージと聞いて私はとても感情的になり、その場で泣いてしまいました。私自身は天国からサインを受け取ることができるほどスピリチュアルではないけれど、スピリチュアルな隣人を通じてメッセージが届いたのです。私は感謝の気持ちで一杯でした。もしあのとき、あなたの本を読んでいなかったら、そのメッセージをしっかりと受け止めることはできず、ただの偶然だと片付けてしまっていたかもしれません。

落とし物

場合によっては、とても大切なものを失くしてしまったのに、突然、絶好のタイミングで見つけることができると、愛する人はすぐ近くにいるのだと確信することができます。そんなことが、次に紹介するニックに起こりました。

完全な一致

妻は亡くなる前に、天国から私にサインを送ると言っていたのですが、お互い本気にしていなかったと思います。妻は私を慰めようとしていただけでした。彼女の一回忌に、私はひどく妻のことが恋しくなりました。気持ちを紛らわせるために、突然寝室の壁を塗り替えようと思い立ったのです。すべての家具を部屋の中央に移動すると、床に何か光っているものがありました。屈んで拾ってみると、銀と青のイヤリングでした。すぐに思い出しました。それは、初めての結婚記念日に私が妻に贈ったものでした。彼女はとても気に入ってくれて、それから十年の間に何度もつけてくれたのですが、片方失くしてしまい、ひどく落ち込んでいたのです。妻は、その日の朝につけたことは憶えていて、昼過ぎに出かけようとしたときに片方失くしていることに気づきました。私たちは何日もかけていろいろな場所を探しました。

最終的に、飼い犬が食べてしまったか何かだろうと、捜すのを諦めたのですが、その二十二年後の妻の一回忌に見つかったのです。春の大掃除のときには、妻は必ず家具を動かして掃除機をかけていたので、まったく説明がつきません。もしこれが、妻が私に約束していたサインでなければ、他にどんなサインがあるというのでしょう。宝石箱に残っていたもう片方のイヤリングと合わせると、とても穏やかな気持ちになりました。その気持ちは今も続いています。妻は残ったイヤリングをどうしても捨てる気になれなかったのですが、どうしてなのか今の私にはわかります。

数字

時計をふと見たとき、あるいは、メッセージやメールが送られた時間が十一時十一分だったというように、数字の十一が並ぶ現象が起こると、多くの人が決まって何かを感じるものです。なぜなら、数秘術師によると、数字の十一は天国からの導きというスピリチュアルな意味が込められているからです。しかし、この現象は数字の十一に限られたことではありません。あなたにとって重要な数字がたびたび表れるようなことがあれば、それは向こう側から送られたサインの可能性が高いのです。次に紹介する二つの話はサイモンとリンダから送られてきましたが、それがよく表れています。

11・11

あなたの本の199ページに「天国が時計を確認するようにささやくことがあるかもしれません。すると、神聖なる愛と保護のシンボルである11・11を指していることに、あなたは気づくかもしれません」とありました。私は純粋に興味を持ち、時計をチェックすることにしました。どうだったと思いますか？　そう、その通り！　ちょうど十一時十一分になるところだったのです（もちろん、この十一月のことでした）。けっこう驚いたのですが、落ち着いて考えてみれば、何もおかしくないのです。この話をあなたもお聞きになりたいかと思いペンを取りました。あなたの本を変性疾患と戦っている生涯の親友に渡そうと思っています。彼にも私と同じように愛と保護のシンボルを見つけてほしいと願っています。

二十一

ちょうど一年前に夫が亡くなりました。彼を深く愛していたので、この一年を生きるのは長く辛いものでしたが、二十一という数字によって、悲しみと向き合うことができました。というのも、夫は九月二十一日に生まれたせいか、数字の二十一が一番好きでした。メールアドレスやその他のユーザーIDにも使っていましたし、どんなときでも毎月二十一日になると「今日は自分のラッキーデーだ」といつも私に言っていたのです。夫が亡くなってから、私はあちこちで数字の二十一を見かけるようになりました。時計、車のナンバープレート、レジのレシート、手紙、本のページ数、住所、値札などにその数字を見つけたのです。たびたび目にしたので、深い悲しみの中でも私を癒してくれました。そして、改めてこれからしっかりと生きていこうと思える勇気を与えてくれました。夫は亡くなってしまいましたが、何度も数字の二十一を見かけることによって、私は新しいスピリチュアルな気づきというものを彼からもらったのだと感じています。

音楽

私はこれまで、音楽によってすばらしいインスピレーションをもらったという多くの手紙を受け取ってきました。深い悲しみの淵にいるとき、亡くなった大切な人と強い関連性のある歌が流れているのを聞くことはよくあることです。次に紹介するヴィンセントの話は、音楽というサインが持つスピリットの魅力的な力について多くのことを教えてくれます。

ディープ・パープル

数年前、最愛の息子の容態が非常に悪くなりましたが、医師たちはその原因をなかなか見つけることができませんでした。一時は救急輸送機でグラスゴーまで運ばれ、そこで一週間を過ごしました。しかしながら、家に戻った後も症状は続き、最終的に深刻な状態に陥ったので、地元の病院に駆け込みました。とうとう、原因は潰瘍性結腸炎だということがわかり、入院することになりました。私は毎日息子のそばにいました。ある日の午後、息子は眠っていたので、病院の食堂に行きました。

食堂ではゲール音楽を流す地元のラジオが流れていました。いつもはゲールやフォーク音楽（私は大好きでした）を流すのですが、席について食事を始めると、突然ディープ・パープルの「ブラック・ナイト」がかかりました。私はディープ・パープルの大ファンで、特にジョン・ロードが大好きで、一時期は夢中になっていました。涙があふれてきました。まったく信じらせませんでした。いつもそのラジオを聞いていましたが、ロックや、ましてやへビーロックがかかることなど決してありませんでした。それなのに、そんなことが起こって、病院の食堂で聞いていたのです！　私にとってそれは、間違いなく息子はきっと回復し、心配しなくても大丈夫だという天国からのサインに思えたのです。その直観は当たりました。その日を境に、息子は少しず

つ回復し、元気を取り戻しました。

私は、もし天国がどこかにあるとしたら、魂を奮い立たせてくれるすばらしい音楽の音符の中に存在するのではないかとよく感じてきました。この人生において、音楽はこれまで何度もスピリチュアルな方法で私に語りかけてくれました。本書を執筆しているときもそんなことがありました。

すべては名前の中に

子どものころは、自分の名前が好きではありませんでした。私にすれば、テレサというのはロマンチックでもおしゃれでもない名前でした。仕方ないと思うようになりましたが、空想の中では私はいつもイザベラとかクロエとか、もっとわくわくするような魅惑的な名前を自分につけていたのです。しかし、二〇一五年にクロン・リという音楽のプロジェクトを立ち上げた人たちから、私の本に刺激を受けて天使のヒーリング音楽を制作することになったというメールをもらったことで、すべては一変しました。彼らは『天使の唇から』と『アナム・カラ（魂の友だちという意味）』という二つの曲を送ってくれました。何て耳に心地よい音楽だったでしょう。私は深く感動し、謙虚な気持ちになりました。彼らはまた、私と同じ名前のアビラの聖テレサから多くのインスピレーションを得ていると教えてくれました。そして、私の名前はアビラの聖テレサやマザー・テレサから名づけられたのか、あるいは、この二人の不滅の女性たちに親近感を覚えているのかと尋ねられたのです。

正直に言うと、このときまでこの二人の女性とのつながりを感じたことはありませんでしたが、彼らが制作したアルバムに触発されて、二人の人生やスピリチュアルな教えについて調べてみることにしました（付記四参照）。その結果、これまでずっと欠けていた、私の名前に対する尊敬の念を新たに感じることができたのです。あの二人のように偉大なことを成し遂げることも、一つの教えの道に一生を捧げることもできませんが、母が私の名前を選んだときから、天国はずっと私にサインを送っていたのだということに気づきました。そのサインこそが、私の名前そのものだったのです。音楽の贈り物によって私が正しい波長を見つけることができるまで、私はただ自分の名前とうまくシンクロできていなかっただけなのです。

雑音

足音やドアを叩く音など、説明のできない音や雑音について、愛する人が亡くなった数日後に聞くことがあると報告されています。こうした雑音はどんな形であれ、怖いと感じることはなく、不安な気持ちになることはありません。そうした音を聞くと、スピリットがそばにいてくれると感じ、心が満たされます。次に紹介するエバもそのような体験をした一人です。彼女の話を聞いてください。

すてきな紳士

叔父が亡くなった後、生前そうしていたように、六日の間、家の中をあちこち歩き回っている音が聞こえていました。私がこんなことを言っても、叔父は気を悪くすることはないと思いますが、彼はいつもニコニコしていて、礼儀正しく、上品な語り口のすてきな紳士でしたが、同時に不器用で騒がしい人だったのです。叔父が来ているとすぐにわかるほどでした。ドアをバタンと閉めたり、足音がうるさかったり、誤って何かを壊してしまったりすることもよくありました。亡くなった後も、いつものようにあちこちで音が聞こえてきたので、叔父がまだ家の中にいるような感じがしました。

ある夜、私はベッドで寝ていたのですが、家族はみんな出かけていました。そのとき、叔父が階段を昇ってくる足音を聞きました。一段上がって、二段抜きする癖があり、そのリズムが聞こえてきたので、すぐに叔父だとわかりました。不思議なことに、テレサ、私はそれが怖いとは思わなかったのです。なぜなら、叔父は会うだけで人々がつい笑ってしまうような楽しい人だったからです。スピリットとなっても、生きていたころと同じようにすてきな紳士のままだとわかっていたので、恐れることは何もないと思いました。次の日の夜もドアがバタンと閉まる音が聞こえましたが、そのときも家には私以外誰もいませんでした。それから数日間は、壁に掛かっている絵が落ちてきたり、テーブルからコップが落ちたりと、家の中のモノが壊れたりしましたが、説明がつきませんでした。また、一階のダイニングで家族全員が朝食を取っていたとき、私は大きな足音がするのを聞きました。叔父の葬儀の日に音は収まりました。心の中に安らぎを見いだし、天国で大きな音を立てながら元気でいることを願っています。

モノが動く

生命の宿らないモノや材料が現れたり、どういうわけか動いたりしているときも、実に多くのことを語っていることがあります。次に紹介するサラ、メリー、トリッシュの興味深い話にもそれがよく表れています。

クロスワード

今年の四月に大好きだったおばあちゃんを亡くしました。その後、私は珍しい自己免疫疾患にかかり、現在ステロイドと化学療法を続けています。

このごろ、私はよく家の中でおばあちゃんに話しかけているのですが、おばあちゃんから返事が来ました。昨日の朝、私は夫と口論になりました。それから、二階に行って化粧の続きをしていると、本棚から一冊の本が床に落ちました。そして、本にはさんであったペンが床に転がったのです。落ちた本は棚の端にあったから落ちたということでもなく、どうしてその瞬間に落ちたのか不思議でした。

それはおばあちゃんではないかと思ったので、怖いとは思いませんでした。そして、棚から落ちたのは、化学療法を受けるときに持っていけるようにと母がくれたクロスワードの本でした。もしかしたら、おばあちゃんは夫と私がお互いに言葉を投げかけ合うのをやめなさいと言っているのかもしれないと思いました。

そう考えると心が安らぎ、まったく怖いと思いません。不思議なのは、おばあちゃんが亡くなる数か月前に、いつか天国からメッセージを送るか、モノを動かして自分が来たことを知らせてほしいと頼んでいたのです。そのとき、おばあちゃんは笑っていました。私がちょっとおかしなことを言っていると思ったかもしれませんが、別の世界が存在することを証明するために、本当にそうしてくれているかもしれないと思いました。

ヘッドレスト

夫は六年ほど前に亡くなりました。ある晩ベッドの中で、夫に会いたいと呟き続けました。数日後、私は年老いた母を連れてドライブに出かけました。

車は新車で購入し、まだ六週間しか経っていませんでした。車を出す前には、必ずミラーを見て、動き出しても大丈夫か確認しています。走り出して二分ほどしか経っていませんでしたが、バックミラーを覗き込んでびっくりしました。後部座席のヘッドレストが一番高い位置に上げられていたのです。これまで誰も後部座席に乗ったことはありませんでしたし、私の他に車の鍵を持っている人もいません。出発したとき、ヘッドレストは一番下になっていたはずです。母は、おそらくずっと高くなっていたのに、私が気づかなかっただけではないかと言いました。しかし、もしそうだったとしたら、後部ウィンドウの視界を少し遮っていたので、私は気づいたはずです。また、車を購入したときに、息子に送るために写真を撮りました。家に帰ってから写真を確認しましたが、確かに下がっていました。夫に違いないと思いました。とてもびっくりしました。

とても誇らしい

夫のアランが十二週間前に亡くなってからというもの、何とも奇妙で、それでいてすばらしい出来事が私に起こっています。まず、彼のエレキギターが、壁にネジで取りつけた金具から外れて落ちてきました。それから、扇風機の前に座るたびに、勝手にスイッチが入って動き出すのです（アランは私がどれほど夏の暑さが苦手か知っていました）。また、誰かが可動式のベッドを数日間続けてそっと揺らすのを感じました。びっくりするような強さではなく、私が目覚めるのにちょうどよい揺れなのです。その上、アランの葬儀から数日後、空を眺めていたのですが、突然ハートの形をした雲が現れました。そのとき、息子と電話で話をしていたので、すぐにそのことを伝えました。

オーブ

ソーシャルメディアに載せるために、今では多くの人が携帯電話で写真やビデオを撮影していますが、オーブに関する手紙やメールの数がかなり増えていると思います。次に紹介するトレイシーのメールがそのよい例です。

びっくりしました

今日、とてもびっくりしたのですが、息子がイースターエッグを見つけている様子をビデオで撮影していたら、いくつかのオーブが息子の周りを飛んでいたのです。息子の周りにオーブが飛んでいるなんて見たことがありませんでした。サムスンの携帯電話を使っていますが、小さくて白いオーブでした。時折速く動いたりしていました。撮影したものを何回も繰り返し再生しています。スピリットの可能性はありますか？　以前あなたにもお話したように、この九月で五年になりますが、当時七歳だった息子を亡くしています。オーブを見て、私は少し興奮しました。オーブについては聞いたことがありましたが、私自身はこれまで見たことがありませんでした。撮影したものを観ますか？

本章を執筆しながら、私はパソコンの上にあるオーブボードを見つめています。そこには長年にわたって私に送られてきた数々のオーブの写真を貼っているのです。その中の一枚に、ある人の隣で明るい光を放つはっきりとした球体が見えます。よくあることですが、写真を撮ったときには、光の球はありませんでした。どの写真のオーブもそれぞれ違うので、理に適う説明は見つかりません。トレイシーはメールの中で映像を観てみたいか尋ねてくれましたが、このような場合、私の返事は決まっています。まずは、自分の研究にデータを使うことを条件に無料で画像や映像を解析してくれる超心理学者の詳しい連絡先を伝えています。それから私の個人的見解も伝えています。もちろん、カメラの誤動作やライトの加減など、ときに合理的に説明することができる現象のときもあります。しかし、説明できるかどうかに関係なく、死後の世界とつながっているという思いをもたらしてくれるオーブの存在は、天国からのサインだと私自身は思っています。

虹

虹を見るとうっとりしますし、畏怖や感嘆の念があふれるものです。そして、畏怖や感嘆の念を抱くとき、いつでもスピリットがすぐそばにいるということなのです。次に紹介するジュディの話を聞くと、決定的な瞬間に虹が現れることで、何にもまして安らぎや希望を与えてくれるものだということがわかります。

すべての色が

娘のベサンは産まれる前に亡くなりました。初めての子どもで、私の心は壊れてしまいました。二十二年経った今も、もし生きていたらどんな人生を送っていただろうかと、毎日あの子のことを考えてしまいます。ベサンが亡くなった後、気が動転して、私は自暴自棄になっていました。ひどく痩せてしまい、私が倒れてしまうのではないかと家族は心配していました。私はただ生きる気力を失っていたのです。

ベサンの死から一年後、彼女の小さなお墓を訪ねて二時間ほど過ごしました。墓石のそばに座っていると雨が降り出してきて、私は泣き出してしまいました。雨が止み、もう家に帰らなくてはと思い、立ち上がったのですが、何かが違っていました。娘が亡くなってから初めて、重い気持ちが少し軽くなり、元気が出てきたのです。あまりうまく言えませんが、娘がそばにいるような気がしたのです。空を見上げると、今まで見たことがないような美しく壮麗な虹がかかっていました。とても大きな虹で、すべての色が入っているように見えました。まさに魔法のようでした。私はぽかんと口を開けて、長い間虹を眺めていました。ただただその美しさに魅了されていました。まるでベサンが私のために空に描いてくれたような気がしたのです。

墓地を出るとき、カップルが入ってきたので、私は彼らに微笑みかけました。振り返って彼らに虹を見せようとしたのですが、もうそこにありませんでした。テレサ、忽然と姿を消してしまったのです。それはただの偶然で、虹はかなり急速に消えてしまうことがあるかもしれません。しかし、私としては、ベサンが私を励まし、彼女が死んだわけではないと教えてくれたのだと思っています。それは私だけに送られた天国からのサインだったのです。

次に紹介するウェンディの話も虹が関係しています。しかし、ジュディの経験とはまったく違います。なぜなら、虹に限らず天国から送られてくるすべてのサインは、なにも亡くなった大切な人たちのことを思い出すためだけに現れるわけではないからです。ときに、それらは切望していたスピリチュアルな意味や希望を与えるために現れることがあるのです。

できるだけ長く

この話は、末期がんに侵されている息子の嫁に関することなので、私にとっては特別な意味を持ちます。彼女は去年のクリスマスに余命六か月だと宣告されました。彼女には幼い息子が二人いるので、あの子たちの成長を見届けることができないかと思うと胸が張り裂けそうです。とにかく、彼女はまだ生きていて、それは私たちにとって何よりの幸せです。

今年の夏、私は子どもたちや孫たちと、バトリンズ・リゾートで休暇を過ごしました。私と夫は、残された貴重な時間を家族一緒に過ごしたかったのです。息子一家は私たちより数日遅れて到着し、私たちとは反対の場所にキャンピングカーを停めました。到着からしばらくして、私たちは彼らを訪ねました。椅子に座り、嫁が子どもたちと遊んでいる姿を眺めていると、悲しみで胸がいっぱいになりました。子どもたちははしゃいでいましたが、こんな恐ろしい病気を抱え、子どもたちと一緒に過ごす時間も限られているというのに、彼女はどうやってその苦しみに耐えているのかと思うと声を上げて泣きたくなりました。雨が降り始めたので、私たちは外に出してあったものを片付ける手伝いをしました。家族四人で夕飯を食べてもらいたいと思い、私たちは自分たちの場所に戻るために車で走り出しました。その間、どうか彼女ができるだけ長く子どもたちと一緒に過ごせますようにと祈っていました。ふと空を見上げると、二重の虹がかかっていました。その様子を写真に収めました。私を助け慰めるために、虹が出たのではないかと思いました。

香り

読者の中には、目に見えないけれど、ラベンダーやバニラのように力を与えてくれたり、気持ちが高まったりする香りや、あるいは、花が咲いているような心地よい甘美な香りがしたという話を送ってくれる人たちもいます。次に紹介するジェマにはこんなことがありました。

隠れた力

私はずっと恋人との関係に悩んできました。また、手術後の合併症で危うく命を失うところでした。ちょうど一年前、私には守護天使がついていて、天国から見守ってくれているに違いないと思うような出来事がありました。

それは夏の時期でしたが、恋人との破滅的な関係にピリオドを打つ少し前に、一度目はキッチンで、そして、二度目は居間でテレビを見ていたときに、私は花の甘い香りを感じたのです。それはバラの香りのような気もしましたが、ぱっと現れたように、すぐに消えてしまいました。近くに花やそのような香りがするものはなく、おかしいなとは思ったのですが、そのときはあまり深く考えることはありませんでした。

次も夏のことで、恋人の家から引っ越す直前に、水辺の大好きな場所に友だちと一緒に座っていました。友だちと話していると、今度はレモンのようなシトラスの香りがしました。友だちにとても良い香りだけど、彼女にも匂うか尋ねてみました。すると、彼女は何の香りもしないと答えたのです。

そのときになって、以前のバラの香りのことを思い出したので、彼女にその話をしました。友だちの家に戻ってからインターネットで調べてみると、この地上の次元ではない人の香りを嗅ぐことができる力について書かれたサイトが見つかりました。私が最も必要としていたときに、希望と勇気と安らぎを与えてくれました。恋人と別れることに不安や恐怖を感じる代わりに、自分は強いし、愛されているし、守られていると感じたのです。

香水のように、中には亡くなった大切な人だけに関係する香りに気づく人たちもいます。次に紹介するアンバーの場合はペンキでした。

忘れないでよ

私の兄は便利屋だったので、仕事をしていないときでも、ペンキの匂いがしました。先週、私は家の中を片付けていたのですが、突然塗りたてのペンキの匂いがしました。子どもたちは同じ部屋で宿題をやっていたので、ペンキの匂いがするか尋ねてみたのですが、何も感じないと答えました。そのときはあまり深く考えなかったのですが、寝る準備をしているとまた同じ匂いがしたのです。夫にも匂いがするか尋ねましたが、彼も感じることはできませんでした。そうなると、兄のことを強く考えるようになりました。感情的になってしまいました。兄が亡くなって今日でちょうど七年だと夫が言ったので、余計悲しくなってしまいました。

忘れていたなんて、私はどうかしていました！　後ろめたい気持ちになりました。兄のことを忘れていたわけではありません。心の中にはずっと兄がいるのです。どういうわけか、私らしくもなく、日にちがごちゃ混ぜになっていました。しかし、兄はちゃんとわかっていたのです。だからこそ、ペンキの匂いがしたのだと思います。

言葉

あなたを導いてくれるようなまさにぴったりのアドバイスやメッセージを、テレビ、ラジオ、または普段の生活の中でふと耳にすることは、信じられないくらい元気を与えてくれます。次に紹介するシーラは自分の経験を話してくれました。

サイモンが言うには

私は双子ですが、弟は産まれて数時間後に亡くなりました。両親はその弟をサイモンと名づけました。サイモンと一緒に育つことはできませんでしたが、彼のことはよく考えますし、安らかにいてほしいと願っています。ときどき、妙にサイモンのことを恋しく思うのですが、どうしてなのかはわかりません。去年、とても信じられないことが起こり、あなたにも聞いてもらいたいと思いました。ある日、スーパーマーケットで買い物をしていたのですが、私はとても落ち込んでいました。ちょうど流産したばかりで、果たして健康な赤ちゃんを産むことができるのか悩んでいたのです。そのとき、十四歳くらいの女の子がそばを通りかかりました。その子が友だちか姉妹（それが誰なのかはわかりません。その子を以前にもそれ以後も見かけたことはありません）に「サイモンが言うには、あなたはそうすべきだって」と言っているのを聞いたのです。そのタイミングが絶妙で、私はちょうど、もう一度赤ちゃんを作るためにがんばるべきかどうか考えていたのです。六か月後、私は妊娠し、今では小さな男の赤ちゃんのお母さんになりました。夫の意見はまったく尊重されませんでした！息子の名前はサイモンです。

何気なく聞こえた会話を通じて、天国が語りかけてくれたとシーラは心から感じました。私にもこれまでの人生で、何度も起こっています。母の名はジョイスと言いましたが、母にたまらなく会いたくなると、周りの会話の中でよく「ジョイ（喜び）」という言葉を聞きます。次に紹介するアリソンは、ふと耳にした会話を聞いて鳥肌が立ったと手紙をくれました（私も手紙を読んだときそうなりました）。

ちゃんとわかっている

すばらしい人だった母は、去年亡くなりました。それは天気のよい穏やかな日のことでした。私はキッチンのテーブルで、母の主治医、母がいた病棟、そして、家族ぐるみで付き合いのあった牧師さんに宛てて、三通のお礼の手紙を書いていました。きっと母はそうしてほしいだろうと思い、母の筆記用具と切手を使うことにしました。書いた手紙はすぐに送りました。学生だった息子たちは大学に戻り、夫は母の家で荷物の整理などをしていたので、その日の午後は、私一人で家に居ました。夫は出かける前に、車庫の引き上げドアにコーティング用のペンキを塗り、乾かすためにほんの少しドアを開けたまま出かけました。

私も車庫の中を片付けようと決め、棚の掃除を始めました。数分後、外で声がするのを聞きました。それは誰かと話をしている女性の声でしたが、相手の声は聞こえませんでした。すぐにエホバの証人ではないかと思いました。とても話す気分にならなかったので、卓球台の後ろに隠れて不在を装いました。女性の声を聞きながら、ドアのすき間から外を見ると、その人が家の玄関の鉢植えの植物を眺めながら立っているのが見えました。会話は続きました。

「ええ、これはきれいなペチュニアだわ。本当にきれいね。ええ、あの子はちゃんとわかっているのね」

私は自分の耳が信じられませんでした。なぜならそれは毎週火曜日と日曜日に、母の世話や家を片付けに行ったときに、いつものように交わしていた会話だったからです。私はガーデニングに詳しいわけではなく、植物に水をあげて、枯れた花を摘み取るくらいのことしかできませんでしたが、母は私がよくわかっているとたびたび褒めてくれたのです。そのときの会話をよく覚えていました。その女性は家の車道を歩いてくると、車庫のドアの前に立ち、こちらを眺めていました。ドアは少し開いていたので、彼女の足元が見え、こちらに向かって立っているのがわかりました。右脇には野原で摘んだ青い花束を抱えていました。表に出るべきか迷いましたが、じっとしていることにしました。すると、彼女は小さな声で「ありがとう、ありがとう、ええ、ただそれだけよ。ありがとう」と言ったのです。すると、振り返って車道を戻っていき、そのまま立ち止まることなく家の前の道路に出ました。私はかなりの衝撃を受けましたが、そんなことがあってから、大きな安らぎを感じるようになりました。母に代わって三通の感謝状を書いたその日に、なぜ見ず知らずの他人から三回ありがとうと言われたのか、どうしてペチュニアの会話が再現されたのか、それにあの青い花は誰のためのものだったのか、私には何一つ説明することはできません。それでも、これらはすべて私だけのために送られたサインだったのではないかという気がしています。

大切な人があなたの中で浮かぶとき

最後に、もしかすると、すべてのサインの中で最も深遠なものは、亡くなった大切な人たちが突然あなたの頭の中や心に浮かぶときなのかもしれません。彼らのことを考えたり、心の中にいるような気がしたりするとき、彼らはあなたの中で生きているのです。ジェーンが送ってくれた心温まる話は、私が言いたいことを完璧に説明してくれます。

永遠に

私の夫は五年前に亡くなりました。何年も病気を患っていたので、彼の死は予期せぬものではありませんでしたが、それでもとてもショックでした。告別式の前日、私は泣き疲れていました。何日も外に出ていなかったので、母は新鮮な空気を吸いに外に出てみたらと言いました。母が正しいと思いました。私は無理を押して庭に出てみました。

庭に立っていると、信じられないような幸せや安らかな感覚が私を包み込みました。まるで宙に浮かべるくらい、身体がとても軽く感じました。すると、夫の作業小屋に行かなくてはという思いに駆られました。そこは夫が一番好きな場所でした。亡くなる前日に、作業小屋に行ってほしいと言っていたのですが、そんなことをしてももっと辛くなるだけだと思い、行ってみようという気になれなかったのです。小屋の中に入ると、床に大きなカードが置いてありました。そこには私の名前と、夫が亡くなる十六日前の日付が書かれていました。彼は、私のためにカードを残していってくれたのです。

震える手で、封筒を開けました。一輪の赤いバラの写真がついたカードで、中には夫の字でメッセージが書かれていました。

「もう自分の目で君を見ることも、自分の手で君に触れることもできないけれど、僕はこれからもずっと心で君の声を聞き、心で君のことを感じているよ」

テレサ、それ以来ずっと、私のすぐ横に、そして私の中に夫を感じています。彼がいなくて寂しいときには彼が残してくれたカードを読むのです。すると、まるで夫がすぐそばにいるような気がします。

どんなものでもサインになり得る

これまでに読者から多く寄せられた一般的なサインは、以上のようなものですが、これまで長年にわたってスピリットの世界や亡くなった大切な人たちとのつながりについて書いてきたので、私は文字通り、どんなものでもサインになり得ることを学びました。なぜなら、それは受け取る側にとって、とても個人的なものだからです。次に紹介するリサの場合もそうでした。

やっぱり、お父さんだ

父はとても芸術の才能がある人でした。亡くなった後、父が描いた作品の（「最後の降雪」というタイトルの絵）一つをコンテストに出品しました。金賞を受賞しました。スピリットになった父も喜んでくれていたらいいなと思っていました。

三日後、会社に行くと、私の机が砂糖のような白いものに覆われていました。それはまるで父が描いた絵の雪みたいに見えました。他の三人の秘書の机の上には何もかかっていませんでした。そのうちの一人に、これは一体何かしらと尋ねると、彼女たちは絵の具のように見えると答えました。それからも、父がそばにいるのではないかと思うことが何度も起こっています。また、私はいつも変な場所に落ちている硬貨を見つけます。母はスピリットの世界についてはかなり懐疑的ですが、落ち込んでいたり心配したりすると、母のベッドの脇のランプがつくのです。私たちは、やっぱりお父さんだと思っています。

次に紹介するポーラの話には、一つだけではなく、どんどん増えていくサインが登場するので、天国の母が彼女を見守っているに違いないと思うようになったそうです。

大きな心

数か月前あなたの本を読むようになり、とても興味を持ちました。私の母は二十五年ほど前に亡くなりました（私が十九歳のときです）。母はアルコール依存症で、私が幼いころに離婚しました。私は十八歳になるまで、母と一緒に暮らしました。結構辛い人生で、正直言って私の子ども時代は楽しいものでありませんでした。でも、私はどうにか生きてきました。そして、そんな辛い経験が私を強く自立した女性にし、今では結婚してすてきな夫と三人の子どもにも恵まれました。

十八歳のときに一人故郷（イタリア）を離れ、イギリスに渡ってからずっと、アルコールの影響さえなければ、母は最高のお母さんで、優しくて大きな心の持ち主なのだと思っていました。母の死後、不思議なことや良いことがたくさん起こるようになりました。しかし、それには母が関わっているのではないかと確信したのは、ここ数年のことなのです。私はよく、正しい道や判断を選ぶように誰かが導いてくれているような、不思議な感覚を抱くことがあります。例えば、一番上の子が通う学校とその近くの家を捜していたとき、温かい気持ちが込み上げてきて、私たちにぴったりな家や学校はここだと決めることができました。また、数年前、クリスマス直前にオーストラリアへ旅行したときに、夫が部屋の引き出しから五百ポンドを見つけました。夫は、お金を置いたのは絶対に自分ではないと言いました。しかし、私たちが部屋にチェックインしたときには、引き出しはすべて空っぽだったのです。

昔の償いに、母が私や私の家族を見守ってくれているのだと強く信じています。あなたの本を読んでから、天使や大切な人たちは絶対にそばにいると一層強く思うようになりました。そして、そのサインを読み取る力を学んでいます。ある日、あなたの本を読んだ後、飼い犬を散歩に連れていきました。空を見上げると、完全なハートの形をした大きな雲に天使の羽根のような雲がついていて、そこをまるで矢のように飛行機が横切っていたのです。私はその場に立ち尽くし、五分ほどその様子を眺めていました。母が私に愛していると伝えてくれたのだと百パーセント確信しています。

次に紹介するグラントさんも、最愛の妻クリスティーンから死後の世界のサインをたくさん受け取りました。それらのサインによってグラントさんは癒され、妻はスピリットとして彼の中に、そして、彼を包み込むように生きていると確信したそうです。

天国の記録

妻のクリスティーンは二〇一二年六月十二日に息を引き取った。彼女は人生を通してスピリチュアルな道を歩き、医学研究のために自ら献体することを決めた。

六月十四日　キャンプス・ベイに大きくて鮮やかな虹がかかった。「僕たちは喜びを感じたね。楽しかったね。太陽の下で、僕らはいくつもの季節を過ごしたよね」（訳注：テリー・ジャックス『そよ風のバラード』）という歌のフレーズが何度も頭の中で流れた。

六月十六日　目覚めると、キッチンの明かりがついていて、テラスに出るスライディングドアが少し開いていた。

六月三十日　目覚めると、二番目の寝室のドアが閉まっていて、廊下の明かりがついていた。

七月一日　一九六一年から壁に掛かっていた大きな飾りが落ちた。

七月九日　空に虹が現れて、センチュリー・シティから見ることができた。完全な馬の蹄鉄の形をしていて、ケープタウンのかなり上空にかかっていたが、はっきりと見ることができた。

七月十三日　夜中に机からのど飴を取ったとき、別の飴が床に落ちてしまった。翌朝、机の反対側で見つけた。落ちたところから一・八メートルほど離れたテーブルの脚のところに落ちていたのだ。

八月一日　イースト・ロンドンのキッチンに立っていると、裏口のドアがゆっくりと開いて、再び閉まった。風は吹いていなかった。大気も安定していた。
九月十日　昼間、私の机の後ろの壁に掛かっていた大きな写真が落ちた。
十月九日　昼寝から目が覚めると、頭の上にクリスティーンの額が見えた。
十月十九日　テラスにある庭へ行く途中、「完璧な」鳩の羽根が、完璧な場所に落ちていた。
十二月二十三日　瞑想していると、彼女の誕生日にシェリーと一緒にシルバーマインへ出かけて、彼女のメモリアルベンチを掃除してくれて「ありがとう」と、クリスティーンが言っているような気がした。
二〇一二年十二月三十一日　本棚の本が動いていた。その中の一冊は逆さまになっていた（グラントとテンパリーが書いたヨーロッパの歴史の本だ）。
二〇一三年十月二十八日午前八時三十分　トイレの電気をつけると、大きなバンという音がした。電球が切れたわけではなく、電気も止まっていない。

これは数か月にわたってグラントさんが受け取ったとても個人的なさまざまなサインを、かなり短く編集したものです。彼の全記録は www.afterlife-exploration.com というサイトで確認することができます。グラントさんによれば、普通では考えられない、あるいは、説明できない出来事の積み重ねが、死後の世界にいる彼の妻がずっと生き続けているという説得力のある事実を作り上げていると言います。
一度、死後の世界のサインを認識すると、その他のサインについても気づくようになることが多いものです。それは窓を開けるようなものなのです。ひとたび、窓を開ける方法がわかれば、向こう側の世界を垣間見るために、何度も何度も開けるようになります。次に紹介するパットもそんな経験をしました。

すてきなこと

多くのことが私に起こりました。大きな出来事や小さな出来事などいろいろです。最初の出来事は、最愛の父が亡くなった時間です。それは、七月一日午前〇時五分でした。

父は長いこと病気を患っていました。そして、七月一日午前〇時五分に、私は誰かにそっと名前（パット）を呼ばれた気がして目を覚ましました。小さな声でしたが、眠りから覚めるには十分でした。少し混乱して起き上がり、子どもの一人が呼んだのかと思いました。子ども部屋に様子を見に行きましたが、二人ともぐっすり眠っていました。自分のベッドに戻ってきたとき、あれは父の声だったに違いないと思いました。後でわかったことですが、父は午前〇時五分に亡くなり、亡くなる前に私の名前を呼んだということでした。父の隣のベッドに入院していて親しくなった男性に後日会ったときに、その話を聞きました。その他にも非現実的ですが、すてきなことを経験することが多々ありました。いくつか紹介します。

✦誰かがそっと肩に触れるのを感じました。

✦変わった白い羽根を見つけました。

✦何度も虹を見て、そのたびにいつも何か特別な思いが込み上げます。去年は二重の虹を見ました。一つはくっきりと見えて、もう一つは少し淡い感じでその上にかかっていました。

✦父が亡くなってすぐに、寝室の部屋の隅に輝く小さな光を見ました。それは月明りではありませんでした。

✦部屋に誰もいないのに香水の香りがしました。

✦もう何年も前のことですが、夢の中で父が私に天国かどこかとても美しい場所を案内してくれました。

私はあなたが本を書いてくれていることに感謝しています。あなたの本を読むと、私たち一人ひとりに天国は存在するということ、そして、亡くした大切な人たちにもう一度会えるということを証明しようとする私を励まし、助けてくれるのです。

天国からの贈り物

本章で紹介した死後の世界のサインはささやかで、控え目なものが多いかもしれません。しかし、私の個人的な経験から述べると、それでも人生を変えてしまうくらい深く、心に大きな安らぎをもたらしてくれるものにもなるのです。何十年もこの分野で研究を続け、私はあることに気づきました。それは、私たちはこの人生のどんな瞬間にも天国からのサインに囲まれているけれど、私たちのマインドや心は常に何かに気を取られて忙しすぎるので、それらに気づいたり、認識したりすることができないということです。

私は生涯を通じて、スピリットとなった母が送ってきた、夢や不意に起こる直観など、たくさんのサインに遭遇してきました。そのたびに、スピリチュアルな成長へと導かれ、生きる意味やアドバイスをもらってきたのです。すでに述べたように、私がスピリチュアルな事柄を本当の意味で理解するようになったのは、かなり後になってからのことでした。私の人生において、天国の手が働いていることに気づき、そして、そのサインを読み、理解するまでには、長い時間がかかりました。あれほどの涙を流す必要がなかったので、今わかっていることを、もっと早く知りたかったと心から思います。しかし、本書、特にこの第八章を読んでいただければ、私のそうした苦労を避けることができるはずです。私自身が、もっと若いころに読みたかったと思う一冊なのです。本書を読者の皆さんが、天国が絶えず送ってくるすばらしいサインに気づき、理解し、心の安らぎを見いだすことができれば、これ以上の幸せはありません。そして、どの場合にも、サインの詳細や状況などは違いますが、そのメッセージはいつも同じです。命は死によって終わることはなく、あなたが亡くした愛する人たちは決してそれほど遠くへ行っていない、ということです。

死後の世界のサインは、天国からのメッセージを運んできます。それは私たちが生まれながらに持っているスピリチュアルな権利を思い出させてくれる贈り物なのです。その権利とは、愛し大切にすること、そして、私たちはこの地上で生きていかなければならないのだから、この世界をもっと素晴らしいものにするということです。天国の目的は、あなたの心を穏やかにし、安心させることなのです。なぜなら、心の穏やかな人は、多くの人の心を穏やかにし、最終的にはもっと平和な世界が築かれるからです。だからこそ、天国はいつもあなたを導き、元気づけたいと思っているのです。決して、自分は天国からのサインに値しないとか、サインを求めて天国の邪魔をしたくないなどと思ったりしないでください。天国にとって取るに足らないものなどありません。そして、天国にとって私たち一人ひとりが、完全に唯一無二の奇跡なのです。また、天国を見るためには苦しみのどん底に落ちなければならないとか、死の淵をさまよわなければならないと考える必要はありません。苦しみが媒体となることは本当ですが、幸福や満足感を覚えているときもスピリチュアルな成長につながることがあります。なぜなら、心安らかで愛に満たされていると き、私たちはまさに天国にいるからです。

もしかすると、真実に近づいたと思う瞬間や、心でははっきりと魔法のような経験だとわかる漠然とした何かを垣間見た瞬間が、これまでのあなたの人生の中でもあったかもしれせん。本書で紹介した多くの人たちは、実際に亡くなった大切な人の姿を見たわけではありません。そうではなくて、羽根、遺失物、懐かしい歌など、その人にとって個人的に意味のあるものが、彼らにスピリチュアルな変化をもたらすきっかけとなったということを心に留めておいてください。愛情深い心であなたの周りやあなたの中に存在する世界を眺めてみれば、いつでもあなた自身の死後の世界のサインをちらっと見ることができるはずです。どんなときも、スピリットはあなたの周りに存在しています。見ることはできないかもしれませんが、そこにいるのです。あなたはただそれを見ようとして、そのサインを見つけるだけでよいのです。草の葉に天国を、そよ風の中に魔法を、一筋の日の光に喜びを探し求めてください。不思議な気持ちや畏怖の念を感じたらすぐに、細心の注意を払ってください。なぜなら、そんなとき、天国はその両手であなたを包み込んでくれているからです。

心はまず天国がわかる

死後の世界のサインは天国の存在を証明するものではありませんが、本章で私が話してきたことは科学や「証明」についてではありません。人の心で何が起こっているかということを話しているのです。心の中で何が起こっているのか調査したり正当化するために、心は科学を必要としません。心は感じ、理解するのです。そして、本章で紹介した話、実際には本書で紹介したすべての話の中に登場する人たちは、天国の声を聞いている、あるいは、天国の力に触れているのだと感じ、理解したのです。物質主義の霧、そして、恐怖や疑念が薄れ、彼らは深遠な真実を垣間見ることができたのです。自分たちはスピリチュアルな経験をしている人間ではなく、人間の経験をしているスピリチュアルな存在だということを発見しました。

スピリチュアルな成長において、亡くなった大切な人たちとつながり、その関係の維持における心の役割は非常に重要です。次の最後の章では、そのことについてじっくり説明したいと思います。

天国とは心の状態であって、地上や死後にやってくるものではない。
フリードリヒ・ニーチェ

第九章　サードマン現象
——見知らぬ謎の存在が起こす奇跡の行動や言葉のサポートとは

自分の心に耳を傾けてみれば、
あなたはそのドアを開けることができるだろう

パウロ・コエーリョ

天国が私たちに愛を届けてくれるもう一つの方法としては、人々の心のこもった行動や言葉というものがあります。何気ない普通のことのように思われる言動が、特別な意味を持つことがあるのです。まれに、困ったときに、あるいは、危機に際して、謎めいた見知らぬ人が現れることもあります。そして、ときに病気を治し、ときに命を助けてくれることさえあり、その後で、何事もなかったように忽然と姿を消してしまいます。

サードマン現象とは何か

これまで私が受け取った、命を救ったり病気を治したりした見知らぬ人たちに関するすべての手紙や話の中には、通常多くの共通点が見受けられます。彼らは実質的に誰にも見られることなく現れて、そして消え、遠くを見るような表情や一風変わった服装などをしていて、その外見はこの世のものとは思えない何かがあるのです。彼らにはたいてい危機に際して必要な、そして的確な道具や解決策があり、場合によっては、知ることができないような名前や場所を知っているということさえあります。

もしこれらの見知らぬ人たちが天上界からやってきたガイドなら、それ以上の説明はいりませんが、もし実際に人間だった場合、彼らは天国の声に導かれて、意識的に、あるいは無意識に行動しているのでしょうか？　ここで紹介する話を読んでみて、どう考えるかあなた自身で判断してみてください。最初の話は、二〇一五年七月に報道されたものです。

不可解だがすばらしい救出劇

二〇一五年の初夏、謎めいた見ず知らずの男性が米国ミズーリ州の悲惨な自動車事故の現場に現れ、飲酒運転者に衝突された十九歳の被害者ケイティのために祈り、励ました後、現れたときと同じように忽然と姿を消した。

多くの目撃者によると、男性は黒いシャツを着用し、塗り薬を持っていたという。そして、事故現場の周囲に張られた警察の規制線をくぐり、車に閉じ込められた女性の介護にあたった。男性がケイティに言葉をかけると、彼女は大分冷静さを取り戻したので、救助隊員たちは、男性がケイティのそばに行って祈ることを受け入れたという。ケイティを閉じ込めた車からなかなか救出することができず、ケイティもどんどん体力を失っていったので、人々の心を落ち着かせる男性の存在は、勇気と希望をもたらした。

さらに当惑することに、この不思議な男性は事故現場で撮影されたどの写真にも写っていなかった。男性は別の専門救助隊が到着するまで現場にいた。無事にケイティが助け出され、隊員たちが男性にお礼を言おうとしたところ、すでにいなくなっていたという。現場に居合わせた人たちは、深く心打たれ感激した。ケイティの母はそれを奇跡と呼んだ。

次に紹介するリズは、天国が送り込んだ見知らぬ人との出会いについて話してくれました。

雪の天使に救われる

それは二〇〇三年の一月のことでした。その日は雪の予報が出ていたのですが、私は会社で仕事に没頭していました。そんなとき、イギリスを暴風雪が襲ったのです。就業時間になり、みな帰途についたのですが、注意深く運転しなければなりませんでした。私は雪に備えた格好をしておらず、スチレット（先が尖った）ハイヒールを履いていたほどでした。

家に近づいたとき、坂の途中で前の車が故障して立ち往生し、私たちの後方ではたちまち車の大渋滞が起きました。私は手助けするために、雪に不向きなハイヒールで車を降りました。雪に埋まった車を動かすために、別の車からも何人かが降りてきて、車を押そうとしました。

何度か押したものの、車はまったく動かず、そのうちに私は足を滑らせてばったりとうつぶせに倒れてしまいました。起き上がって気を取り直すと、私は雪の舞う空に向かって、必死の思いで「どうか、助けてください」と心の中で叫びました。すると、どうでしょう。数分もしないうちに渋滞の後方から、とても大きなピックアップトラックが現れて、いまでは長蛇の列となった車をかき分けて、前へ前へと進んできたのです。トラックは故障した車の前に停まりました。すると、ぼさぼさした長い金髪の男性が出てきました。誰にも何も言わず、トラックからロープと留め金を取り出すと、故障した車に取りつけて、そのまま坂の上の安全で平坦な道路までけん引しました。それから男性はロープを外すと、何も言わず走り去っていきました。そのまま姿を消してしまったのです。

問題となっていた車はけん引された場所から走り出し、私たちもそれぞれ車を出すことができたので、無事に家にたどり着きました。その夜、テレビでニュースを観ると、イギリス中で雪による問題が発生していました。しかしながら、私の祈りによって、私だけではなく、あの場に居合わせた多くの人が天国によって助けてもらいました。なんてすてきなロードサービスだったのでしょう！

次に紹介するのは、謎めいた見知らぬ人についてベルから届いた話です。見知らぬ人々と言うべきでしょうか。

三人の賢者

私の話は二十年ほど前に遡ります。そのころ私はまだ大学生で、母と母の二人の友人と一緒に山へハイキングに出かけることになりました（私はケープタウンに住んでいて、山というのはワインの栽培で知られるフランシュフックに近いところにありました）。とにかく、私たちは愚かにも天気予報も調べず、正確な地図も、温かい服も、食べ物なども持たずに出かけました。

山道の中央に車を停めて、周回コースになっている山を登り始めました。午後になると、雲が垂れ込め、雨が降り出しました。その後、間もなくして道に迷ってしまったことに気づきましたが、どの方向に進んでいるのかまったくわからず、だんだんと寒さを感じるようにもなりました。突然、ドイツ語なまりの三人の年配の男性が山道に現れました。私たちの窮状を伝えると、彼らは地図を見せてくれて、どの道を行けばよいか説明してくれました。彼らにお礼を言うと、三人は私たちとは反対方向へと進んでいきました。それはさらに山へと深く進む方向だったので、彼らはどこに行くのか不思議になりました。

数時間後、私たちはとうとう車を停めた場所につながる山道を見つけました。角を曲がって車が見える場所まで進むと、私たちはびっくり仰天して立ち止まりました。車の脇には三人のドイツ人の男性たちが立っていて、私たちの方を見ていたのです。他に停まっている車はありませんでした。山道は途中で曲がり、次に車が見える位置に来ると、彼らはいなくなっていたのです。彼らは文字通り忽然と姿を消してしまいました。

私たち四人がこの光景を目撃し、寒さからではなく、何か超現実的なことが起こったと思い鳥肌が立ちました。私たちよりも先に車があった場所までたどり着く道など、他にありませんでした（私たちは後になって、じっくりと地形図をチェックしたのです）。そして、もし彼らが現れなかったら、山の中で大変なことになっていたでしょう。あの日、天使に遭遇したに違いないと私たちの誰もが思いました。そのような話に非常に懐疑的な母でさえ、それ以外の説明を見つけることはできませんでした。

次に紹介するマイケルの話も、謎めいた協力者というカテゴリーに入りますが、状況は少し違い、彼は助けてくれ人の姿を見ることはありませんでした。

どこにいるの？

十歳のころ、僕は誰かに、あるいは何かの存在に（その人の姿を見ることはありませんでした）助けられたことを今でもはっきりと覚えています。僕は友だちと家の中でかくれんぼをしていて、地下の貯蔵室に隠れることを思いつきました。あそこなら見つからないと思ったのです。自分の思いつきは正しく、誰も僕のことを見つけることができませんでした。しかし、僕は何かすごいものを見つけたのです。

僕は階段を降りる途中で足を踏み外して、床に転げ落ちてしまいました。バキッと音がして左腕に鋭い痛みを感じました。後でわかるのですが、骨が折れてしまいました。痛みはどんどんひどくなり、僕は階段を昇って助けを呼ぼうと思いましたが、足首も痛めてしまったようで立ち上がることができませんでした。すべてが痛み、助けを求めて叫びましたが、誰も僕の声に気づきませんでした。身動きができず、貯蔵室は寒くてじめじめしていて暗かったので、だんだん怖くなりました。ワインや土の匂いや恐怖を感じ取りました。

おそらく僕は三十分くらいぶるぶる震えながら泣いていたと思いますが、突然誰かに手を握られたのです。それでひどく心が落ち着いて、痛みが治まりました。誰かがそばにいてくれるという安心感から、知らぬ間に眠ってしまいました。次に気づいたときには、父に階段から運ばれているところで、横で母が半狂乱になっていました。

僕は両親に大丈夫だからと伝え、二人が来るまで誰がそばにいてくれたのかと尋ねました。父と母はきょとんとして、僕を見つけたとき他には誰もいなかったと答えました。弟が地下の貯蔵室を確認してみたらと言うまで、二人は僕を見つけるために何時間も家の中を探していたそうです。

テレサ、怖さと痛みで震えていたあのとき、誰が、あるいは何が僕の横に座ってくれたのかわかりませんが、その記憶はいつまでも消えることはなく、僕に大きな安心感と、自分は決して一人ではないという一生消えない感覚を与えてくれました。

人々を助けるためにやってきて、その後どんな痕跡も残さずに消えてしまうこの見知らぬ人という現象は、超自然的かどうかにかかわらず、あまりに多く報告されているので、この概念についてジョン・ガイガーの著書『サードマン：奇跡の生還へ導く人』によって「サードマン現象」という名前までつけられました。救出されたり支えられたりしたほとんどの人が、自分の命を救うための指示や支援を受け、たとえそれが実際の視覚的、物理的、あるいは聴覚的なコミュニケーションでないとしても、誰かがそこにいるという感覚が非常に強いので、もはや孤独や恐怖を感じなくなり、心の底でも絶対に助かるとわかるのです。このような経験は往々にして、新たに発見したスピリチュアリティのきっかけとなります。これは何も個人的な経験というわけではありません。例えば、ベルの話のように、一緒に山を登った全員が謎めいた三人の男性を目撃しています。こうした現象について、天国が救いの手を差し伸べているのか、あるいは、ただ単に人々が天国のかけらを見つけだして具現化しているのかわかりませんが、もしかすると、マイケルの話が示唆するように、深刻な危機に陥ったとき、私たちが恐れるほど、私たちは独りぼっちではないということなのかもしれません。

疑い深い人々は、この不可解な見知らぬ人という現象について、すぐに説明しようとします。彼らは、現れた見ず知らずの人というのは、勇敢で私利無欲だから、自分の名前を名乗ることなくその場を立ち去ることを選ぶことにしたのではないかとか、実際にそんな人がいたわけではなく、頭の中の会話だったとか、無意識のうちに自分でそうしたのではないかと考えたりします。私の考えとしては、見ず知らずの人が助けてくれたという話は、いずれにしても天国の力が働いているということで、この世界には広い心と光を携えた人々が、助けを必要としている人たちに手を差し伸べているということを示しているのだと思います。次に紹介するシャロンも似たような経験をしました。

選ばれし限られた人たち

私はずっと翼と光背のある天使というものは、人生に迷い傷ついた心によって苦しんでいる普通の女の子ではなく、選ばれし限られた人たちにしか見えないと思っていました。しかし、今では天使というものは人間の姿をして、つまり、あなたや私のようなごく普通の人たちの姿で、私たちが天国の言葉を必要としているとき、途方に暮れ絶望し、生きる気力を失っているときに、天国から送られてきた言葉に違いないと思えるような言葉を携えてやってくることを知っています。私はそんな天使に出会いました。

その出会いは、二十七年連れ添った夫と離婚し、ショックを受けていたころに起こりました。私の心は空っぽでした。深く傷つき、生きることは耐え難く、重い痛みがいつまで続くのかわかりませんでした。私は仕事を終えて家に向かって歩いていましたが、すべてがぼんやりしていました。たった一つはっきりとしていたことは、人生を終わりにしたいということでした。どんな方法でそんな恐ろしい結末を迎えようかと考えていたのです。すると、突然、母と同じくらいの年齢の、それまで会ったことのない女性が私の腕をつかんで、「心配することはないわ。あなたなら大丈夫よ」と言ったのです。「ありがとう」としか言えないうちに、女性はいなくなってしまいました。当時、私の感覚は以前より鈍っていたと思います。魂を破壊するような深い悲しみによって、私の感覚は麻痺していたにも関わらず、それまで経験したことがないような大きな苦しみを感じていたのです。しかし、それは天使だったと確信していいます。私はそのうちに立ち直るという癒しや希望を与えてくれたのです。そして、あなたはおわかりでしょうが、実際に私はあの悲しみを乗り越えました。

新聞を読んだり、テレビのニュースを観たり、あるいは、ネットで検索したりすると、多くの憂鬱な出来事について見たり、読んだり、聞いたりするでしょう。しかしながら、ごく普通の人々が特別な思いやりを示したり、誰かを助けたり、安心させたり、病気を治したりするために、絶好のタイミングで現れたというような話に注意を向けてみると、改めて人間性というものを信じることができるかもしれません。こうした人たちは意識して、あるいは、無意識のうちに、天国に心を動かされたようですが、同時に、ただ心の命ずるままに行動したごく普通の人たちなのです。そのような行動を目にすると、天国というのはどこか別の場所に存在するというだけではなく、私たち一人ひとりの中にも存在するということを思い起こさせてくれます。

心に関するすべてのこと

この心をテーマにした本章を執筆中に、神による偶然か、私はメールをチェックしました。最初に読んだメールは、心臓の疾患に苦しんでいるバーバラからのものでした。天国は、私に送られてきたメッセージについて黙っていることができなかったようです。

バーバラのハート

私は天使が存在するとわかっています。なぜなら、小さいころに死にそうになった経験があり、そのときまさに私の心拍数が一度に下がるのを目撃したからです。突然、とても温かい感覚が私を包み込み、すぐに私の人生はここで終わりではないと気づきました。あの日のこと、そして、必要なときに今でももう一度再現することができるあの感覚について、決して忘れることはありません。病院という環境の中で育ち、仲のよい友だちを見送ってきましたが、彼らが今でもここにいること、そして、彼らはそれぞれ特別な方法で決まった時期に戻ってくることを知っています。

昨日、私は休暇を終えて飛行機で家に戻ってきました。旅から戻るのは悲しかったですが、とてもすてきなことが起こったのです。隣の座席に女性が座っていて、私たちは話を始めました。理由はわかりませんが、彼女と話しているととても温かい気持ちになったのです。詳しく話を聞いてみると、彼女はがん患者のための栄養士ということがわかり、とても興味が湧き、私たちは病院について多くの話をしました。私は病院で長い間過ごしたことや病気のことについて彼女に話しました。その会話の途中で、彼女の妹さんが亡くなったことを聞きました。原因不明のまま心臓の鼓動が止まってしまったそうです。私たちは病院や、心臓や、天使のこと、そして、苦しいときに助けてくれたり、私たちの心を癒してくれたりするとても温かい経験について話しました。彼女と話しているうちに、すべてのことがしっくりするような気がしました。つまり、私たちに与えられたすべてに感謝しなくてはならないということです。私は彼女とすっかり意気投合しました。そして、まるまる五時間、さまざまなトピックについて語り合ったのです。

彼女の連絡先をもらい、飛行を降りる前に、彼女はハグすると、「お大事に。連絡してくださいね」と言ってくれました。人はときどき閉鎖的になってしまうことを残念に思いました。心に触れるような特別な何かが始まるのに必要なのは、ただ微笑んだり、「こんにちは」と言ったりするだけでよいのです。とてもすてきな人に出会えるかもしれないのに。何となく私はこの女性に出会い、話をする運命だったのだと思っています。

今朝、支度をしながら手で髪をかき上げたときに、かわいい小さな銀のハートがどこからともなく落ちてきました。目の前の化粧台の上に落ちたのです。すぐに拾ってどこから来たのかと辺りを見回しました。こんな小さなハートがついた宝石類なんて何一つ持っていないのです。それより、私は宝石すらつけていませんでした。髪に何かをつけていたわけでもなく、洋服の一部だということも絶対ありえません。

ハートを見つけたとき、思わず微笑んでしまいました。いったいどこからやってきたのかと考えながら、長いこと銀色の小さなハートを見つめていました。それがサインなのかどうかはわかりません。ただ、どこか自由な場所からやってきたのだと思うのです。それは本当に美しくスピリチュアルで予期しない出来事だったので、この経験をあなたと分かち合いたいと思いました。

ハート（心臓）は私にとって、とても大事なものなのです。

ちょうど同じ週に、まるで天国がこの話を本章に収めてほしいと願っているかのように、私はもう一つの力強いメッセージを空から受け取りました。朝の日課として、子犬のアーニーの散歩をしていたのですが、どうしたわけか、その朝はアーニーがまったく言うことを聞きませんでした。いつもの散歩コースに連れて行きたかったのですが、どうしても別の道に行きたがったのです。アーニーは何回も立ち止まっては、少し進むという調子だったので、最終的に反対の方向に行くことにしました。すると、アーニーは言うことを聞くようになりました。その途中で、私たちは一人の女性に出くわしました。すると、アーニーが興奮して、その女性の脚に抱きつきました。そんなことはこれまで一度もやったことがありませんでした。私は心から女性に謝罪し、冗談半分に、女性は愛犬家なのではないかと言いました。すると、彼女はまったくそんなことはなく、むしろ普段はイヌが周りにいると落ち着かないのに、アーニーは気にならないと答えました。自慢の息子を持った母のような気持ちで、アーニーは私にとって天使のような存在で、本当に天国から送られてきたと思っていると言いました。すると、女性はとても驚くようなことを口にしたのです。以前は天国を信じていたけれど、息子さんが亡くなってからは信じることができなくなったと言うのです。

とっさに、彼女の息子さんはスピリットとして生きていると信じていると、私は言いました。すると、彼女は頭を横に振り、息子さんがそばにいるような気はまったくしないし、死後の世界についても信じていないと言ったのです。そこで、私は彼女に、息子さんの夢は見るかと尋ねました。いつも夢を見ているという返事だったので、それこそスピリットとなった息子さんが彼女に話しかけているのだと伝えました。彼女はふと考えているようでしたが、再びに頭を横に振り、もしそうだとしたら、どうして目覚めるたびに彼女は泣いているのかと尋ねたのです。私は、息子さんは彼女に接触しようとしているのだと伝えました。泣いている自分に気づいて目が覚めるのは、彼女の意識が息子さんとのスピリチュアルなつながりに、同意し受け入れようとしていないからだと説明しました。女性は私に感謝のまなざしを向け、心のこもったさようならを言う前に、しゃがんでアーニーを撫でてくれました。その後、再び彼女に会うことはありませんでしたが、私はあの朝、彼女に会う運命だったのだと確信しています。それに、アーニーはあれから一度も反対の方向に散歩に行こうとはしていません。ためらうことなく、私の心の底から出た言葉が、彼女に安心をもたらし、息子さんが天国で安らかにしてくれていることを願ってやみません。

思いやりの力が世界を変える

誰かのためにランプの明かりをつけてあげたなら、
その光はあなたの道も照らしてくれるだろう。

日蓮

読者の皆さんの中で、まだ天国の声を聞くことができないと考えている人がいたら、まずは自分の心に耳を傾けてみてください。心に聞き取ってもらったり、話してもらったりするのです。あなたの言葉や行動が、そのときは取るに足らないもののように思えても、他の人たちにどのような影響を与えたり、勇気を与えたりするかわからないものです。

私たちすべてに、天国から授かったすばらしい可能性があり、他の人々が天国を少しでも感じることができるように手助けすることができるはずです。もちろん、劇的な状況で私たちのすべてがいつでも人の命を救うことはできませんし、私たちの多くは世の中がよくなるように、自分たちの時間やお金を提供するという立場にいるわけではありません。しかし、他の人々に対してちょっとした思いやりのある行動を取ることで、物事をもっとよい方向へと変えていくことはできるはずです。小さなことでよいのです。ただにっこり笑って「ありがとう」を言う、褒める、知らない人のためにドアを開けておく、話に耳を傾けるなどすることで、誰かの一日をすばらしいものにしたり、誰かの人生をよりよいものに変えてしまうことさえできるかもしれません。私たちがお互いに心を通わせることで、天国とはどんなところなのか、その姿を教えることが本当にできるのです。

心からの思いやりの行動は、行為を受けた人だけではなく、その行動を目撃する人たちにも影響が広がっていきます。今度、込み合った電車でお年寄りに席を譲っている人を見て、自分の反応を確かめてみてください。ほんのつかの間、生きていてよかったと思えるような高揚を感じるはずです。優しい心を持つ人は誰に対しても親切なところを見ると、あなたは人間の本質というものを改めて信じてみようという気持ちになるでしょう。思いやりは私たちが互いに分離されているという感覚を超越し、深遠でスピリチュアルなレベルにおいて、私たちはみな同じ意識の中で生きているということを思い出させてくれます。
そこで、次に誰かに親切な行為をするときには、そのことについて考えてみてください。あなた自身やあなたに助けられた人は、スピリチュアルな高揚感を経験すると思いますが、もしかすると、その行為で人生が変わってしまうような影響を受けるのは、あなたの行動を目撃したり、その話を聞いたりした人かもしれません。親切な行為を目撃した人たちは、刺激を受けて自分たちも同じように行動するようになります。そして、いつしかあなたのたった一つの思いやりの行動が、波及効果で数えきれないほどの人々に広がっていく可能性を秘めているのです。

もしあなたがこの世界を変えていきたいと思っていても、自分にはそのきっかけとなれるような力はないと感じていたら、次に紹介する、短いけれどとてもぴったりな話を読んでみてください。

ある通りで、薄手の半ズボンとすり切れたシャツを着て、寒さに震えている小さな男の子を見かけました。食べ物を恵んでほしいと頼んでいました。怒りが込み上げてきて、私の天使に尋ねました。

「どうしてこんなことになるまで放っておいたの？　どうしてあなたはこの状況を何とかしようとしないの？」

すると、天使は答えました。

「私はしっかりと自分の仕事はしたよ。あなたをここへ連れてきたでしょう」

そろそろ本書も終わりに近づいてきましたが、こうして執筆している間も、私は「なるほど」とはっきりわかるすばらしい瞬間を経験しています。これまで天国がどのように私たちに話しかけるのかについて、多くのさまざまな場合を紹介してきました。しかし、天国とのつながりを保ち、亡くなった大切な人たちの存在を認識し大切にするための最も単純で最も力強い方法は、自分の心に従って話し、行動することだと、今改めてはっきりとわかりました。そうすることができれば、そして、同じことを子どもたちに教えていけば、すべての人やすべてのことにその影響が広がり、私たち全員が簡単に天国の現実を信じることができるようになると思うのです。なぜなら、どんなときも、私たち自身の中と私たちの周りで天国を見るようになるからです。

それはあなただ
宇宙全体の理論は確かにたった一人の人間に向けられている。
すなわち、あなただ。

ウォルト・ホイットマン

地球から天国の姿を垣間見るというテーマについて話してきましたが、ここまで本書の中で触れてきた内容について、もう一度読者の皆さんと振り返ってみたいと思います。本書を読んで、皆さんが何らかの刺激を受けたり、身近に感じたりしてくれていることを願っています。もしそうなら、それはあなたの中に宿る神聖な火花が語りかけてきたからだと思います。

このように、あなた自身が光となり（つまり地上に天国が姿を現すということです）、あなたが輝いているので、他の人たちも自らの神聖な可能性に気づくようになります。そして、彼らも直観的に答えを求めて自分自身を見つめるようになるのです。あなたの内面の光によって、彼らはもっと崇高な使命を探し求めるようになり、それまでそうなることなどできないと思っていた存在になろうとするのです。すべては本当にあなたの不思議な力によって始まります。

この瞬間から、天国を見たいと思うなら、どんなときも恐怖を静めて鏡を見てください。天国があなたの名前を呼ぶ声を聞きたいときは、いつもあなたの心の声に耳を傾けてください。あなたにとって何が正しくて真実なのか、あなたの心は知っています。あなたの魔法、すばらしさ、そして息をのむような美しさを知っているのです。

自分を愛し、心の中から天国を垣間見ることは、ちょうど太陽の下で光を浴び、あなたの心を新鮮な空気と永遠の命で包み込むようなものです。あなたの心は、この人生におけるあなたの目的を見つけたので、生きていることを実感します。あなたの心は、あなたがスピリットであり、そして、天国があなたの中に、そしてあなたの周りの至るところに存在することを知っています。あなたの心は、この人生に終わりはないことを、そして、私たちが死ぬことはないと知っているのです。あなたの心は、意識は永遠だということ、そして、どれほど私たちが疑ったり確信が持てなかったりしても、そこには愛と、安らぎと、知恵と、可能性に満ちた目に見えないものが存在することを知っています。目に見えないもの、目には映らないものとつながるとき、私たちは、どんなものも終わったり失われたりすることはないことを理解します。ほんの一瞬も、一つの微笑みも、一粒の涙も、一つの羽根も、あなた自身も、そして、天国も、絶対に終わりもしなければ、失われることもありません。

どうやって心とつながるのか？
そのスタート地点とは…あなたにあるのは、今この瞬間だけだ。
だからこそ、この瞬間ももっと深く見つめてみることだ。

エックハルト・トール

自分の心とどうやってつながればよいのか、よくわからない場合は、インスピレーションを得るために、今このときに目を向けてみてください。天国とは死んで初めて経験するものではありません。天国とは永遠の今というものです。本書では死後の世界の経験ついて多く注目してきましたが、たった今、あなたの中に生きているものについて注意を向けてみましょう。もしかすると、向こう側の世界について考え過ぎたせいで、今生きているこの人生がどれほど天国のようにすばらしいところか、わからなくなっているのかもしれません。

現世、つまり、あなたが本書を読んでいるこの瞬間に、スピリットとして歩んでいる永遠の人生以上に魔法の経験などありません。昨日は夕闇とともに姿を消し、そして、明日はまだその姿を現していません。したがって、天国があなたの名前を呼ぶことができるのは「今」しかないのです。明らかに本物で、あなたが大事にして注意を払うべきなのは、今この瞬間の魔法なのです。

この瞬間の魔法とは、あなたの心の魔法であり、その鼓動を感じることです。すべての答えはあなたの心の中にあり、自分の人生を永遠の今この瞬間として見ることができるようになればなるほど、自分の心の声にもっともっと耳を傾けることができるようになります。あなたの心はどんなふうにあなたに語りかけていますか？　もちろん、感情を通してだとは思いますが、どのように鼓動するかによっても語りかけてくるものです。最近のハートマス研究所（https://www.heartmath.org）の研究によると、愛、平和、創造性、喜びなどを感じると、人間の鼓動はもっと穏やかにやさしく打つことがわかってきました。ハートマス研究所はこの現象を「心臓の一貫性」と呼びました。心と身体が完全に調和している存在の状態のことを表しています。恐怖や怒りを感じると、それとは反対の効果が生まれます。従って、あなたが今この一瞬を通じて自分の心とつながり、愛する気持ちを経験すれば、あなたは肉体的に、精神的に、そして、スピリチュアル的に最高の状態にいるというわけです。つまり、あなたは天国にいるのです。

したがって、今この瞬間にあなたの心とつながることができる方法を、できるだけたくさん見つけてください。今をつかみ取ってください。そのためには何か重要なことやすばらしいことをしなければならないと考える必要はありません。充実した幸せな人生とは、人生を変えてしまうような大きな出来事を経験するというより、むしろあなたの心を喜びで満たす、笑い声にあふれた大切な瞬間を味わうことなのです。美しい日の出を眺めたり、月明かりに照らされる湖の魔法を見つめたりすることです。それは、すてきな会話、すばらしい歌、座り心地のよい椅子、雨の後に現れる虹です。それは、あなたの子どもが微笑んだり、温かいハグをしてくれることです。それは、浜辺を歩いたり、雨の中で踊ったり、あてどなく散歩やドライブに出かけることなのです。それは、家族や友人や最愛のペットと一緒に時間を過ごしたり、亡くなった大切な人たちとのすてきな思い出で心を満たすことです。それはどれも「何気ない」ことかもしれませんが、それらを全部足していくと、魔法のような美しい人生につながっていきます。内なる子どもの自分にもう一度出会い、その子が行きたいと思うところへついていくのです。心はいつも光に注目しているので、途中で道に迷う心配などありません。

心とつながる方法は無限にあります。そのすべてが前向きなものではないといけないと心配することはありません。恐怖や困難に向き合っているときも、心とつながることができるからです。あなたの中に、そして、あなたを包み込む神聖な存在に心を開くことは、とてつもない力を与えてくれるものです。地上にいながら天国を経験する力を持っていることを、ついにあなたは理解するのです。儀式も霊媒師も霊能者も指導者も必要ありません。すべての答えが見つかり、すべての奇跡が存在する心の中で、天国がやさしくあなたに呼びかけるその声を聞くだけでよいのです。

これからは心の目によって、あなたの周りの世界を見るようにしてください。ちょっと目を閉じて、また開いてみてください。すべての人から、すべてのものから、そして、特にあなた自身から愛が注がれていることに注目してください。これこそが至上の喜びというもので、この地上で経験できる最も崇高でスピリチュアルなアウェアネスなのです。たとえ悲しいことや不公平なことを目にしても、愛の力がそれらを何とかしようとしていることをその目で確かめてください。心とマインドを使い、あなたの「認識」を恐怖から愛へと変えていくことを自ら選んでください。この世界を愛に満ちた目で見つめてください。対立、恐怖、偏見、混乱から自由なあなたの人生を想像してみてください。幸せで自分の夢を追って生きている自分を想像してください。ありのままの自分を愛することを想像してください。

これらすべてを想像してほしいと言ったのは、私たちはどんなときもこの地上で至高の喜びを感じながら生きることが可能だからです。喜びとは、あなたがどこへ行こうと、単純に心を開き、愛を認識するということです。それは可能です。なぜなら、あなたの前に、他の人たちがそうすることを選び、愛へと戻ってきたからです。あなたの心そのものが愛なので、愛を見つける必要もありません。あなたはただ、心の前に積み上げてきた恐怖や罪悪感の障壁を取り払うだけでよいのです。

あなたの心はどんなときでも、至高の喜びを選択し、地上で天国を垣間見ることができます。それなら、あなたの心臓が鼓動している今このときに、そうすることを選択しませんか？

死という奇跡が、本当の生きる意味を教えてくれる

死について理解しようとする人たちにとって、それは非常に創造的な力です。
命の最も崇高なスピリチュアルな尊さは、
死について考え、死について学ぶことによって生まれるのです。

エリザベス・キューブラー・ロス

あなたの心臓も、あなたが愛する人々の心臓も、いつかその鼓動が止まる日が来ることを知っていると、もっと今この瞬間に感謝し、もっと心の英知に耳を傾けようと思うようになるでしょう。死について考えることは、取るに足らないものをはぎ取り、本当に大切

なことだけを思い出させてくれるものです。死という奇跡は、本当の意味で生きるとはどんなことなのか、その多くを教えてくれます。

読者の皆さんを怖がらせようとしているのではありません。しかし、今日という日がいつ私たちにとって最後の日になるかは誰にもわからないことです。それに関して私は、三人が亡くなった自動車事故で、ほんの数秒のおかげで死を免れることができた二十年前の出来事（34ページ参照）によって、非常に説得力のある教訓を学びました。恐らくあの三人は、このすばらしい地球において、自分に残された時間はほとんど残っていないなんて考えることもなく、あの日を迎えたはずです。あの日からずっと、今日が自分にとって最後の日となるかもしれないと思って、感謝の気持ちを携え、正直に愛を表現することを恐れずに、私は一日一日を精一杯生きるようになりました、死の可能性を前にして、人生の本当の意味を知り、本当に大切なことは自分の心の中で何が起きているかなのだと学んだのです。

心が一貫性を保ち、平和な状態にあると、あなたのスピリチュアルな本質や、あの世での人生が実際にどんなものなのかわかってくると思います。したがって、あなたがこの本を読んで何かを今後の人生に生かしていくとしたら、どうか注意深く自分の心臓の鼓動に耳を傾けてください。なぜなら、それこそが、天国と亡くなった大切な人たちが、あなたに呼びかけている声だからです。自分の心に尋ねることをやめてしまったら、どうやって神聖な愛や思いやりや美しさに気づくことができるのでしょうか？　どうやってスピリットとなった愛する人たちの声を聞けばよいのでしょうか？　苦しくて辛いときでも、インスピレーションや導きを求めて、自分の心に注意を傾けてみてください。あなたの心はどんなときも、あなたにとって何が一番大切なのかわかっているのです。

心の力は死の力よりもずっと強いので、自分の心にもっと耳を傾ければ、あなたの名前を呼ぶ天使たちの声がもっと聞こえるようになります。

自分の心の声を聞いていけば、あなたは決して道に迷うことはありません。そうすることで、あなたを天国へと導いてくれるのです。

道は空にあるのではない。道は心の中にあるのだ。

仏陀

眠るとき、泣くとき、想像するとき、キスをするとき、祈るとき、
私たちはどうして目を閉じるのでしょう。
なぜなら、この世界の最もすばらしくて美しいものは、
目で見ることも、さわることさえもできないからです。
それは心で感じなければならないものだからです。

ヘレン・ケラー

あとがき　天国は、さようならのない世界

私たちにさようならはいらない。
あなたがたがどこにいようとも、あなたはいつでも私の心の中にいる。
マハトマ・ガンジー

私の本を読んでいただき、ありがとうございました。心を落ち着けるため、あるいは、何かを確認するために、ときどき参考にする手引き書として利用していただけたら幸いです。天国からのメッセージだと思ってください。ゆりかごから墓場まで、あなたの人生は絶えず天国の愛にあふれた存在によって守られていることを思い出してください。向こうの世界に旅立った人たちはそれほど遠くへ行ってないことを、そして、この人生は死とともに終わるわけではないという事実を忘れそうになったときには、どうか本書を活用してください。

さようならというのは、天国が理解しない言葉です。したがって、本書はもうすぐ最後のページになりますが、もう少しお付き合いいただき、付記のセクションもお読みくださ い。学問書についているような「付記」という言葉にくじけないでください。そんな大袈裟なことは書いていませんので、どうか安心してください。また、ここで皆さんと分かち

合ってきた魔法の旅を、今後も私の別の本を読んだり、直接連絡をくださったりして、これからも続けてくださることを心から願っています。

地上の天使たちとのつながりを広げるために

読者の皆さんの中で、自分の話や思いを私の今後の本の中で分かち合いたい方、どうしても答えが知りたいとうずうずしている方、または、あなたの考えを私とじっくり話してみたいという方がいれば、どうか迷わず連絡してください。

私のウェブサイト（https://www.theresacheung.com）や電子メール（https://angeltalk710@aol.com）を通じてご連絡ください。また、ピアクス・ブックス（Piatkus books）宛てにお手紙を送ってくださっても構いません。皆さんからお便りをいただけたら光栄ですし、どんな質問にも答えます。また、どんな個人的な問題についても相談をお受けします。ときどき、非常に忙しいときがあるので、返事をするまでに時間がかかる場合もありますが、できるだけ早く対応したいと思っています。別の方法として、すぐに返事を必要としている場合には、Facebook「Theresa Cheung」（https://www.facebook.com/TheresaCheungAuthor/）のページにコメントやメッセージを送ってください。そこであなたと同じようにスピリチュアルな事柄を捜し求める仲間に出会うことができるはずです。

光の探求において、自分は一人ぼっちだとか、自分の話など取るに足らないとか思わないでください。私はすべての読者の方々の考えや疑問や物語を歓迎し、尊重します。天国の現実についての本を執筆するうえで私が最も好きなことは、皆さんと対話することなのです。

さようならのない世界が、天国と呼ばれている。

作者不詳

付記一　最先端の超自然科学博士への「超常現象／死後の世界」インタビュー

――ジュリア・モスブリッジ博士

ジュリア・モスブリッジ博士、カリフォルニア大学修士（神経科学）、ノースウェスタン大学博士（通信科学及びコミュニケーション障害）は、客員研究員でノエティック・サイエンス研究所（ＩＯＮＳ）のイノベーションラボの所長を務めています。また、モスブリッジ研究所の創設者であり、主任研究員を務め、ノースウェスタン大学心理学部の客員学者、インターネットの新設企業で音楽によって集中力を高めることを提案するFocus@Will（フォーカスアットウィル）で科学部長を務めています。モスブリッジ博士の主な研究の関心は、無意識や意識の状態でどのように時間というものが認識されるのかを理解することですが、同時に彼女が熱心に取り組んでいるのは、魂を科学の領域に持ち込み、すべての人に自分の中にある知恵を発見することを奨励することです。モスブリッジ博士は『明らかになる：あなたの魂の働きを探る永遠の科学（仮題）』の著者で、その後、同僚のイマンツ・バルス氏と『超越するマインド：意識科学を再考する（仮題）』を出版しています。

ＩＯＮＳの科学部長で『超自然（仮題）』の著者であるディーン・ラディン博士と共に、モスブリッジ博士は科学とスピリットのギャップを埋める新世代の科学者たちの一員です。二〇一六年二月、私はこの明確なヴィジョンを持つ女性に会い、彼女の革新的な研究や、ＩＯＮＳのイノベーションラボにおける仕事や、超常現象、あるいは、最近の科学者たちにおける普通の科学的理解の範囲では収まらない出来事や現象に対しての姿勢などについてお話を伺う幸運に恵まれました。

★超常現象に興味を持ったきっかけは何でしたか？

私にとってはすべてが心理学の話なので、超常現象という言葉は誤った名称だと思います。説明させてください。もしあなたが中世の時代に戻って、その時代の人々に携帯電話を見せたら、彼らは超常現象だと言うでしょう。もちろん、実際にはそんなことはありません。従って、私からすると、超常現象を研究するということは現在のところ、科学が理解できない部分を理解するための作業ということになります。

まずはそのことをお伝えしましたが、きっかけとなった瞬間について考えられることがあります。十一歳くらいのとき、病気で学校を休んでいる友だちのことや先生が出した宿題のことなど、日常よくある単純な出来事についてなぜか夢を見るようになりました。私はこのことに興味を抱き、私の中の駆け出しの科学者が夢の記録を取ってみようと考えたのです。ビルから落ちるとか、裸で学校に到着するとか、多くの夢は実際にそうなりませんでしたが、中には正夢になったものがあります。私は夢を比べるようになり、予知夢と分類されるような夢を認識するようになりました。そこで、時間の性質について考えるようになったのです。

それ以上夢について追及するつもりはありませんでしたが、二十代の前半、大学院生だったときに、子どものころの夢の記憶や夢日記について、再び強い関心を抱くようになったのです。それで、私の科学的な関心はずっと時間や、時間に関する問題についてでしたし、あらゆるすべての実験には時間が関係していました。時間に関する科学研究の世界は、私にとって大きく開かれた活躍の場だと気づいたのです。また、科学とスピリット、あるいは、既知と未知のギャップを埋めるということが私の情熱となりました。

★科学とスピリット、あるいは、既知と未知のギャップを埋めることへの情熱はどこから来たのでしょうか？

内面的な生活と外側の生活との間で共通の基盤を見つけることに対する情熱は、子ども時代から来ていると思います。私の母はセラピストだったので、すべて内面の状態に関する問題を扱っていました。父は物理学者だったので、すべて外側の世界、つまり観察される現象について研究していました。成長する過程で、私はいつも外側と内側に関する二つの声の板挟みになっていました。そこで直観的に、お互いに対立するのではなく、バランスを取る必要があると理解したのです。

★あなたが今、最も関心を持っていることは何ですか？

最も関心があるのは時間と、意識と無意識の性質についてです。科学者ではない方々の間では、私は「チョイスコンパス」という携帯電話のアプリ開発者として最もよく知られているのではないかと思います。これは、人々が人生においてよりよい選択をすることができるように、内面の身体的状態（この場合は心拍数）を知るためのアプリです。このアプリに関連する研究は今も続いています。しかしながら、科学の分野で仕事をすればするほど、科学者としての私の役割は、もっと人間の心の中で何が起こっているのかということにスポットライトを向けることではないかと思うようになりました。科学者たちが外側のデータだけを観察して結論を出すようなことになるなら、私は内面の世界を研究する者として声を上げていきます。その反対も然りです。

科学はしばしば魂の部分が欠落していますが、それは最近まで男性が多い職業だったので、それほどの驚きはありません。そして、良くも悪くも西洋の男性は「客観的な」外面についてだけ話し、内面の世界の重要性については避けるようにと訓練されてきたわけです。内面の世界というのは、女性の方が取り扱うのにもっと慣れている領域だと思います。男性であれ女性であれ、科学者の中にはいつでも物事を正しく行うことにこだわる人もいますが、科学的な進歩のためには、私たちはみな、未知の領域についてもっと柔軟に向き合うべきなのです。

★現在、超常現象や死後の世界の可能性に関する研究が増えてきているのは、以前よりも女性の科学者が増えたことがその理由でしょうか？

そうですね。もしかしたらそうかもしれません。あくまでも私の持論です。科学分野における女性たちは、以前に設けられた境界線を開放して、私たちの研究において魂やスピリットの重要性にますます注意を向けるようになってきていると思います。いつか、科学の発展における女性の役割についての本を執筆したいと思っています。もしかすると、女性だけに限らず、概して女性的とか女性らしさというものが科学とどう関わっているのかについて考えてみるべきかもしれません。もうすでに、これまでのやり方を拒む新しい世代の科学者たちが多く存在していると思います。彼らは説明できない事柄を、研究することや尊重することに柔軟に対応しています。そして、こうした科学者の多くが、性別に関係なく、かつてないほどに女性らしい特性を備えているのです。

★科学の世界から当然批判されることもあると思うのですが、どうですか？

私の研究の結果は、現在受け入れられている科学の世界観に対する挑戦と受け止める人もいます。多くの科学者たちが、自分の方が正しいと思いたいものですから、当然私の研究は批判されています。だからといって、私が動じることはありません。地球は丸いこと、太陽系の中心は地球ではなく太陽だということ、そして、無意識の領域が存在することなどを証明してきたように、歴史上、一見理解することができないようなことを理解しようとすることで、あらゆる偉大な科学の発展につながってきたので、実際には、こうした批判はよい刺激となっています。

★ＩＯＮＳのイノベーションラボについてお聞かせください。

現在イノベーションラボでは、科学が発見した説明のできない事柄を日常生活に簡単に取り入れて利用できる、実験的な技術の開発を行っています。個人レベルの形質転換や自己超越を経験することを可能にする携帯電話のＩＯＮＳアプリを開発したい、というのが私の願いです。また、企業や組織とも共同で開発を進めていきたいと思っています。意識変容に関する私たちのメッセージは、本当に世界中に広まっていく可能性を秘めているというのが私たちの考えです。

★早い段階で興味を持ったという意味で、あなたは予知夢に焦点を置いたアプリの開発を行っていますか？

今は考えている段階で、何も発展していませんが、ディーン・ラディンと私は、将来の出来事を予測できるかどうかを知るために、大勢の人たちの夢を記録するアプリを作れないか検討中です。また、私は人々に見た夢を記録してもらい、同じような夢が意味するシンボルによってマッチングを行うアプリを作ってみたらどうだろうかと、漠然と考えています。初めて人と会うときに、似た夢を見たということになれば、緊張をほぐすために大いに役に立つと思うのです。

★超常現象を経験し、そのことについてもっと理解したいと思っている私の読者に向けて、何かメッセージをいただくことはできますか？

もちろん。未知のものを理解し調和することは、科学者の仕事ですが、同時に、スピリチュアルな旅を続けるどんな人にとっても、それは同じことです。すべての答えを知れば、自分たちは安心だと思うので、科学者たちだけではなく、私たち一人ひとりの中に、どんなときも答えを知りたいという願望があります。そして、答えがわからないと、私たちは安全ではないと考えるのです。しかし、私はその反対だと思っています。単純に、いつも答えを知りたいという必要性から自由になれば、すべてを知ることはできないという真実を受け入れるということですから、その方があなたは安全なのです。人間の経験について最も正確に表現できるのは「知らない」ということなのです。知る必要や、いつも答えを知りたいという気持ちを手放せば、それがスピリチュアルに変わっていくということになるのです。残念ながら、学校では事実を知ることこそが科学だというふうに教わります。しかし、何かを知れば、別の疑問が生まれるものなので、知らないというのがアウェアネスの本当の状態です。

従って、私のアドバイスは、リラックスして知らないということを楽しむことです。それが本当に正直なあなたの状態であり、本当のあなた自身ということになるからです。

★あなたの研究やイノベーションラボにおける仕事において、あなたは将来どんなインパクトを残していきたいと考えていますか？

もっと多くの女性や女性らしい特性を持った人々が、科学の道に進むことを後押しするような研究や仕事を続けていきたいです。女性らしさの本質は、内面の世界の重要性にスポットライトを当てるものなので、科学がもっと先へ行くにはその方法しかありません。私の研究によって、科学とスピリットのギャップを埋めることができればと思っています。イノベーションラボに関しては、今後五年間に、私たちが開発している技術によって、自己超越の訓練（私たちを超えた何かとつながる活動）のための時間を二倍にしていきたいと思っています。もし人々が自己超越の訓練を行っているとしたら、彼らは実際に、肉体的に、精神的に、感情的に、そして、同じように他の人たちにも役に立つということがわかっているので、これはとても重要な作業です。従って、私たちは今、もっともっと多くの人が、さらなる明確さやヴィジョンやつながりを感じ、そして、こうした感覚を他の人たちを助けるために活用することができるように、自分の身体と自分の中にある知恵をつなげることができる世界の実現に向けて研究を進めています。

★ワクワクしますね！　あなたは世界で最高の仕事をしていると思います。未来へ向けたあなたのヴィジョンが現実となることを願っています。

ありがとうございます。しかし、それは私だけのヴィジョンではありません。IONS

の仲間とも共有しているヴィジョンであり、その実現に向けて私たちはみな懸命に研究を行っています。でも、その通りですね！　私はときどき自分がどれほど魅力的でやりがいのある仕事をしているのか忘れてしまうことがあります。思い出させていただきありがとうございます。

モスブリッジ博士とIONSの研究についてもっと詳しい情報をお知りになりたい方は、下記のウェブサイトをご参照ください。https://www.noetic.org/innovation

——ジュリー・バイシェル博士

ジュリー・バイシェル博士はアリゾナ州ツーソンにあるウインドブリッジ・ヒューマンポテンシャル応用研究所の共同創立者であり、所長を務めています。彼女は、超常的霊媒の意識における科学的な研究を専任で遂行するために、高収入が期待できた製薬業界でのキャリアを捨てました。

バイシェル博士はアリゾナ大学で薬学と毒物学の博士号を取得し、現在は科学探査学会とライン研究センターの科学諮問委員会の委員を務めています。また、同業者による審査を受けた論文を数多く科学ジャーナルに発表しています。いくつかの科学的専門分野で学術研究を行ってきたおかげで、従来の研究方法を死後の意識や生還についての研究に応用することができました。

バイシェル博士は現在、霊媒術の研究における世界のリーダーですが、彼女の最新作『霊媒師の研究（仮題）』が出版された直後の二〇一六年一月に、私はこの先駆的な研究を続ける彼女にお会いする幸運に恵まれました。最新刊は、これまでウインドブリッジ研究所で行われた霊媒師に関するすべての画期的な調査についてまとめています。

★霊媒師について調査しようと決めたきっかけは何だったのでしょうか？

私の記憶をたどってみると、科学は私の人生そのものでしたが、最初は本当に従来の科学全般について興味を持っていたのです。二十四歳のときに母が自殺を図るまで、霊媒の働きについてはほとんど何も知りませんでした。それ以来、死後の世界の存在についてかなり深く真剣に問いかけるようになり、最終的にこうした疑問が私の第一の焦点になったのです。二〇〇三年に博士号を取得して、本格的に自分の研究を始めることができるようになりました。そのままにしておけないデータがあまりにも多すぎて、正しく調査する必要があるのに科学がそれについて向き合っていないと気づくまでに、それほど時間はかかりませんでした。これこそ私がするべき仕事だと気づき、製薬業界の仕事には就かず、霊媒術を研究するために、治験やその他の研究分野で使われる、同じ科学的方法や水準を応用して実験することにしたのです。

★現在、ウインドブリッジ研究所で行われている研究プログラムについて教えてください。

夫で研究パートナーであるマーク・ボクッチと私が、独立した研究所を設立しようと決めたとき、いくつかの問いかけが私たちの第一の焦点になるとわかっていました。私たちの身体、マインド、そしてスピリットの中に存在する潜在的な力で何ができるのか？　自分自身や他の人たちを癒すことはできるか？　思考によって出来事や物質的な現実に影響を与えることはできるのか？　物事が起こる前にそれを知ることはできるのか？　私たちはお互いつながっているのか？　地球とはつながっているものなのか？　そして、現在の私たちの主な疑問は、亡くなった愛する人たちとコミュニケーションを取ることはできるのか？　というものです。

★どうしてウインドブリッジという名前なのですか？　何か特別な意味はありますか？

もちろん、「ブリッジ」というのは橋ですから、地上と死後の世界の間を仲介する霊媒師の役割について表しており、「ウインド（風）」はリアルでパワフルなものですが、目には見えないことを表しています。二つの言葉を合わせると、私たちが何をしようとしているかを表現しているというわけです。

★これまでにわかっている霊媒術について、簡単にまとめてお話ししていただくことは可能ですか？

研究のテーマのほとんどがそうであるように、さらなる研究を行う必要がありますが、今のところ盲検法で収集したデータは、何人かの霊媒師は異常情報受信（ＡＩＲ）を行うということを示しています。言い換えると、霊媒師には、亡くなった人や、あるいは、依頼人（シッター）、つまり亡くなった大切な人のことを知りたいと願っている人について、あらかじめ情報がなくても、正確で詳細な情報を報告する能力があるということです。霊媒師はリーディングを行っているとき、依頼人とは交信しないので、コールド・リーディング（「正確な」リーディングを捏造するために、霊能者が相手の反応を使うような状況）の可能性はありません。もちろん、霊媒師の中には情報を得るために、他の人の心を読むためのテレパシーを使う場合もありますが、ウインドブリッジ研究所の私たちとって、そうした現象も同じように説得力があり、研究する価値があると考えています。

★今はどんなことに一番力を注いでいますか？

生存に関する研究や死後の世界の可能性についての調査が一番ですが、霊媒術によるリーディングの実践的な社会的応用にも非常に興味を持っています。具体的には、深い悲しみに対してどれだけ癒す力があるのか気になります。一九五〇年代には、近親者を亡くした人たちは「気持ちの整理をつけなさい」とアドバイスを受けただけですが、それで苦しみが癒えることはなかったはずです。一九八〇年代になると、「継続する絆」という悲しみを癒すためのモデルが生まれました。その目的は、失ったと思われた故人との絆は続いていて、ただ以前とは違う形だということを認識するというものでした。私たちの研究はそのモデルに従って進んでいて、資格を持つ霊媒師が遺族に行うリーディングがもたらす影響（プラスかマイナスか、あるいはそのどちらでもない）を観察することに焦点を置いています。逸話的なデータは、霊媒師に相談することで苦しみを癒す前向きな効果が望めることを示唆していますが、それを証明するためには、このテーマに関してより大規模な研究を行うための資金が必要となります。

★死後に生き返るという可能性についての調査は、科学界の観点から言えば、まだまだ謎の部分が多いのではないでしょうか？　あなたはどのように捉えていますか？

一八〇〇年代後期に、多くの研究者が生き返りに関する調査を行っていました。しかし、現在はどんな分野でも、ほとんどの調査は政府や私立財団の助成金によってサポートされています。そして、生き返りの調査に資金を出す政府はなく、私立財団もほぼありませんので、研究者も生活していくだけのお金が必要ですから、こうした調査に乗り出す人はほとんどいません。また、ほとんどの科学者は、死後の世界の可能性を調査しようかと考えるだけでも、科学的ではないというレッテルを貼られることを恐れています。私も難しい状況に直面しています。故人に関するフィードバックや事前情報がなくても霊媒師たちは彼らの正確な情報を報告することができる、というデータを持っていると発表すれば、調査で発見したことをただ報告しているだけだとしても、おそらく悪いイメージを持たれると思います。他の分野の科学者たちは、こういった状況に陥ることはまずありません。

★あなたは死後の世界を信じますか？

科学者として、信じることは私の仕事ではありません。代わりとなる説明を照合し、データを集め、こうしたデータや同じようなテーマについて他の科学者たちから収集したデータをもとに結論を引き出すために、研究を構築することが私の仕事です。霊媒師、臨死体験、幽体離脱などに関してこれまで集めたデータを考慮すると、肉体的な死の後（死後の世界）に起こる意識の存続は、こうしたデータのすべてを最もよく説明する理論だと結論づけることができます。

★あなたの研究において、霊媒師はどのように選ばれ、審査されるのですか？

ジャーナルに書いた論文（私たちのウェブサイトに要約版が掲載されています）で複雑なプロセスについて説明していますが、私たちのチームの霊媒師たちには、一から八までにわたる厳格な適性検査、試験、そして訓練を受けてもらいます。その結果、不正行為を防ぐためにしっかりと管理された状況下で、彼らは亡くなった人に関する正確な特定の情報を報告することが可能だと実証しています。具体的な要望がない限りリーディングを行わないなど、彼らは行動規範に同意しています。そして、研究のためにボランティアとして時間を割いてくれています。特定の助成金を得ることができたので、私たちのチームは霊媒師の審査を行いましたが、現在は新しい霊媒師の募集は行っていません。

★有名な霊媒師たちのデータも使っていますか？

それはありません。才能があり生涯の仕事として霊媒師を選んだからといって、その人が私たちにとって特別な存在というわけではないのです。なぜなら、ただ一人の霊媒師ということで、科学はまぐれ当たりだとはねつけることもあります。広く普及している現象や能力の証拠として使うために、私たちは多数の霊媒師たちからデータを集めたいのです。個々のデータに興味はありません。すべてのリーディングとデータを複合して、科学者は最高の証拠を得ることができます。多くの霊媒師が厳格な科学的ガイドラインに従って、正確で具体的な情報を報告する現場に立ち会うことが、その原動力となります。

★死後の生き返りの可能性は、いつか主流派科学から受け入れられると思いますか？

どんなことでも可能でしょう。したがって、いつかそうなるかもしれません。しかし、世間一般の多くがすでに死後の世界について信じている現在の状況を踏まえても、まだまだ長い道のりです。変化というのはいつも究極の場面や危機にさらされて起こるもので、また、主流派から起こるものではないので、ある意味、私はあまり心配していません。今の私にとって一番大切なのは、生き返りの研究がどう社会の役に立ち、いかに悲しみのプロセスを軽減することができるのかということなのです。

★懐疑的な人々からの批判にどのように対応していますか？

本来、懐疑論者とは偏見のない心を持つ人ですから、ほとんどの人が本当の意味で懐疑論者ではありません。しかし、私たちが行っていることを批判し、すべての霊媒師はインチキだという人たちは、あらゆる新しい情報に対して心を開いていません。私はそうした人たちを否定論者と呼んでいます。彼らは、世の中にはこうしたデータがあるということを否定し、見ることさえも拒否するのです。それはまるで、空が赤く染まり、すべての人がそれを見ることができるのに、彼らは目や頭を下に向け、空は青いと言い張るようなものです。

こうしたことが日常起こっているので、科学はその事実と向き合う必要があります。懐疑論者がどれだけそのようなことは不可能だと叫んでも、毎日のように死後の世界の人たちと交信を続ける人たちの存在を打ち消すことなどできません。だから私は、彼らの言うことは無意味だと思っています。

さらに、ウインドブリッジ研究所で採用している調査の手順では、不正行為、実験者に対する指示、誰にも当てはまるような情報、評価者の偏見、そして、コールド・リーディングなど、懐疑論者が霊媒師の明らかな正確さを疑って、その原因だと主張するような説明を除外する仕組みになっています。霊媒師と実験者のリーディングは、電話を通して行われています。依頼人たちは、リーディング中には話を聞かず、後で誰の記録かわからない状態で評価します。

懐疑論者たちは必要以上に私たちの研究の邪魔になっています。しかし、私たちにとっての最大の障害は、彼らの批判ではなく資金調達です。意識の存続というのは、政府の補助金の対象となる分野ではなく、私立財団でも援助してくれる団体はほんの一握りです。ウインドブリッジ研究所で私たちが行っている研究は重要で、社会的に意味があるものですが、私たちがやりたいと思うさまざまなタイプの多くの実験に、必要な設備や人材を確保できないので、なかなか進展させることができません。

★ウインドブリッジの研究に興味のある人たちはどうすればよいですか？

簡単に私たちの研究を知るための方法はいろいろあります。まずは、オンラインで情報を提供しています（https://www.windbridge.org/）。また、依頼人のボランティアとして登録することができます（https://www.windbridge.org/participate）。研究所のフェイスブックや私のブログもチェックしてみてください。

私たちの最新の研究結果については、https://www.windbridge.org/ あるいは、メーリングリストに登録してください（https://www.windbridge.org/join-email-list）。

——ジェームズ・ヴァン・プラグ

世界的に有名な霊媒師で、『もういちど会えたら―最愛の人　天国からのメッセージ』の著者、そして、CBSのゴールデンタイム番組「ゴースト～天国からのささやき」の共同制作総責任者を務めたジェームズ・ヴァン・プラグは、天性の霊能力を持った先駆者です。

生涯を通じて、ジェームズ・ヴァン・プラグは、これまで霊能者や霊媒師が踏み込もうとしなかった領域にも果敢に挑戦しました。一九八八年に出版された『もういちど会えたら―最愛の人　天国からのメッセージ』は、まさに画期的なものでした。それ以前に出版された死後の世界に関する書籍は、しっかりと宗教に基づいて書かれている傾向があり、不可解で秘伝的な謎に包まれているようでした。あるいは、特定の読者に向けた試験的で感傷的な読み物という感じでしたが、『もういちど会えたら』はまったくの別物です。どんな教会や教義にも属さない霊媒師が、全世界に向けて自信たっぷりに、そして、大胆に、しかも単純に事もなげに、死んだ人と話ができ、あの世から愛と希望に満ちた力強いメッセージを持って帰る才能があることを発表したのです。彼の本は、スピリチュアルなものを切望していた世界中の人々の心の奥深くにある琴線に触れ、百万部を超えるベストセラーになりました。作家として、スピリチュアルな存在として、私自身もいろいろな意味で刺激を受けました。そして、ジェームズ・ヴァン・プラグがインタビューを受けてくださることになり、とても感激しています。

★あなたはいつ、自分が霊媒師だと気がつきましたか？

二十四歳のころでした。ある女の子と電話で話をしていたときに、彼女にはスピリットになったおばあさんがいて、アイダホ州出身ではないかと強く感じたのです。結局それは正しくて、他の正確な情報もわかりました。それが霊媒師としての人生の始まりでした。

★霊媒師として生まれるのでしょうか、それとも霊媒師になるのでしょうか？

その両方ですね。私たちはみな、直観という霊能力を持って生まれると思いますが、音楽の才能のように、中には他の人より感受性を発達させることが容易な人がいるのです。誰もが楽器の演奏の仕方を学ぶことができますが、すべての人が巨匠と呼ばれるような存在にはなれません。明らかに自分には霊媒師となる可能性があると気づき、その才能を伸ばすために霊媒の会合や瞑想のグループに毎週参加するようになりました。五、六年続けているうちに、三十代に差しかかったときに、スピリットの世界から感じる感覚がどんどん強くなっていったのです。そこからは、もう後戻りはできませんでした。これこそが自分が進むべきスピリチュアルな道だと悟りました。

★スピリットの世界は、どのようにあなたとコミュニケーションを取るのですか？　あなたはそのことについてどう思っていますか？

この地球上には存在しない事柄について話すとき、それをうまく表現するのは難しいのですが、やってみましょう。私は思考、感情、感覚を通してコミュニケーションを図っています。スピリットが私たちの領域にやってくるとき、必ずしも地球の振動や発想に合わせるのは容易なことではありません。彼らは思考のスピードを落とさなくてなりません。私は自分のスピードを上げなければなりません。従って、私たちが融合するとき、お互いがお互いの状態に調整する必要があるのです。最初に送られてくるのは感情です。それから、調子がよい日であれば、名前や何を着ていたとか、リーディングの依頼者ならすぐにわかる単純で非常に個人的な情報など、故人の詳細が伝わるのです。複雑な思考は地球的な発想に合わせることができるくらいのスピードに落とすことができないので、思考や感情は単純なものでなければなりません。

テレサ、理解していただきたいのですが、スピリットの世界は地球と比べものにならないほど複雑なのです。亡くなった大切な人たちは、別のスピリチュアルなレベル、あるいは次元にいます。そして、その次元を支配する法は、地球の私たちを支配する法とはまるで違います。私たちは物質的な世界に住んでいて、私たちの物質的な限界はスピリチュアルな次元を完全には理解することはできません。そして、スピリットは私たちが理解できる思考や感情に関するヒントや断片を持ってやってくるのです。私はそうした思考を耳にするのですが、それは物質的に耳で聞くというものではありません。それはささやき、音、思考の一部、そして感情のようなものなのです。それから私は、こうした思考や感情をできるだけうまく伝えようとしています。ほとんどの場合は意味が通じるのですが、ときどきコミュニケーションの問題によって混乱が生じることがあります。

スピリットと話をしているとき、私のエネルギーのレベルは劇的に上昇します。それはまるでコーヒーを飲み過ぎたり、チョコレートを食べ過ぎたりしたときのようです。もしあなたが現世と来世を結ぶ橋だとすれば、スピリットの世界は早く進む次元にあるので、そのような状態になっても納得できる話だと思います。リーディングを行った後は、非常に疲れて、体力を消耗するときもありますが、次のリーディングに備えてエネルギーを補給する方法を学びました。

★人は死んだらどうなるのでしょうか？　私たちはすべてのこと、すべての人を憶えているのでしょうか？

その過程は人それぞれですが、人は死ぬと意識の拡張が起こります。私たちの地球的な思考は、その意識のほんの一部なのです。例えるなら、小さな種だったものが、今はすっかり成長して植物になったという感じです。植物になると、種だったときの気持ちがあまりわからなくなります。物質的な次元はスピリチュアルな次元に対応していないわけです。私の言いたいことがうまく伝わっているといいのですが。

地球での記憶がスピリットの世界でどうなるかに関しては、感情的なつながりが強ければ強いほど、スピリットになったときの記憶もさらに強いものになり、私がリーディングを行うときに、より強い記憶の方が届きやすくなります。それぞれのスピリットは、地球の記憶をそれぞれ違った形で伝えてきます。地上の人たちと同じように、スピリットの人柄や個性もさまざまでいろいろあります。いや、むしろ、もっと他種多様かもしれません。この地球において、私たちはそれぞれユニークな存在ですが、天国ではさらにもっとユニークな存在となるのです。しかし、スピリットは地球の時間とは別の次元で存在していることを憶えておく必要があります。彼らには時間の概念はありません。ですから、一年前に何をしたとか、一年前に亡くなったのかとか尋ねても、正確に答えることは難しいかもしれません。なぜなら、彼らにとっての一年は、まったく別の時間と空間、あるいは、はるか遠い彼方のことのように思われることもあるからです。

★天国はどのようなところですか？

天国とは私たちに喜びを与えてくれるものでできています。私たちが地上にいたときに考えたり、感じたりしたものでできているのです。従って、私たちはそれぞれ違う思考や感情を持っているので、天国は人によって異なる場所なのです。だからこそ私は自分の本の中で、現世で前向きな人生を送り、愛と思いやりの心で人々に接することの重要性を強く主張しているのです。この世界での日々の人生が、私たちの天国における人生を創るのです。私たちが向こう側の世界に行くと、人生を振り返り、自分たちがしたり言ったりした良いことや悪いことすべてを感じます。時間の存在しない世界で、これまでの人生を再び体験するのです。自分たちが他の人たちにどのように接したのか、そして、彼らはそれをどんなふうに感じていたのか知ることができます。それは地獄のような体験かもしれませんし、天国のような記憶かもしれません。

私たちは本当に来世を築きます。ある億万長者が亡くなって天国に行ったというおもしろい話があります。彼は信じられないほど裕福で、非常に自己中心的な人間でした。なので、天国に行ってどこに住むべきか尋ねたとき、掘っ立て小屋に連れていかれました。彼は大変ショックを受けて、マンションを期待していたと言いましたが、天使たちは彼が人生で与えたものだけで家を作らなければならなかったと伝えたのです。

従って、来世では、現世で蒔いた種を刈り取るということです。親切で、思いやりのある、心のやさしい人になってください。そうすれば、天国は美しい野原となり、花畑になります。反対のことをすれば、泥壁の小屋が待っているでしょう。

★あなたは転生を信じますか？

ええ、信じています。そして、ちょうど説明したように、蒔いた種を刈り取るとすれば、また種を蒔き、今生きている人生は次に生まれ変わる人生に影響を与えます。地球で生涯を送るたびに、私たちの魂が成長することができるような教訓を学ばなければなりません。

この地球での人生は魂のための学校だと思っています。私たちはときに物事を正しく行い、ときに間違ってしまいます。魂の学校を卒業するためには、間違うより多く正しいことをする必要があるのです。しかし、私たちは過ち、痛み、問題から学び成長するので、間違ったからといって、そこで終わりではありません。

★あなたはシンクロニシティ（共時性）を信じますか？

それも信じています。私は常々シンクロニシティは、神が匿名でいるために取っている手段だと人々に言っています。ですから、あなたに向けて送られたわずかなサインやメッセージに注意を払ってみてください。どんなこともランダムに起こるとは思っていません。私たちはもっと深い意味を探し出さなければなりません。

★世界に向けてあなたが送りたいメッセージは何ですか？

たくさんありますが、その中でも一番は、この世に死はないということでしょうか。ひとたびそのことを理解すれば、人生はあらゆる意味で変化していきます。恐怖を感じなくなるでしょう。この上なく充実した生活を送ることができます。自分の思考や感情、そして言葉や行動に対して責任を負うのは自分自身だと理解するようになります。このような生き方を選んでください。そうすれば、皆さんの人生は意義深いものとなるでしょう。

天国のスピリットたちは、私たちが愛されているということを知ってほしいと願っています。人が死んだとき、最初に経験するのは意識の拡張です。すると突然、自分の中に、そして、自分を包み込むように愛がそこにあることに気づきます。その愛は、実はこれまでずっとすぐそばにあったものなのです。これほどの愛がそこにあることを知っていたら、あんなふうに満たされないと感じることはなかったと理解するのです。

愛はすべてを変えます。それは最も偉大な力です。問題は、私たちの多くが持って生まれた権利である自己愛を否定してしまうことなのです。「せめてあの人たちが自分たちを愛してくれさえすれば、私たちの心は満たさせるのに」と、私たちは他人に左右されてしまいます。誰かの愛を勝ち取るために努力しますが、私たち自身が愛そのものだということが理解できれば、そんなことをする必要がないと気づくのです。そのような弱い立場から出発する必要はありません。自分たちの中に神聖な愛を持っているのです。自分の内面に必要なものはすべて持っています。その内面に触れ、そこにある天国や神の存在を見つけてください。そうすれば、この人生でも、来世でも、幸せと充足を感じることができます。

★ご自身の本の中で、あなたは恐れずに人生の邪悪な側面についても言及しています。それについてご意見をお聞かせください。

繰り返しますが、この人生は私たちのスピリットが学び成長するための学校です。問題、痛み、苦しみ、残酷さ、不正などは人生でよく起こることです。そんなものは存在しないというふりをすれば、私は偽善者になってしまいます。なぜなら、それは現実だからです。だからこそ、私は本の中で触れるのです。私が言及することで、読者が人生の邪悪な側面と向き合い、そうした現実を理解するための手助けができればと思っています。

★誰もが霊能や霊媒の能力を身につけることはできますか？

私たちはみな直観力を鍛えることができます。そして、そうした能力の自己開発や、内面の自己や、内面の世界と交信する際には責任が伴うということもお伝えしたいです。外側の世界から離れ、内面の世界に集中する必要があります。そして、その旅は自分自身を信頼し、恐怖や自己不信から自由になるところから始まります。

グループでも一人でも構いませんが、チャクラのポイントを意識して、瞑想することをお勧めします。自分自身の内面の世界に入り込むための訓練を行うにあたって、最良の方法の一つは、自分の夢にもっと注意を向けることです。寝る前に、スピリットにサインを送ってほしいとお願いするのです。これを続けていけば、やがてこれは夢以上の何かだと思うような夢を見るようになります。それはヴィジョンと呼ばれるもので、あの世からのコミュニケーションであり、天国があなたに話しかけているのです。

ジェームズの詳しい情報については、https://www.vanpraagh.com をご覧ください。

付記二　科学とスピリットをつなぐノエティック・サイエンス研究所（IONS）

科学的根拠に基づいた、非営利の研究、教育、会員制組織で、人間の可能性を実現するために、意識に関する研究や教育支援に取り組み、グローバルラーニングコミュニティにも参加している。

https://noetic.org/theresa-cheung

右記は、ノエティック・サイエンス研究所がテレサ・チャンの読者のために開設したサイトで、作家テレサ・チャンのFacebookのビデオライブラリーで公開している研究所の七つのビデオについて触れています。このサイトでは、所長のカッサンドラ・ヴィーテン博士が率いる科学チームが、私の読者に直接語りかけてくれます。彼らのビデオでは、霊媒能力（アーノルド・デローメ博士）、予知（ジュリア・モスブリッジ博士）、チャネリング（ヘリーン・ワーベイ博士）、心と身体のヒーリング（ガレット・ヨウント博士）、物質に影響するマインド（主任研究員ディーン・ラディン博士）など彼らが行っている研究について話をしてくださっています。このビデオの狙いは、私の読者に科学とスピリットとの間の隔たりは急速に縮まっていることを紹介するためです。

付記三　ハイリー・センシティブ・パーソン（HSP）とスピリチュアル

読者から送られてくる死後の世界との接触に関する話を読んでいるうちに、私は強い親近感を感じるようになり、それが一体何なのか知りたくなって、性格の特徴のリストをまとめるようになりました。この心理学研究において、特徴となるキーワードを挙げていくうちに、「ハイリー・センシティブ・パーソン（とても繊細な人）」という言葉が繰り返し登場するようになりました。生まれつき感受性が強い人は、情報を徹底的に、そして、真剣に理解しようとします。この感受性を考慮すると、自分を取り囲む世界に圧倒されてしまう人は、本能的に心を閉ざしたり、引きこもったりするので、このような人たちにうつ病や気分障害の発生率が高いというのも意外なことではありません。彼らは他の人たちと比べて、なぜ自分たちは違うのか、そして、なぜ普通に立ち直る力をもって人生に向き合えないのか悩むのです。

「感受性が強い」という可能性は私たちすべてが持ち合わせていますが、人によってその度合いは違います。この言葉は一九九六年にエレイン・N・アーロン博士が初めて言及しました。アーロン博士によると、ハイリー・センシティブ・パーソンは情報をより徹底的に処理し、じっくりと考える神経系と脳を持っていることから、遺伝的形質によるものかもしれず、そのために感情や微妙な動きにとても敏感になると提言しました。彼らはより認識力が高く、あるいは、観察力が鋭く、よりはっきりと見たり、聞いたり、考えたり、感じる人と呼ぶことができると思います。もしかすると、人類の生き残りのためという観点からすると、ハイリー・センシティブ・パーソンは、かつてある部族やある集団の中で、危険を知らせ、彼らを安全な場所へと導く役割を果たしていたのかもしれません。

太古の昔には、こうした敏感な人々は集団において崇拝される一員で、その知恵、ヒーリング力、思いやり、そして、見える世界と見えない世界の橋渡しとなる能力によってヒーラー、シャーマン、グルとして活躍していたはずです。しかし、今日の物質主義の社会では、感受性の強い人々に対する畏敬の念は失われ、その多くは奇妙、空想にふけっている、型破り、反社会的、あるいは、ただ単におかしいと思われています。「彼らは何かがおかしい」という感情をぶつけられることによって、自尊心が傷つけられてしまいます。幼いときから、それほど敏感に反応するのは自分のためにならないと教えられて、多くのハイリー・センシティブ・パーソンは、鈍感になろうとして失敗しますが、その敏感さはDNAによって引き継がれてきたものなので、自分の本質を変えることは不可能です。うまく感受性をコントロールし、この世界で何とかやっていくしかありません。しかしながら、彼らはまた、創造性、創造力、共感、同情、微調整された直観力、平和や平穏への願望、そして、私たちが暮らすこの美しい世界に対する深い敬意など、敏感な性格と関連した魔法のような特質を持ち合わせているのです。こうしたすばらしい特質を恥ずかしがったり、蔑《さげす》んだりする代わりに、もっと高く評価することが有効な出発点になると思います。

本書の視点から考えると、もしかすると、とても敏感な人々の最も重要な特質は、スピリットや来世という目に見えない世界に対する意識したつがなり、そして、無意識なつながりについて、ひどく心を奪われているということかもしれません。「何かもっと深遠なもの」とのつながりは、言葉にしたり理解したりできるものではありません。それは、ただ「感じ」「知っている」という感覚なのです。どうして知っているかわからないし、それを個人的に証明することさえできないかもしれないし、あるいは、どう考えても自分に霊能的な力があるとは思えないのに、彼らはこの世界には愛の力が働き、死は終わりではないと信じているのです。つまり、スピリチュアルな成長やこの人生にもっと大切なものがあるという思いは、間違いなく彼らが幸せになるために必要な根本なのです。

★ついにはっきりとわかる

私にとって、心理的及びスピリチュアルな観点から、ハイリー・センシティブ・パーソンについて研究することは、マインドと心とスピリットを解き放つ経験でした。自分自身についてはっきりとわかったのです。私の苦闘、疑問、そして、経験がそこにははっきりと映し出されていました。そして、子どものころや、自分を理解してくれない世界に取り残されたように感じていたとき、こうした情報を知っていたらどんなによかっただろうかと思いました。知っていれば、疎外感を克服し、脅威を感じていた世界に対して自分の敏感さをうまく調節するための手助けとなったはずです。私だけではないと知ることができ、自分の弱点や奇妙な性質だと思い込んでいたものが実際には長所で、恥ずかしいことでなく誇りに思うべきことだとわかっていたら、どれほど大きな慰め、意味、安心を与えてくれたことでしょう。

ハイリー・センシティブ・パーソンがスピリチュアルな意味で成長していくことは重要です。もしそうでなければ、人生に意味や目的や方向性を見いだせないと、仲間外れにされている気持ちがずっと続いていたはずです。結局のところ、はるか昔には、彼らの性格的特質と、それに伴う目に見えない事柄についての知恵や洞察は、非常に高く評価され、求められていたものなのです。したがって、なるべく多くの読者と死後の世界の話を分かち合い、繊細な魂を持った人たちがもっともっと私に手紙を書いてくるように励ますことが私の使命となりました。スピリットの世界に惹かれたり、死後の世界とのつながりやもっと深い人生の意味を求めたりする人たちには、私のように疎外感や孤独感や混乱を感じてほしくないのです。知らず知らずに、書くことによって私は自分の使命を見つけました。そして、読者の皆さんに対して、恥ずかしいと思うのではなく、自分の本当を見つけ、その自分を受け入れるように励ますことができたとしたら幸いだと感じています。その意味では、自分たちの話を送ってくれる読者の皆さんは、私の名前を呼ぶ天使なのです。

★天使が名前を呼ぶ

今日、ますます多くの人が天国について話し、意識の生き返りの可能性について（蘇生法や臨死体験の報告がベストセラー本に紹介されて一般的になったため）信じるようになるにつれて、私の一番の願いは、私の著書、特にこのタイトルがついている本書によって、さらに多くの人が、目に見えない世界との強いつながりを持つ敏感な特性を備えた人たちを受け入れてくれるようになることです。そうなれば、自分が変わらなければならないと感じたり、内向的過ぎるとか、敏感過ぎるとか、ぼんやりし過ぎているなどと言われて葛藤を感じたりする代わりに、彼らは自分が一人ではないこと、そして、誰かのために役立つかもしれないことを理解することができるのです。その理解によって、自分を信頼するようになり、自分のユニークな才能を隠したり否定する代わりに、大切にしてさらに高めていこうと自信を取り戻すことができます。

今日ほど世界が敏感で、思いやりと愛のある人々を必要とする時代はかつてありませんでした。社会は今、暗く、残酷で、暴力的で、混沌とし、不公平になりがちです。そして、ますます時短、若さ、有名人、お金、外見、さらに物質的なものに注目が向けられていきます。だからこそ、緊急にもっと深くて意味のある生き方があることを知っている敏感な人々が求められているのです。目に見えるものから目に見えないものに、重要ではないことから重要なことに、そして、真に満たされた人生を実現するために、外側ではなく自分の内側を見つめる必要性に私たちの注意を集中させるために、彼らに手伝ってもらう必要があります。要するに、私たちには「あなた」が必要です。

私が言いたいのは、かつてないほどにあなたが必要とされている、ということです。つまりそれは、あなたの感受性、あなたの愛、あなたの思いやり、あなたの目に見えない世界とのつながり、そして、人々を分断するのではなく、永遠の愛によって一つに結ぶ世界を実現するためには、もっとよりよい方法があるはずだというあなたの信念が必要なのです。

こんなことを打ち明けると、あなたは驚き、一体どうしてあなたがこの世界の舞台でそんな重要な役割を担う敏感な魂（またはその可能性がある）だと私にわかるのかと疑問に思うかもしれません。その答えは簡単です。あなたはこの本を今読んでいるからです。他にも無数の本、雑誌、記事、新聞、ブログ、ウェブサイト、動画などがある中で、たった今あなたの関心を独り占めしているのが、私の本だというのは本当に驚くべきことなのです。けれども、こうしたすべての熾烈な競争の中で、あなたは今、あなたがいるべき場所にいるということです。天国、あるいはあなたの中の天国の一部が、あなたの手を取って私の本へと導いてくれたのだと私は心から信じています。本書を読む運命だったのです。

こんなふうに天国に導かれるということは、あなたは天国のメッセージとなるということです。他の人たちが目覚め、刺激を受けるための橋渡しとなるのです。あなたを通じて、彼らは天国の声を聞き、あなたの内なる光が彼らの恐怖をすり抜けて、彼らの心に静かにやさしく届くのです。やがて、ちょうど今あなたの名前を呼んでいるように、スピリットの声が彼らの奥深くからささやき、彼らの名前を呼ぶのです。

付記四　自分の名前の力――エネルギーと振動を生む秘密

私たちの名前は、私たちの運命と結びついているという考え方は、聖書の時代まで遡ります。昨年ある読者から、私と同じスピリチュアルな名前の二人の著名な女性、アビラの聖テレサとマザー・テレサから多くのインスピレーションを受けているのかと尋ねられたとき、それまで考えたことがなかったことに気づきました。生まれてこの方、私は自分の名前が好きではありませんでしたが、この二人の女性の生涯を調査することによって、頭が下がる思いと深い理解を得ました。どんなことをしても、彼女たちと同じ敬虔さや偉大さを熱願することはできませんが、この二人のすばらしい女性の生き方に共感する部分は多々ありました。

一五一五年生まれのアビラの聖テレサはスペインの修道女で、カルメル会の神秘主義者で改革者でした。彼女はまたスピリチュアルな事柄について執筆し、その著作はキリスト教神秘主義の古典書物と考えられています。その中でも最もよく知られているのが『霊魂の城』です。しかしながら、彼女の最も偉大な貢献は、人々はどんな状況でも祈ることができるという提案をした点です。聖テレサにとって、祈りは一つの場所に閉じこもって、あるいは一定の時間や日にだけ行う儀式ではなく、どんな状況においても自然発生的に起こるものだったのです。彼女は連続した祈りに価値があると信じていました。言い換えると、絶え間ない神との対話が続く人生ということです。私は聖テレサのように一つの宗教に身を捧げているわけではありませんが、私たちの中や私たちの周りに存在する神聖な存在と途切れない親密なコミュニケーションを持つことについては全く同感です。

マザー・テレサもまた、祈りや瞑想の力に偉大な強さを見いだしました。一九一〇年、マケドニアに生まれた修道女の慈善活動や善行については、これまで多くの書物で紹介されてきましたが、あまり知られていないのは、彼女が生涯を通して、自分の宗教的信念について多くの疑念や苦闘を経験した事実です。「彼女の心の中にも、聖体にも」「神がどんなものであれ存在しないのでは」と感じたことさえあったそうです。彼女はまた、頻繁に自分の信念の欠如に深い痛みを経験しました。マザー・テレサの根気強い慈善事業や無欲無私の生き方と自分自身を比べることさえおこがましいのですが、私自身も彼女が感じた「スピリチュアルに枯渇」していた期間があるという話に共感できます。人生で何度も、私は疑念や恐怖にもがき苦しみましたが、そのたびに、さらにスピリチュアルな成長を遂げるための引き金やきっかけがあったように思われます。それはまるで、天国がそうした疑念や疑問を通じて、私自身の神聖な存在のために、内面のさらに深いところを見つめるように語りかけてくれているようでした。

自分と自分の名前について、何年も心地の悪い組み合わせだと感じていましたが、ついに名前を大切にするようになり、その延長線上で自分自身を大切にすることができるようになったことは大きな変化でした。あなたの魂が名前を選ぶと信じる学派も存在します。私自身は本当にそうなのかわかりませんが、名前の響きはある種のエネルギーや振動を生むと信じています。従って、もし人生におけるあなたの使命が何なのかよくわからないとしたら、インスピレーションや導きを得るためにまず探ってみるのは、あなたの名前かもしれません。自分の名前について調べ、そこからわかることをすべて見つけてみてください。もしかすると、それがあなたの中の何かにヒットするかもしれません。すでに述べたように、この手法があなたに合っていないかもしれませんが、他の手法と同様に、自己発見を促すよいきっかけになると思います。私たちはみな、どこからか始めなければなりません。だとしたら、あなたという人を表しているあなたの名前から始めませんか？

それでも、自分の名前にどんな共鳴もインスピレーションも感じないのであれば、自分の名前について考えるときは、いつも愛についても考えてみてください。愛には永遠の自己発見とスピリチュアルなインスピレーションが詰まっています。

今日という日が平和でありますように。

あなたはまさに自分がいるべき場所にいるのだと天国を信じなさい。

信念から生まれた無限の可能性について忘れることがありませんように。

授かった才能を生かし、与えられた愛を伝えていきなさい。

天国の子だということを喜んで受け入れなさい。

この存在をあなたの骨に宿らせ、魂にむけて自由を歌い、賛美と愛のために踊りなさい。

それはあなた一人ひとりのために与えられている。

アビラの聖テレサ

優しい言葉は、たとえ短くて簡単なものでも、
いつまでも心にこだまします。

マザー・テレサ　二〇一六年九月列聖

感謝の言葉

ピアクス・ブックス社（Piatkus books）から天国に関する本の執筆という栄誉あるお話をいただいたとき、私は空を仰ぎ、喜びのあまり叫んでいました。大手出版社からスピリチュアルな事柄に関する本が出版されるたびに、これは前向きな一歩だと心から思うのです。今日の物質主義に陥りやすい過酷な時代において、私たちの心とスピリットが必要とするものを緊急に考えていく必要があります。そして、この本がすべての読者に語りかけ、彼らの心とスピリットを優しく包み込んでほしいと心から願っています。本書の出版に関わってくださった、クラウディア・コナル、ゾーイ・ボム、ジュリアン・スチュワートに心から感謝申し上げます。そして、このような本が今まさに必要とされていると感じ、出版のために尽力してくださったピアクス社の皆さんにも大変感謝しております。

いつものことですが、本書のためにご自身のすばらしい経験を共有してくださり、私に元気と勇気をくださるすべての方々に感謝いたします。その言葉、心、スピリットを分かち合い、暗闇の中に癒し、希望、そして光を与えてくださる皆さんは、この世界に変化をもたらす存在です。また、長年にわたって、出版社やメールやウェブサイト、また最近では私の公式フェイスブックを通じて、私にお便りをくださる読者の皆さんにもお礼を申し上げます。皆さんはご存じないかもしれませんが、私はいつも皆さんから洞察やインスピレーションや励ましをいただいています。天国は実際に存在するという人生が変わってしまうようなメッセージを、私たちは共に世の中に広めているのです。

さらに、ブログを通じて、さまざまな書籍や死後の世界について熱心に紹介しているすばらしい女性、キム・ナッシュにも感謝します。彼女から昨年（訳者注：二〇一五年のこと。この時点でキム・ナッシュはブロガーだったが、後に作家デビューをしている）連絡をもらい、多くの人々にスピリットの話を広めていくにはソーシャルメディアの活用が不可欠だと助言をもらい応援していただきました。キム、あなたのひらめきや偉大な活動にいつも励ましてもらっています。ありがとう。

感謝してもしきれないのは、聡明ですてきな私の著作権代理人のロレーラ・ベリです。ロレーラは辛抱強く、大きな心で私を支えてくれました。彼女が私の代理人となってくれたことは本当に幸運でした。

最後に、レイ、ロバート、そして、ルーシーの忍耐強さと理解と愛情に、心から最大級の感謝の気持ちを伝えたいです。心とマインドとスピリットを注いで執筆している間、私は本当に天国から呼ばれているのを感じていました。

テレサ・チャン Theresa Cheung
霊能者・スピリチュアリストの一家に生まれる。ケンブリッジ大学キングズ・カレッジにおいて神学と英語の修士課程を修了後、説明のつかない物事の研究とスピリチュアルな認識を高めるための執筆活動に人生を捧げてきた(それは、主に私たちの中の、そして、私たちを取り巻く世界の超常的な潜在力や、死後の世界の現実的な可能性についての研究)。

心とマインドとスピリットに関する書籍を執筆し、その多くがベストセラーに。サンデー・タイムズ社が選ぶベストセラー十冊において、二つの作品がランクイン。また、著書はこれまでに二十五か国語に訳されている。

自分自身は決して霊能者だと語ったことはないが、いついかなるときも世界をスピリチュアルな視点から見つめることを大事にしており、「私は特別な経験をしたごく普通の女性」と自らを呼んでいる。

興味のある方は、人気のFacebook「Theresa Cheung」、または以下のサイトの情報を参考にしてください。https://www.theresacheung.com

斉藤宗美 さいとう・ひろみ
国際関係の仕事に従事した後、英語・スペイン語の翻訳を手がける。カナダ、アメリカ、コスタリカ、オーストラリアなど、17年間を海外で過ごす。青山学院大学英米文学科卒業。オハイオ大学大学院国際関係学部修士。
訳書にトム・ブラウン・ジュニアの『ヴィジョン』(徳間書店)、『グランドファーザーが教えてくれたこと』(ヒカルランド)、エンリケ・バリオスの『まほう色の瞳』(徳間書店)、アーサー・ホーランド・ミシェル『空の目』アニー・ジェイコブセン『わたしたちの「すべて」が管理される世界』(ヒカルランド)などがある。

天国からのサインをどう見極め受け取るか
チャネリング・センス【識別能力編】

第一刷 2023年11月30日

著者 テレサ・チャン
訳者 斉藤宗美

発行人 石井健資
発行所 株式会社ヒカルランド
〒162-0821 東京都新宿区津久戸町3-11 TH1ビル6F
電話 03-6265-0852 ファックス 03-6265-0853
http://www.hikaruland.co.jp info@hikaruland.co.jp
振替 00180-8-496587

本文・カバー・製本 中央精版印刷株式会社
DTP 株式会社キャップス
編集担当 溝口立太

ISBN978-4-86742-317-2

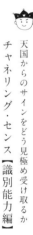

みらくる出帆社
ヒカルランドの

ITTERU BOOKS

イッテル本屋

ヒカルランドの本がズラリと勢揃い！

みらくる出帆社ヒカルランドの本屋、その名も【イッテル本屋】。手に取ってみてみたかった、あの本、この本。ヒカルランド以外の本はありませんが、ヒカルランドの本ならほぼ揃っています。本を読んで、ゆっくりお過ごしいただけるように、椅子のご用意もございます。ぜひ、ヒカルランドの本をじっくりとお楽しみください。

ネットやハピハピ Hi-Ringo で気になったあの商品…お手に取って、そのエネルギーや感覚を味わってみてください。気になった本は、野草茶を飲みながらゆっくり読んでみてくださいね。

〒162-0821 東京都新宿区津久戸町3-11 飯田橋 TH1ビル7F　イッテル本屋

自然の中にいるような心地よさと開放感が
あなたにキセキを起こします

元氣屋イッテルの１階は、自然の生命活性エネルギーと肉体との交流を目的に創られた、奇跡の杉の空間です。私たちの生活の周りには多くの木材が使われていますが、そのどれもが高温乾燥・薬剤塗布により微生物がいなくなった、本来もっているはずの薬効を封じられているものばかりです。元氣屋イッテルの床、壁などの内装に使用しているのは、すべて45℃のほどよい環境でやさしくじっくり乾燥させた日本の杉材。しかもこの乾燥室さえも木材で作られた特別なものです。水分だけがなくなった杉材の中では、微生物や酵素が生きています。さらに、室内の冷暖房には従来のエアコンとはまったく異なるコンセプトで作られた特製の光冷暖房機を採用しています。この光冷暖は部屋全体に施された漆喰との共鳴反応によって、自然そのもののような心地よさを再現。森林浴をしているような開放感に包まれます。

みらくるな変化を起こす施術やイベントが
自由なあなたへと解放します

ヒカルランドで出版された著者の先生方やご縁のあった先生方のセッションが受けられる、お話が聞けるイベントを不定期開催しています。カラダとココロ、そして魂と向き合い、解放される、かけがえのない時間です。詳細はホームページ、またはメールマガジン、SNSなどでお知らせします。

神楽坂
ヒカルランド
みらくる
Shopping
&
Healing

元氣屋イッテル（神楽坂ヒカルランド　みらくる：癒しと健康）
〒162-0805　東京都新宿区矢来町111番地
地下鉄東西線神楽坂駅２番出口より徒歩２分
TEL：03-5579-8948　メール：info@hikarulandmarket.com
不定休（営業日はホームページをご確認ください）
営業時間11：00〜18：00（イベント開催時など、営業時間が変更になる場合があります。）
※Healingメニューは予約制。事前のお申込みが必要となります。
ホームページ：https://kagurazakamiracle.com/

量子オーガニックサウンドを作り出す、
唯一無二の音響空間
ヒカルランド本社1階に誕生!

Hi-Ringo Yah!

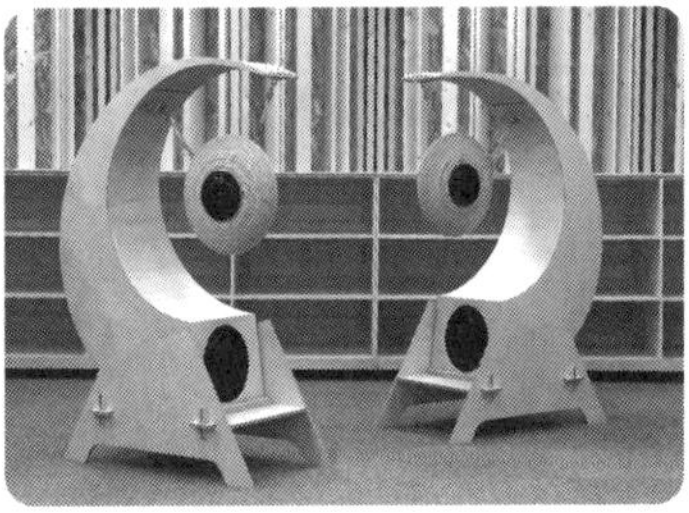

“音のソムリエ”こと藤田武志さんが設計ディレクションを担当した、ヒカルランド本社１階にある「Hi-Ringo Yah!」(通称ヒーリン小屋)。ここは日本が世界に誇る音響建築のプロ「田口音響研究所株式会社」の手によって実現した、唯一無二の量子オーガニックサウンドが味わえる空間です。演奏をメインとした音楽イベントや、レコーディングに適した空間にするため、スタジオ全体に反響版（リフレクター）が設置されているのがポイント！　音は、空気中の分子の振動。それらの振動が「どのような振る舞いをするのか」が考慮されているこの空間では、音を聴いた時の体感がまるで違います。反響版によって反射した音の周波数はすべて異なるようコントロールされているので、楽器の響きがスタジオ全体へと広がり、空間のどこで聴いても違和感がなく、音が心身に染み渡るように感じるのです。量子パワーも加わって、聴く人を芯から最適化。あなたも一度足を運んで、音の中に身を浸す“音浴”を体験してみてください。

オラクルカード・ベストセラー　好評発売！

地上の星☆ヒカルランド　銀河より届く愛と叡智の宅配便

シンクロニシティカード
著者：FUMITO／LICA
本体 3,000円+税

今、あなたに必要なメッセージとエネルギーとは!?　２種類のカードを同時にシンクロさせて答えを導く、まったく新しい高次元宇宙からのオラクルカード誕生!!　カードには、目に見えない多次元意識体（UFO、オーブ、精霊たち）を見えるかたちでとらえた世界でも珍しく貴重な写真も数多く使用され、高い波動とともに温かくサポートしています。新たな気づきのメッセージ、今必要なエネルギーやサインなどを確実に受け取ることができるでしょう。日常うまく活用することで、本来の幸せへと導くシンクロニシティも頻繁に次々と起こり始め、かけがえのない人生の羅針盤となるはずです――。

【本来、あなたが望む世界】と【今、最高最善の現実創造】を繫ぐ量子波動ツール：シンクロニシティカード。そのカードのすべてがわかる、ファン待望の『超』実践マスターガイドブック。量子理論と脳波測定により、カードを通じて起こる顕在意識⇒変性意識⇒潜在意識／宇宙意識への超変換現象も明らかに。【人】―【カード】―【高次元】を結ぶ驚異のプロセスを初公開します。

量子の世界を可視化《ビジュアライズ》する
シンクロニシティカード《完全活用》
バイブル
著者：FUMITO & LICA
四六ソフト　本体 1,800円+税